Parental Education

개정판

부모교육
이론과 실제

| 유연화 · 이금구 · 엄소명 공저 |

양성원

머리말

요즘 유아교육현장에서 근무하고 있는 유아교사들을 만나면 공통적으로 털어놓는 어려움은 부모교육이다. 맞벌이 가정의 증가, 저출산 문제 극복의 대안으로 육아를 사회가 책임지는 시대적 변화로 유아교사와 부모의 관계는 더욱 밀접하게 되었다. 그리고 부모교육과 관련된 많은 연구들은 가정과 유아교육기관과의 협력이 얼마나 중요한지 강조하면서 가정이 기관에 적극적으로 참여하도록 기회를 제공할 것을 제안하고 있다. 이러한 사회적 기대와 요구로 유아교사들은 양질의 유아교육프로그램 뿐만 아니라 매달 다양한 부모교육 프로그램을 제공하기 위해 노력하고 있다. 그러나 유아교육기관 운영에 대한 부모들의 요구와 참여 의지는 높은 반면 유아교육기관에 대한 부모들의 신뢰가 낮은 상황 속에서 유아교사들은 부모교육을 실시하는데 많은 부담과 어려움을 느끼고 있다.

한편, 부모들은 한동안 대중매체를 통해 보도되었던 기관에서의 아동 학대, 폐쇄적으로 다가오는 유아교육기관의 분위기 등으로 인해 자녀 양육과 교육에서 불안을 느끼고 교사와의 소통에서 어려움을 호소하고 있다. 자녀의 발달을 위해 유아교육기관과 가정의 신뢰와 협력을 통한 파트너십 형성이 중요하다는 것은 알지만 많은 부모와 유아교사는 이를 현장에서 어떻게 실천할 수 있을지 막막해 하고 있는 실정이다.

영유아의 발달을 위해 유아교육기관이 가정과 협력해야 하는 이유는 무엇인가? 부모교육과 상담을 전문으로 하는 기관과 전문가들이 있음에도 불구하고 유아교육기관에서 부모교육을 실시해야 하는 이유가 무엇인가? 유아교육기관은 어떤 차별적인 역할이 요구되는가? 어떻게 부모들과 신뢰를 기반으로 한 협력적 관계를 유지할 수 있는가? 유아의 발달과 교육에 대한 전문적 지식과 자녀양육을 위해 부모들에게 필요한 지식과 기술 전달을 어떻게 연결할 수 있을까? 현재 실행하고 있는 부모교육 프로그램들을 준비하기 위해서는 무엇을 해야 하는가? 이 책은 예비유아교사들과 함께 부모교육에 대한 질문들에 대한 답을 찾아나가기 위한 길잡이가 되고자 하는 목적에서 시작하였다. 부모의 파트너이자 유아교육 전문가로서 유아교사들에게 요구되는 신념과 부모교육 기초이론 그리고 현장에서 실행되고 있는 부모교육 프로그램들을 어떻게 계획하고 실행하고 평가하는지에 대해 제시하였다. 이를 통해 예비유아교사들이 영유아의 발달을 위한 부모의 파트너로서 준비하고 점검할 수 있도록 기술하였다.

제 1부에서는 부모교육의 대상인 부모와 가정을 이해하기 위해 필요한 이론적 내용을 다루고 있다. 부모교육의 개념과 다양한 가정의 특성과 요구, 부모의 역할에 대해 서술하였다.

제 2부에서는 다양한 부모교육 이론들을 통해서 부모 상담과 프로그램의 내용을 계획할 때 필요한 전문적 개념과 기술들을 소개하였다.

제 3부에서는 유아교육기관 현장에서 실시하고 있는 부모교육 프로그램의 유형과 특징, 계획과 운영을 위해 필요한 기초적인 내용을 소개하고 있다.

이 책을 통해서 예비유아교사들이 부모에 대한 편견을 버리고 부모교육자로서 자신을 새롭게 바라봄으로써 부모와 협력적인 관계를 구축할 수 있기를 기대한다. 그리고 부모교육 프로그램을 계획하는 과정에서 이론과 실제를 연결시키는 기회를 가짐으로써 보다 자신감을 갖고 현장에 나아가는 데 작은 도움이 될 수 있길 기대한다.

2023. 8.
저자 일동

Contents

Contents

제1부

부모교육의 이해

학습목표

- 부모교육의 개념과 필요성을 이해한다.
- 현대 사회에 공존하는 다양한 가족의 유형과 특징을 이해하고 지원 방법을 모색한다.
- 자녀의 성장에 따른 부모의 역할 변화를 이해하고 지원 방법을 모색한다.
- 부모 양육태도의 유형과 특징을 이해한다.
- 부모교육자로서의 교사 역할에 대해 긍정적인 태도를 형성한다.

제1장

부모교육의 개념 및 필요성

정부가 저출산 극복과 행복한 가정의 토대를 마련하기 위해 2017년을 부모교육의 원년으로 계획할만큼 부모교육은 국가의 중요한 정책적 과제로 떠오르고 있다(뉴시스, 2017. 1. 17). 이를 위해 지난 2016년에는 '부모교육 활성화 방안'을 마련하고 영유아기 자녀를 둔 부모를 대상으로 어린이집·유치원과 연계하여 부모교육을 제공하려는 계획을 제안하였다. 유아교육기관이 부모교육의 주요 기관으로서 역할을 담당해야 한다는 사회적 요구가 점점 높아지고 있는 것이다.

유아의 교육을 담당하는 유아교육기관에서 부모를 대상으로 한 교육의 의미와 필요성, 부모들의 특징과 요구, 유아교육기관에서 지원 방법을 살펴보고자 한다.

❤ 생각해 보세요!

1. '부모교육'하면 떠오르는 것을 자유롭게 써보세요.

실습을 마친 예비유아교사들에게 부모교육을 듣기 전에 부모교육에 대해 떠오르는 것들을 자유롭게 기술하도록 한 결과, 예비유아교사들이 생각하는 부모교육의 개념은 다음과 같다.

1. '부모교육'하면 떠오르는 것을 자유롭게 써보세요(개념망 작성하기).

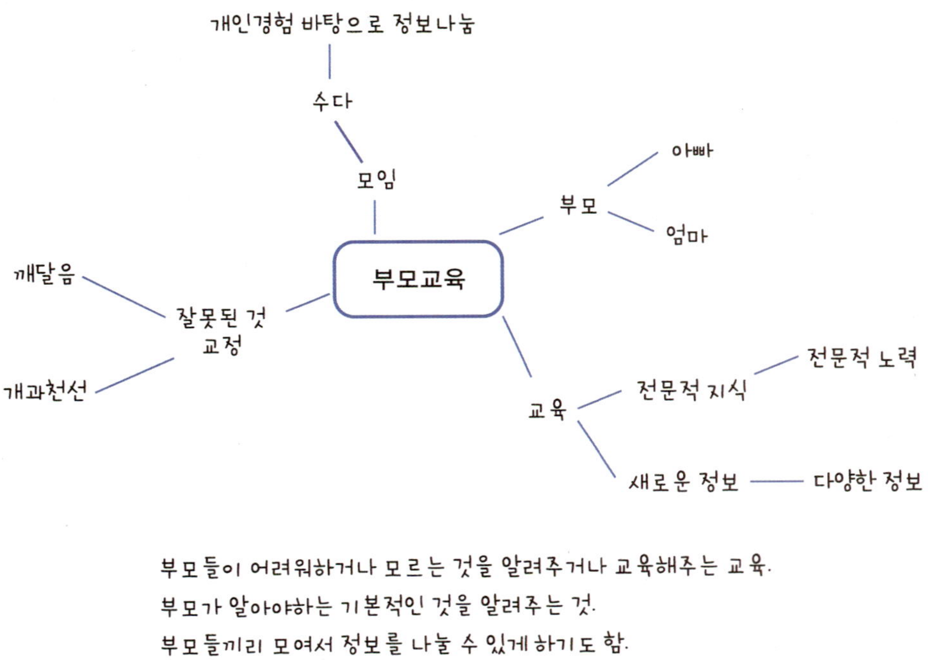

[그림 1-1] 예비 유아교사의 부모교육 개념 인식

대부분의 예비유아교사들은 부모교육을 '유아교육 전문가'인 유아교육기관에서 부모들에게 육아에 필요한 지식과 기술, 태도를 교육해주는 것으로 인식하고 있었다. 예비유아교사들은 원활한 부모교육을 운영하기 위해서는 신뢰, 존중, 이해를 바탕으로 한 부모와의 협력적인 관계가 바탕이 되어야 한다고 하였다. 예비유아교사들은 협력적인 교사-부모 관계를 형성하기 위해서 유아교사는 유아에 대한 관심, 친절함, 세심함, 의사소통 능력과 같은 전문성을 갖춰야 하고, 부모는 유아교육기관과 교사에 대한 믿음과 수용이 필요하다고 하였다.

하지만 예비유아교사들은 부모교육이 유아들을 효과적으로 교육하기 위해 필수적이라고 인식하면서도 부담스러운 '일'로서 여기는 모순적인 태도를 가지고 있었다. 예비유아교사들은 부모교육에 대한 자신의 인식을 다음과 같은 단어로 표현하였다.

예비유아교사들이 느끼고 있는 부모교육에 대한 감정은 대부분 부정적인 단어로 묘사되었는데 어려움, 두려움, 갈등과 같은 심리적인 부담이 크게 작용하고 있었다. 이것의 원인으로는 부모에 대한 부정적 인식을 살펴볼 수 있는데, 예비유아교사들은 부모에 대해 다음과 같은 인식을 갖고 있었다.

교육신념이 교육 프로그램을 계획하고 운영하는 방향을 안내하는 것처럼 예비유아교사의 부모교육에 대한 부정적인 신념은 질 높은 부모교육 프로그램을 제공하는데 장애요소가 될 수 있다(김미란, 1999). 따라서 예비유아교사는 부모교육에 대한 올바른 개념을 형성하고 부모와의 협력이 필요한 이유를 파악하여 부모교육에 대한 긍정적인 신념을 갖도록 해야 한다.

❤ 생각해 보세요!

2.교사로서 부모교육에 대한 자신의 신념을 점검해 보세요.

	내용	예	아니오
1	부모는 도움이 되기보다 일거리만 제공한다고 생각하는가?		
2	부모와 일하기보다 혼자 일하기를 선호하는가?		
3	부모를 훌륭한 인적 자원으로 여기는가?		
4	부모가 교실에 들어오면 긴장감을 느끼는가?		
5	부모가 돌아가면 안도감을 느끼는가?		
6	부모에게 위협을 느끼는가?		
7	부모에 대한 편견이 있는가?		
8	각 부모가 가지는 다양성(사회/경제적 수준, 출신 지역, 직업, 학력, 성품 등)을 인정하고 수용하는가?		
9	부모와 사회적 거리를 두는 것이 바람직하다고 생각하는가?		
10	부모와의 밀접한 관계는 최적의 유아 발달에 필수 조건이라고 생각하는가?		
11	부모와 일할 때는 즐거움이 사라지는가?		
12	부모의 의견을 주의깊게 듣고 반영하려고 하는가?		
13	부모가 자신의 역할을 잘 안한다고 생각하는가?		
14	(기관이 허락한다면) 부모에게 언제나 방문할 것을 격려하는가?		
15	부모가 학급에 기여할 기회를 자주 제공하는가?		
16	부모가 학급에 참여하는데 도움이 되는 안내문을 만들 의향이 있는가?		
17	부모와의 만남이나 면담이 부담스러운가?		
18	부모와의 접촉을 가능하면 피하고 싶은가?		

[출처 : 김영옥(2012). 「부모교육」. 고양 : 공동체. p. 143-147.1.]

1. 부모교육의 개념

부모는 자녀를 가진 사람에 대한 호칭으로, 혈연관계로 맺어진 생물학적 부모와 그 외에 입양이나 재혼 등에 의해서 맺어지는 상황적 부모가 있을 수 있다(김정원, 전선옥, 2016). 현대 사회에서는 가족의 형태가 다양해짐에 따라서 부모에 대한 개념을 확장시킬 필요가 있다.

부모는 아이가 만나는 최초의 환경으로서 부모의 여러 가지 특성과 양육 행동 등은 자녀의 성장 및 발달에 많은 영향을 미친다. 부모는 자녀에게 지속적이고도 광범위한 자극을 제공함으로써 자녀의 가치관과 생활규범을 형성하고 점차 사회화시킨다. 따라서 영유아교육기관에서 양질의 부모교육을 제공함으로써 궁극적으로 영유아의 성장과 발달을 돕는 것이 필요하다.

일반적으로 부모교육은 자녀의 올바른 성장을 위해 필요한 가정교육을 부모가 원활히 수행하는데 필요한 지식, 정보, 기술을 제공하기 위해 수행하는 모든 학습활동을 말한다(경기도 가정교육을 위한 부모학습 지원 조례, 2016). 즉, 부모가 자녀를 양육하는 과정에서 생각하고 느끼고 행동하는 습관에 의문을 갖게 하고 자녀를 양육하는 적절하고 새로운 방법을 개발하도록 돕는데 의미가 있다.

그러나 부모교육 프로그램에 대한 연구와 개발이 활발해지면서 부모교육의 개념에도 많은 변화가 나타났다. 이러한 변화는 부모교육에 대한 용어들을 통해서 살펴볼 수 있다(김진영 외, 2013; 김희진, 2012; 한국유아교육학회 편, 1999).

- **부모교육**(parent education): 이미 부모가 된 사람들이나 예비부모들을 위한 일종의 성인교육으로, 자녀의 양육이나 교육, 가정생활의 개선 등에 관한 지식을 얻거나 일반 교양을 높이기 위한 것을 목적으로 한다.
- **부모면담**(parent interview): 유아가 무엇을 배우고 어떻게 활동하는지 부모와 교사가 정보를 교환하기 위해 갖는 면담이다.
- **부모지지**(parent support): 부모들이 친지로부터의 도움을 포함하여 교회, 지역사회 내의 각종 부모 단체, 아동복지시설, 교육기관, 기업체, 기타 사회사업기관으로부터 지원과 지지를 제공받는 것을 말한다.

- **부모(가정)–기관 관계**(parent(home)-school relationships): 부모(가정)와 유아교육기관과의 바람직한 관계형성을 강조한 용어로, 부모(가정)와 유아교육기관 간의 파트너십(동반자) 관계를 형성하는 것에 초점을 둔다.
- **부모참여**(parent participation / parent involvement): 부모들이 자녀의 교육에 대해 수동적이고 소극적인 수준에서 벗어나 교사 및 교육행정가와 대등한 입장에서 서로 상호작용하고 교육에 관련된 의사결정에 참여하는 적극적인 방법이다. 부모들은 청중으로서의 참여, 참고인으로서의 참여, 교사로서의 참여, 보조자로서의 참여, 지원자로서의 참여, 의사결정자로서 참여하게 된다.

위의 내용에서 볼 수 있듯이 부모교육은 부모가 보다 나은 역할 수행을 하며 부모-자녀 관계를 긍정적으로 유지하고 발전시킬 수 있도록 도울 뿐만 아니라 교사의 동반자로서 부모의 다양한 협력과 참여를 유도하여 교육의 효과를 높이는 것이라고 할 수 있다(김영옥, 2012). 즉, 부모교육이란, 상하 관계 속에서의 교육이 아니라 서로가 상호 보완하는 상호작용의 참여가 바람직하고 이에 따라 적극적으로 유아교육기관에 부모가 참여할 것을 장려하며, 서로를 도와줌으로써 유아교육기관과 가정의 일관성 있는 교육을 도모한다는 확대된 의미의 교육개념으로 바뀌는 추세에 있다(오영희, 엄정애, 1999).

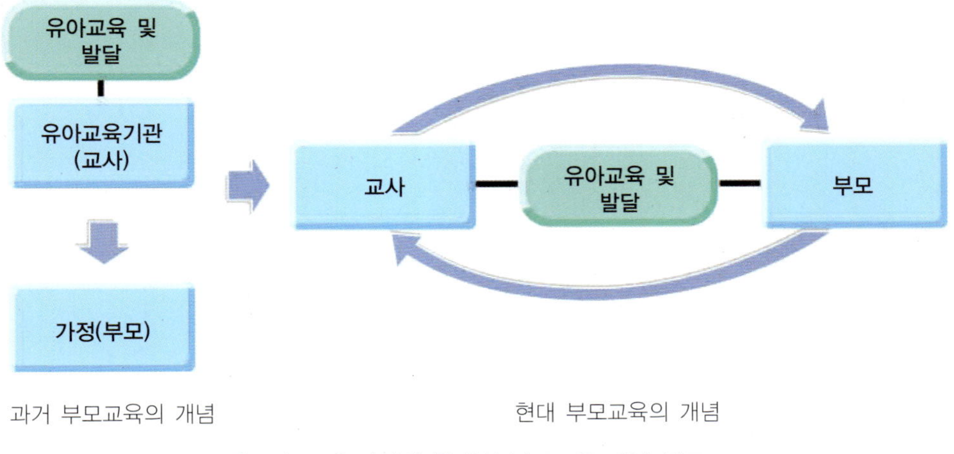

[그림 1-2] 과거와 현대의 부모교육 개념 비교

2. 부모교육의 목적 및 필요성

부모교육은 부모가 자녀 발달에 결정적인 영향을 끼치며, 부모를 교육하면 유아에게 그 효과가 나타난다는 전제 하에서 출발한다. 과거에는 부모 역할을 결혼하여 자녀를 가지게 되면 누구나 할 수 있는 것으로 여겼다. 그러나 산업화를 겪으면서 가족 내에서 지원되었던 양육의 모델링과 지지가 부족하게 되면서 부모됨에 대한 스트레스가 증가하게 되었다. 또한 건강한 아동발달을 위하여 부모-자녀 간의 민주적인 관계의 중요성을 인식하면서 부모교육의 필요성이 강조되고 있다. 이러한 관점에서 부모교육의 궁극적인 목적은 부모가 보호자, 교육자로서의 역할을 수행할 수 있도록 영유아의 성장·발달과 교육에 대해 이해하고, 적절한 양육 지식과 기술을 습득하여 부모 자신의 자아존중감을 증진시킴으로써 부모-자녀 관계에 변화를 주는 것이다.

부모교육의 필요성을 영유아의 측면, 부모의 측면, 영유아교육기관의 측면, 사회적 측면에서 설명하면 다음과 같다(김정원, 전선옥, 2016; 유안진, 김연진, 2003; 김현주, 손은경, 신혜영, 2001; 홍길회, 이혜란, 왕영희, 정미자, 2016).

1) 유아의 측면

- 유아 발달은 부모에 의해 지속적으로 영향을 받기 때문에 부모교육이 필요하다.

  유아의 성장과 발달에 대한 연구들에 의하면, 유아기는 부모의 양육태도와 가치관에 의해 신체, 인지, 언어, 사회, 정서 등 발달의 모든 영역이 영향을 받고 그 영향이 일생동안 지속된다고 한다. 따라서 유아의 성장과 발달을 돕기 위해 부모가 효율적으로 자녀를 양육할 수 있도록 도움을 주는 부모교육이 필요하다.

2) 부모의 측면

- 부모 자신의 성숙을 위하여 부모교육이 필요하다.

  부모교육을 통해 건전한 가치관과 인격을 형성하고 자녀교육을 위한 올바른 지식과 기술을 습득하는 것은 부모 자신의 성숙을 위해 필요하다. 부모는 부모로서 성장할 기회를 얻는 동시에 인간으로서의 가능성을 실현시킬 수 있는 기회를 얻고, 직면하고 있는 많은 스트레스와 다양한 도전을 이겨나가기 위하여 그들이 가지고 있는 능력을 인정해 주고 강조해주는 부모교육을 필요로 한다(이은화, 1997; 이재연, 김경희, 1989; Cataldo, 1987; Cochran, 1988; Goodnow & Collins, 1990; Kagan, 1995; Mindick, 1988; Morrison, 1976).

- 부모들이 자신감을 가지고 문제에 효과적으로 대처할 수 있는 방법을 배우기 위해 부모교육이 필요하다.

급속한 가족체계의 변화로 부모들이 주변 어른들에게 자녀 양육의 도움을 받을 수 없게 되면서 부모 스스로 양육에 대한 책임을 수행해야 할 상황에 부딪치게 되었다. 부모교육을 통해 자녀양육과 관련된 지식과 기술을 배우고 유아교육기관에 참여함으로써 부모들은 자신감을 가질 수 있을 뿐만 아니라 자녀를 양육하는 과정에서 발생하는 문제상황에 효과적으로 대처할 수 있는 방법을 배우게 된다.

- 여성의 사회참여가 늘어나면서 일과 가정의 양립을 위한 사회 환경을 조성하기 위하여 부모교육이 필요하다.

맞벌이 가정이 증가하면서 아버지의 육아 참여가 요구되었다. 더불어 아버지의 육아참여 시 나타나는 교육적 효과가 여러 연구들을 통하여 입증되고 있다. 따라서 남성에게 부모교육을 통해 공동양육의 중요성을 강조함으로써 아버지들도 자녀양육에 주도적으로 참여하고 가사를 분담하도록 하여 적극적으로 아버지 역할을 수행하도록 해야 한다.

- 현대문화와 대중매체가 제시하는 비현실적이고 그릇된 부모상과 부모역할로 인한 부모의 혼란을 막고 바람직한 부모상과 부모역할을 제시하기 위해 부모교육이 필요하다.

대중매체에서 부모역할은 비현실적이고 지나치게 이상적이거나 극단적으로 묘사되는 경우가 많다. 그러나 부부가 실제로 자녀를 낳고 부모의 역할을 수행할 때는 자신이 기대했던 것과 일치하지 않아 혼란과 좌절을 겪으면서 열등감을 갖게 될 수 있다. 따라서 부모가 된다는 것이 어떤 것이며 자녀는 어떤 의미이고 부모역할에는 어떤 희생과 준비가 있어야 하는지에 대한 정보를 제공하여 예비부모들을 도와줄 수 있기 때문에 부모교육이 필요하다.

3) 유아교육기관의 측면

- 부모와 교사 간에 영유아 발달에 관한 정보를 교환하고 공유함으로써, 영유아에 대한 이해를 높이기 위해 부모교육이 필요하다.
  유아의 발달 수준에 적합한 교육을 제공하기 위해서 교사는 가정과 기관에서 나타나는 유아의 발달 상황을 확인하고 종합적으로 이해할 필요가 있다. 따라서 정기적으로 부모와의 만남을 통해 유아의 발달 상황을 협의하는 것이 필요하다.
- 교사 및 기관에 대한 부모의 신뢰를 높여 유아교육기관의 운영에 대한 부모의 협조를 얻기 위해 부모교육이 필요하다.
  유아교육기관은 부모에게 기관의 철학, 교수방법 등에 대한 정보를 제공하고 부모자원봉사, 의사결정자 등 다양한 참여 기회를 제공함으로써 기관에 대한 이해를 높이고 신뢰를 형성할 수 있다(김지혜, 이대균, 2013).
- 가정과 기관과의 연계성을 확립하여 일관성있는 교육을 하기 위해 부모교육이 필요하다.
  유아교육기관은 다양한 부모교육 프로그램을 통해 유아발달에 대한 지식, 양육기술, 놀이 활동 등에 대한 정보와 기술을 제공함으로써 가정과 일관성있는 교육을 실시할 수 있게 되어 유아교육의 효과를 극대화할 수 있다.
- 유아교육기관의 교육과정에 부모를 인적자원으로 활용하여 교육과정을 더욱 풍요롭게 하고 교사의 과중한 업무를 줄이는 데도 기여하기 위해 부모교육이 필요하다.
  부모는 자녀교육에 참여하고자 하는 열정을 가지고 있으며 다양한 분야에서 전문성을 갖고 있다. 따라서 부모가 가진 능력과 기술을 확인하고 교육과정을 운영에 활용함으로써 교사가 줄 수 없는 다양한 경험을 유아에게 제공할 수 있다. 또한 보조교사나 교구 제작 등에 부모가 참여하도록 함으로써 교사의 업무 부담을 줄일 수 있다.

4) 사회적 측면

- 국가에서 인적 투자의 효율성을 고려해 볼 때 부모교육이 필요하다.
  경제적인 측면에서 보면 국가는 사회의 구성원이 어릴 때 적은 비용을 들여 부모교육을 함으로써 유아가 건강하게 성장·발달하는 것을 도와주어 질 높은 인적 자원을 확보하고 사회 발전의 원동력을 얻을 수 있다. 최상의 아동복지는 가족복지이며 이는 부모역할을 지지해 줄 때 가능하다. 사회적으로 문제를 지닌 청소년, 성인을 교화하고 치료하는데 드는 비용을 절감할 수 있고 사회보장 제도에 의존하여 생활하게 되는 비용을 절감할 수 있다는 측면에서도 투자의 가치가 있다.

• 미래사회에 적응할 수 있는 인재로 키우기 위해 부모교육이 필요하다

현대 사회는 급속히 변하고 있고, 변화의 속도는 앞으로 더욱 가속화될 전망이다. 사회화를 담당하는 부모들이 해야 할 일은 자녀들이 미래사회의 사회질서를 따르고 사회 발전에 기여할 수 있도록 준비시키는 일이다. 그러나 부모에게 자녀가 살아갈 사회가 어떤 모습일지, 자녀에게 어떤 가치, 태도, 기술, 능력을 갖추도록 해야 할지를 예측하는 일은 쉬운 일이 아니다. 그러므로 부모들에게 미래사회를 살아갈 자녀들에게 필요한 것이 무엇이고 어떻게 준비시켜야 할 것인지에 관한 도움을 주기 위해서 부모교육이 필요하다.

• 현대사회에는 다양한 형태의 가족이 있으며, 각 가족이 요구하는 부모의 역할이 다르기 때문에 가족유형에 적합한 부모교육이 필요하다.

오늘날 우리 사회는 한부모 가정, 재혼 가정, 다문화 가정 등 다양한 가족이 공존하고 있다. 가족 구조의 변화는 가족 구성원의 역할에 변화를 요구하며 적응 과정에서 부모의 스트레스가 발생할 수 있다. 따라서 가족 유형에 적합한 부모교육 프로그램을 제공함으로써 사회의 기초가 되는 가정을 건강히 유지할 뿐만 아니라 청소년 비행 등의 사회문제를 예방할 수 있기 때문에 부모교육이 필요하다.

★ 읽어보세요!

#1. 생활고 · 우울증에 아기 손찌검 "이러다 죽일 수 있겠구나" 두려워

아동보호기관에 전화해 스스로 신고
"부모교육 후 폭력 끊어… 구원받은 느낌"

(중략)

"사람이 한 번에 달라지지는 않잖아요. 좋아지는 듯하다가도 상황이 안 좋아지면 다시 원점으로 돌아가는 거죠. 그 난리를 겪고도 두 번이나 유나를 더 때린 거예요, 제가." 아이를 안 때리기 시작한 지 몇 달쯤 됐을 때. 자아가 형성되기 시작한 유나가 "싫어 싫어" 고집을 부리는 반항기가 찾아왔다. 그런 시기가 있다는 걸 알고 있었음에도 오씨는 참지 못했다. 아이를 밀면서 발로 차버렸다. 다시 전화기를 들었다.

"부끄러웠어요. 너무 부끄러워서 얘기 안 하고 싶었어요. 그런데 제가 숨기면 이대로 사건은 종결되고, 저는 다시 처음으로 돌아가는 거잖아요." 아동보호전문기관 직원이 집으로 찾아와 사건을 조사하면서 "다시 한번 이런 일이 있으면 경찰서로 넘겨진다"고 말했다. 그러면서 물었다. "뭐가 제일 필요하세요?" 오씨가 한번 더 부모교육을 받고 싶다고 말했다. 직원은 2만원만 개인 부담을 하면 받을 수 있는 부부상담도 권했다. 하지만 그 2만원도 여유가 없었다. 여성가족부 산하 건강가정지원센터의 '가족행복드림' 사업에 연결됐다. 20회의 개인 양육 상담을 받기 시작했다.

상담을 받을 동안 아이를 돌봐줄 아이돌보미 교사와 전문상담사가 집으로 찾아오는 식으로 상담이 진행됐다. 아이의 특성과 그에 맞는 양육법, 문제 상황 시 어떻게 아이에게 대응해야 하는지를 전문가들이 눈앞에서 직접 보여주니 이해하기가 쉬웠다. 상담사가 내면으로 들어가는 질문을 열어줬다. 거기에 상처받고 웅크린 어린 부모가 있었다. 아기를 낳고 누구한테도 보호받지 못했다는 감정이 너무 많이 쌓여 있었다. 자기 자신을 자주 돌아다 봤다. 남편도 3회의 상담을 받았다. 이제는 서로가 무엇을 원하는지 잘 아니까 예전처럼 다투지 않는다. 돈이 모자라도 '이렇게 해서 해결하면 될 거야' 긍정적으로 해법을 모색한다.

"제가 유나한테 했던 짓은 학대예요. 무관심도 학대고, 사랑을 안 주는 것도 학대고, 미워하면서 관심을 갖는 것도 학대죠. 내 부모가 나한테 그런 짓을 했다고 생각하면…. 사랑의 매 같은 건 세상에 없어요. 그런데 그걸 몰랐죠. 부모교육을 받기 전에는요."

오씨가 변하자 유나도 달라졌다. 슈퍼마켓에서 사탕을 사면 당장 까먹겠다고 울고불고하던 아이가 이제는 집에 가서 손 씻은 후 먹는 걸 당연하게 여긴다. 슈퍼에서 집까지 한 시간이나 아이를 설득하며 "울음을 멈춰야만 엄마가 손을 잡아줄 거야" 단호하게 가르친 덕분이다. 아이는 지금 이런 시기니까 내가 이렇게 잡아주면 잘 될 거야, 자신감도 생겼다. 부모로서 그는 구원받았다.

(중략)

처음부터 부모로 태어나는 사람은 없다. 온 마을이 아이 하나를 함께 키우던 대가족 중심의 공동체 사회도 아니다. 어린 나이에 아무것도 모르고 아기를 낳는다. 경제적으로 빈곤하고, 양육을 지원해줄 사회적 관계망도 단절돼 있다. 아기는 너무 많은 것을 요구하는 어려운 존재다. 저절로 좋은 부모가 되기란 하늘의 별 따기만큼 어렵다. 지난해 11월 발간된 보건복지부의 '전국아동학대 현황보고서'에 따르면, 2016년 한 해 신체학대, 정서학대, 성학대, 방임 등으로 아동학대 판정을 받은 사건은 1만 8,700건이었다. 이 중 77.9%(1만4,563건)는 아동이 주양육자에 의해 지속적으로 보호받는 '원가정보호' 처분을 받았다. 교육과 상담치료가 없다면, 이 아이들이 다시 학대당하지 않을 가능성은 과연 얼마나 될까.

[출처 : 한국일보(2018. 1. 21)]

3. 부모교육의 역사

바람직한 자녀양육과 부모역할에 대한 관심은 동서고금을 막론하고 꾸준히 이어져왔으며 자녀양육과 부모역할에 대한 기준과 방법은 역사적 흐름에 따라서 다양하게 발전해 왔다. 부모교육의 역사적 흐름을 서양과 우리나라를 중심으로 살펴보고자 한다.

1) 서양의 부모교육

(1) 고대 및 중세의 부모교육

서양의 부모교육 역사는 고대 그리스 시대에서 그 흔적을 찾아볼 수 있다. 플라톤은 『국가론(Republic)』에서 이상적인 국가를 건설하기 위해 각 개인이 본성에 따른 활동을 함으로써 사회적으로 기여하도록 하는 것이 바람직하다고 보았다. 이를 위해 이상 국가에 태어나는 아동들에게는 교육의 기회가 완전히 균등하게 주어지는데 아동은 출생하자마자 국가가 지정한 공동 탁아소에서 양육되어야 한다고 주장하였다.

아리스토텔레스는 플라톤과 마찬가지로 국가가 교육을 관리해야 한다고 보았지만 개인차가 있으므로 7세까지의 유아기에는 가정교육을 통해 개개인의 잠재력을 최대한 발휘할 수 있도록 환경을 제공해주어야 한다고 보았다.

로마시대에는 아동양육이 어머니의 중요한 임무로 여겨져서 어머니의 무릎교육이 자녀의 올바른 성격 함양과 생활태도를 길러주는데 큰 영향을 미친다고 생각하였다. 아버지는 자식의 생사권을 가지면서 승마, 수영, 검술, 권투 등 자녀교육의 일부를 담당하였다.

중세에는 종교적인 입장이 사회뿐만 아니라 자녀 양육과 교육에 있어서도 지배적이었다. 성경에서 제시된 원죄의 개념을 토대로 영유아의 타고난 악한 본성을 선한 성품으로 변화시키는 것을 부모의 막중한 책임으로 보았다. 그래서 부모의 주요 역할은 자녀를 엄격한 훈련과 벌을 통해 변화시키는 것으로 여겨졌다. 체벌은 자녀를 바른 길로 인도하는데 필수적이라고 믿어서 규칙적으로 체벌이 실행되는 경우도 있었다. 또한 아동은 성인의 축소판이라는 관점으로 인해 아동의 고유한 특성을 인정하지 않았고 7~8세가 되면 성인처럼 노동에 참여하였다.

(2) 근대의 부모교육

문예부흥 이후 코메니우스(Comenius), 루소(Rousseau), 페스탈로치(Pestalozzi), 프뢰벨(Froebel) 등의 노력으로 아동을 하나의 독립된 인격체로 인식하기 시작하였다. 이때부터 아동에게 적합한 교육방법이 개발되었으며 부모교육에 큰 영향을 미쳤다.

코메니우스는 『대교수학(Didactica Magna)』에서 '학교제도론'을 주장하면서 교육을 4단계로 제시하였다. 그 중 0~6세는 유아교육에 해당하는 시기로 '어머니 학교(School Materna)'라고 불렀다. 그는 교육이 출생에서부터 조기에 시작되어야 하는데 어머니의 무릎이 가장 중요한 최초의 학교라고 주장하였다. 이 시기는 어머니가 교육을 하되 일상생활이나 사물에 관한 기초 지식, 도덕적 습관, 신앙에 관한 기초 지식을 일깨워 주어야 한다고 보았다. 즉, 코메니우스는 영유아기에 있어서 어머니 역할의 중요성을 주장하면서 어머니를 위한 부모교육을 강조하였다.

로크는 『교육에 관한 고찰(Some Thoughts Concerning Education)』에서 인간은 태어날 때 백지와 같은 상태로 태어난다고 보고 유아기부터의 교육을 강조하였다. 그는 학교교육보다 가정교사에 의한 가정교육을 중시하여 훌륭한 가정교사를 선택하는 일이 아버지의 가장 중요한 역할 중 하나로 여겼다. 로크는 철저한 훈육을 강조하면서도 체벌보다는 칭찬이 바람직하며 좋은 모델을 보여주는 것이 중요하다고 하였다.

루소는 『에밀(Emile)』에서 인간은 본래 선하게 태어났으므로 부모는 자녀의 타고난 선한 본성이 자연스럽게 자라날 수 있도록 간섭이나 강요 대신 관찰을 통해 아동에게 적합한 교육을 실시해야 한다고 하였다. 또한 발달 단계를 구별하여 각 단계에 적합한 교육을 실시해야 한다고 주장하였다.

페스탈로치는 『게루트루드는 어떻게 자녀를 가르쳤나(How Gerturde Teaches Children)』에서 가정교육이 모든 교육의 출발점이라고 강조하였다. 그는 이 책을 통해 어머니와 자녀의 관계 속에서 도덕교육과 종교교육이 함께 이루어져야 한다고 주장하면서 자녀교육을 담당하는 어머니를 교육시키는 모성교육의 중요성을 강조하였다. 이로 인해 페스탈로치는 '부모교육의 아버지'로 불리게 되었다.

유치원의 창시자인 프뢰벨은 『어머니의 노래와 놀이, 이야기(Mother's Songs, Games, and Stories)』에서 어머니가 가정에서 자녀에게 들려줄 수 있는 노래와 그림, 손유희를 소개하였다. 그는 작업(occupation)을 창안하여 부모들에게 직접 가르치기도 하면서 부모교육의 발전에 큰 영향을 미쳤다.

(3) 20세기 이후의 부모교육

20세기 이전까지 유럽을 중심으로 이루어졌던 연구는 20세기 이후 미국으로 넘어오게 되었다. 또한 심리학의 발달은 아동발달과 부모-자녀 관계 연구를 활발하게 촉진하였고 부모교육 및 부모의 양육태도에 크게 영향을 미쳤다. 20세기 초반 부모교육에 영향을 준 심리학 이론은 프로이드(Freud)와 왓슨(Watson), 아들러(Adler)와 에릭슨(Erikson)이 있다.

20세기 초, 왓슨 등의 행동주의가 지배적인 이론으로 자리를 잡으면서 육아에 있어서도 규칙적이고 엄격한 양육방식을 강조하였다. 이후 아동의 내적 충동을 적절하게 발산시키는 것이 바람직하다는 프로이드 이론이 부각되면서 부모들은 기존의 양육방식과 태도를 변화시켜야 할 필요성을 느끼게 되었다. 이에 따라 부모들이 자녀양육에 대한 지식과 정보를 요구하면서 다양한 육아지침서들이 출판되고 아동 상담소나 연구소가 개설되었다.

미국정부는 1909년 아동발달과 양육, 가정 문제 등을 다룬 '제 1차 백악관 회의'를 개최하였고, 1912년 '아동국(Children's Bureau)'을 설립하였다. 1914년에는 『영아양육(Infant Care)』이라는 자녀교육 지침서를 출판하였는데 최초의 정부 차원의 대규모 부모교육이라는 점에서 의미가 있다. 더불어 미국의 많은 대학교에 아동연구소가 설립되어 아동과 부모에 대한 연구가 활발히 이루어지기 시작했으며 부모교육 과목이 개설되고 부모회가 활발하게 조직되었다.

20세기 중반 세계경제 불황과 세계대전으로 인해 아동의 정신건강을 강조하게 되었고 영유아의 발달을 위해 가정과 가족관계를 중요하게 인식하였다. 스포크(Spoke)박사는 1946년 『육아전서(The Common Sense Book of Baby and Child Care)』를 출판하여 부모양육에 관한 많은 지침을 제공하였다. 그는 부모들이 자녀양육에 있어서 규칙과 절제를 중요시하기보다는 보다 많은 융통성과 자율성을 부여할 것을 강조하면서 좀 더 자녀의 욕구를 중요시하는 관대한 양육방식을 권장하였다. 게젤(Gesell) 또한 연령별 아동발달 척도를 만들어서 아동의 발달은 학습보다는 자연스러운 성숙의 결과로 초래되는 것이라고 주장하면서 소극적인 부모 역할을 강조하였다.

1950년대는 구소련의 스푸트니크(Sputnik)호의 발사 성공으로 미국이 충격에 휩싸이면서 조기교육의 필요성과 부모교육이 강조되었다. 이전의 성숙주의 관점에서 벗어나 아동의 인지발달에 관심을 갖기 시작하여 피아제(Piaget) 인지발달 이론이 많은 영향력을 발휘하였다. 그리고 1964년 빈곤퇴치전쟁(War on Poverty)을 선포하면서 보상교육 차원에서 헤드스타트(Head Start) 운동을 실시하였다. 이 프로그램에는 부모교육이 포함되었는데 프로그램의 연구 결과 부모참여가 아동발달에 매우 효과적이라고 밝혀지면서 자녀교육에 부모참여가 정착되기 시작하였다. 따라서 부모교육은 부모의 수동적이며 소극적인 참여에서 교사, 전문가와 부모가 동등한 입장에서 상호작용할 때 바람직한 부모교육이 이루어진다는 적극적이고 평등한 상호작용적 의미로 발전되었다(이경화 외, 1999).

1970년대에 들어서면서 고든(Gordon)의 '부모효율성훈련(PET)', 딩크메이어(Dinkmeyer)와 맥케이(McKay)의 '효율적인 부모역할훈련(STEP)' 등 이론적인 체계를 갖춘 다양한 부모교육 프로그램이 개발되었다. 또한 브론펜브레너(Bronfenbrenner)의 인간발달의 생태학적 관점이 대두되면서 가정, 학교, 지역사회가 함께 협력하는 동반자적 관계를 형성함으로써 아동발달을 촉진하려는 움직임이 나타났다.

1980~1990년대는 10대 임신율과 미혼모의 증가, 약물중독, 아동학대 등에 대한 관심이 고조됨에 따라 부모교육의 대상이 부모뿐만 아니라 청소년으로 확대되기 시작하였다. 또한 가족에 대한 정의도 변화됨에 따라 일반적이고 보편적인 다수를 대상으로 하는 부모교육 프로그램보다는 특수하고 개별적인 문제나 상황에 처한 소수를 대상으로 하는 부모교육 프로그램이 활발하게 개발되었다.

〈표 1-1〉 서양 부모교육의 역사

	고대	중세	근대	현대
아동관	대를 잇거나 노동을 위한 수단 또는 도구	• 성악설 • 아동은 성인의 축소판	• 성선설 • 독립적인 인격체로 인식	아동발달 및 부모교육의 체계적 연구
부모 역할 및 부모교육의 특징	• 유아기 가정교육 강조	• 성품 변화를 위한 엄격한 자녀훈육 강조	• 어머니 역할 강조 • 훈육보다는 칭찬, 모델링, 감각적 상호작용, 놀이 등을 통한 교육 강조	• 자녀교육에 있어 부모참여 효과 인정 • 체계적이고 가족맞춤형 부모교육 프로그램 개발 • 정부의 부모교육 개입

2) 우리나라의 부모교육

(1) 전통사회의 부모교육

우리나라 전통사회 부모교육은 유교적 관념에 지대한 영향을 받았다. 그 당시 아동교육 및 부모교육은 주로 책을 통해 이루어졌다. 아동교육을 목적으로 한 『소학(小學)』, 『동몽선습(童蒙先習)』, 『격몽요결(擊蒙要訣)』, 『사소절(士小節)』과 같은 책은 주로 '예(禮)'와 '효(孝)'를 강조한 윤리교육, 인격교육을 내용으로 하고 있다. 자녀의 인격교육을 위해 자녀의 본보기로서 부모의 역할이 강조되었는데, 부모 스스로 자신의 행실을 가다듬음으로써 자신의 인격을 수양하고 자녀들을 가르쳐야 한다고 보았다.

전통사회에서 강조된 '적시사상(適時思想)' 또한 자녀교육에 반영되어 초기 경험과 적기 교육을 강조하였다. 『사소절(士小節)』에서 태교(胎敎)와 출생 초기 교육의 중요성을 다음과 같이 주장하였다(김향은, 2007, p. 410).

> 잉태한 부인이 행동과 음식을 삼가지 않으면 자식으로 하여금 일찍 죽거나 병들게 하며, 일부로 태인의 태교, 즉 잉태 중에 가르치던 훈계를 범하는 것은 현숙한 행실이 아니다. 〈부의편(婦儀篇)〉

이처럼 우리나라는 가정교육의 첫 시작을 태교로 보았다. 태교는 임신기간 중 임산부의 육체적·심리적 상태가 태아에게 중요한 영향을 미친다는 전제 하에 심신이 건강한 아기의 수태와 출산을 위하여 부모가 될 부부가 임신을 준비하는 기간부터 아이의 출생 때까지 필요한 모든 교육적 노력을 말한다(도민재, 2000, p. 39). 태교에 대한 기록은 고려시대 정몽주의 어머니 이씨가 쓴 『태중훈문(胎中訓文)』과 사주당(師朱堂) 이씨의 『태교신기(胎敎新記)』, 송시열의 『계녀서(戒女書)』 등의 책을 통해 찾아볼 수 있다.

자녀가 태어난 후에는 본격적인 가정교육이 시작되는데 주로 집안에서 부모와 친지들에 의해 이루어졌으며, 특히 부모의 교육적 책임이 강조되었다.

> 망아지는 길들이지 않으면 좋은 말이 될 수 없고, 어린 소나무는 가꾸지 않으면 아름다운 재목을 이룰 수 없다. 그러므로 자식을 두고서 잘 가르치지 않으면 버리는

것과 같다. 〈동규편(童規篇)〉

부모의 역할은 '엄부자모(嚴父慈母)'라고 표현할 수 있는데, 부모가 엄격함과 자애로움의 역할을 서로 분담하여 상호보완적인 태도를 지님으로써 자녀 양육과 교육에 있어서 균형을 강조하였다고 볼 수 있다(도민재, 2000).

(2) 1960년대 이전 부모교육

안방교육과 책을 중심으로 한 부모교육은 1914년 미국 선교사 브라운리(Charlotte Brownlee)에 의해서 사회교육 형태의 부모교육으로 전환되었다. 브라운리는 이화정동유치원을 설립하고 '자모회'를 조직하여 유치원 학부모를 대상으로 아동중심 교육을 기초로 한 유치원 교육을 이해시키고, 새로운 육아법을 교육하였다. 초등학교에서는 '사친회(PTA: Parent Teacher Association)'라는 학부모회를 조직하여 부모를 아동교육에 참여시켰다. 이 시기에는 자녀교육에 있어서 어머니의 영향을 강조하면서 부모교육의 대상이 어머니로 집중되었다. 그러나 이 시기는 일제 침략 하에 있어서 보편적인 부모교육보다는 소수의 양반 계층과 일본인을 대상으로 부모교육이 실시되었다.

1950년대는 해방 직후의 혼란과 한국전쟁 등으로 인해 부모교육에 대한 사회 전반적 인식 및 호응이 부족하여 주로 유치원에서 '자모회'를 중심으로 운영되었다. 특히, 이 시기에는 자녀에 대한 사회적 인식의 변화가 나타나서 자녀를 부모의 종속물로 보는 대신 자녀의 개성과 인격을 존중하는 자녀교육이 강조되기 시작하였다.

(3) 1960년대 이후 부모교육

1960년대 이후 아동연구의 발전과 인지발달의 중요성 강조 등으로 유아교육과 부모교육에 대한 인식에서 중요한 변화가 일어났다. 1960년대에는 자녀의 학업에 대한 부모의 관심이 촉구되어 부모가 올바른 교육관을 확립함으로써 학습지도에 적극적으로 참여해야 함을 강조하였다. 또한 자녀교육에 대한 부모의 부담을 인식하고 자녀교육을 개인적인 영역이 아닌 국가 차원에서 지원하려는 시도가 나타나기 시작해서 정부차원에서 자녀교육의 향상을 위한 부모교육 심포지엄을 개최하였다.

1980년대 이후는 다원화·전문화로 인해 빠르게 사회가 변화하면서 자녀교육에 어려움을 겪는 부모들이 증가하여 부모 스스로 바람직한 자녀교육을 위해 교육받아야 할 대상으로 인식하게 되었다. 이로 인해 강연회, 도서, TV, 인터넷, 비디오 등 다양한 전달 매체를 통해 부모교육이 활발하게 이루어지기 시작하였다.

1990년대 이후에는 취업 여성의 증가와 가족구조의 변화, 출산율 감소로 인해 부모교육에 대한 사회적 관심이 높아졌고, 아버지 역할이 중요시되면서 아버지교육 프로그램의 필요성이 대두되었다(한용진, 최정희, 2011).

〈표 1-2〉 우리나라 부모교육의 역사

	전통사회	1960년대 이전	1960년대 이후
부모 역할 및 부모교육의 특징	• 유교적 관념 바탕: 효와 예를 강조한 인격교육 • 태교와 초기교육 중시 • 안방교육, 책을 통한 부모교육 • 엄부자모	• 서구 부모교육 이론이나 프로그램 소개 • 사회교육 형태의 부모교육으로의 전환: 자모회, 사친회 • 어머니, 소수 계층 중심의 부모교육 • 자녀 개성과 인격 존중 강조	• 우리사회에 맞는 다양한 부모교육 프로그램 개발 및 보급 시도 활발 • 자녀의 교육에 있어서 부모의 적극적인 참여 강조 • 아버지 참여 강조 • 국가의 부모교육 개입

서양과 우리나라 부모교육의 역사적 변천을 통해 살펴본 오늘날 부모교육의 특징을 정리하면 다음과 같다.

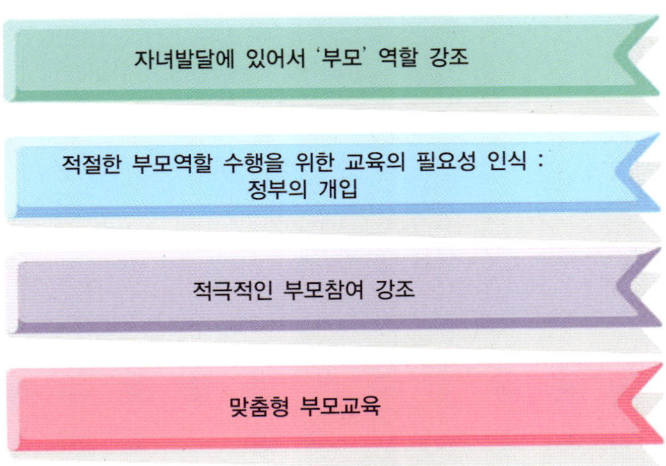

[그림 1-3] 현대사회 부모교육의 특징

4. 유아교육기관-가정-지역사회 파트너십

유아교육기관, 가정, 그리고 지역사회는 모두 영유아의 발달을 극대화시키는 과정에서 고유한 역할을 담당하는 주체이다(California State PAT, 2008; Epstein, 2011). 유아교사와 부모 간의 협력적인 관계는 유아교사와 부모의 효능감을 높여서 영유아의 반응에 더 민감하고 반응적인 상호작용을 가능하게 한다. 유아의 전인적 성장·발달을 공동의 목적으로 한 유아교육기관, 가정, 지역사회가 서로를 상호 협력하는 동반자로 인식하여 최선의 환경과 서비스를 제공해 주기 위해 함께 노력할 때 교육 효과가 극대화될 것이다.

유아교육기관, 가정, 지역사회의 파트너십 형성의 중요성은 최근 '유아교육공동체' 개념으로까지 확대되고 있다. '유아교육공동체'는 구성원들이 '우리'라는 공동체 의식과 상호존중을 바탕으로 의사소통하면서 서로 공감하고 정서를 공유하며 이를 통해 상호 협력하면서 구성원 모두의 지속 가능한 발전을 도모하는 것을 말한다(정계숙, 윤갑정, 견주연, 차지량, 박희경, 2016). 따라서 유아교육공동체는 유아교육기관과 가정, 지역사회의 구성원 간에 서로 존중하고 소통하며 협력적인 유대관계를 형성하여 유아의 발달뿐만 아니라 각 주체별 구성원의 성장과 건강한 시민사회를 만드는데 기여할 것으로 여겨진다(정계숙, 견주연, 박희경, 2015).

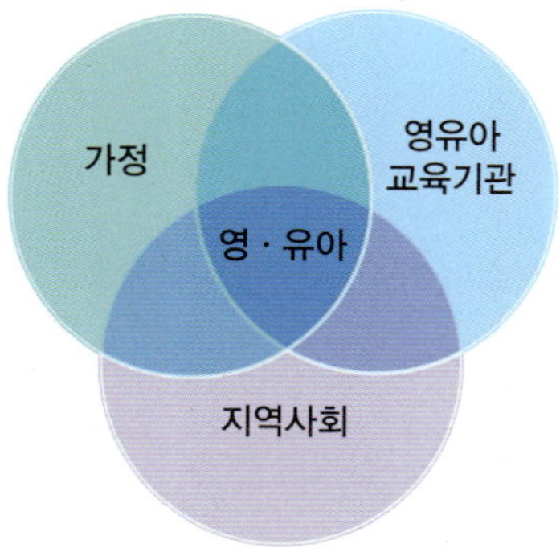

[그림 1-4] 유아교육기관, 가정, 지역사회의 파트너십

[출처 : Epstein(2011), School, Family, and community partnerships, p. 32.]

상호 협력하는 동반자 관계에 있는 유아교육기관과 가정 그리고 지역사회는 다음과 같이 설명할 수 있다(California State PAT, 2008; Epstein, 2011).

• 가정같은 유아교육기관

가정같은 유아교육기관은 개별 유아의 개성을 인정하고 각 유아가 특별함과 소속감을 느끼도록 한다. 그리고 모든 가정이 유아교육기관에 적극적으로 참여하도록 지원한다. 가정-가정, 가정-교직원, 가정-유아들의 활동과 학습에서 각 가정의 참여가 환영받고 공동체 의식을 갖도록 돕는다.

• 유아교육기관같은 가정

가정의 유아교육기관 참여는 인종, 사회경제적 지위, 부모의 학력과 상관없이 자녀의 성취를 증진시킨다. 유아교육기관같은 가정은 유아교육기관에서 이루어지는 활동에 참여하고 가정에서의 학습을 강화하기 위한 능력을 발달시킨다. 이를 위해 부모는 기관에서 제공하는 부모교육을 통하여 영유아의 발달에 적절한 상호작용방법과 교수-학습방법을 습득한 후 가정에서 적용한다. 또한 도움이 필요한 다른 가정과 지역사회에 적극적으로 도움을 제공한다.

• 가정에 우호적인 지역사회

가정에 우호적인 지역사회는 유아교육기관처럼 유아의 발달을 강화하고 보상하는 다양한 프로그램을 제공하고 각 가정이 그들의 자녀에게 더 나은 지원을 할 수 있도록 환경과 서비스를 제공한다.

• 지역사회와 협력하는 유아교육기관

유아교육기관은 유아와 가정, 교직원을 위해 지역사회에서 제공하는 학습 기회와 다양한 서비스, 참여를 확장시키고 가정친화적인(family-friendly) 지역사회를 형성하기 위해 지역사회의 다양한 기관과 밀접하게 협력한다. 이를 위해 유아교육기관은 지역사회 파트너들의 지원을 조직하고 지역사회의 허브(hub)로서 역할을 맡는다.

유아교육기관과 가정, 지역사회가 파트너로서 서로 협력하고 공동체의식을 형성하기 위해서는 각 주체가 공동체로서 함께 한다는 인식을 갖고 가치를 공유하는 것이 필요하다. 이를 위해 요구되는 역량은 다음과 같다.

〈표 1-3〉 유아교육공동체 형성을 위한 구성원의 핵심 역량

유아교육공동체 형성 요인	공통 핵심 역량	관련 키워드
동반자 의식	서로에 대한 이해와 연민의 따뜻한 마음	나에 대한 이해, 타인에 대한 이해, 장점 찾기, 연민, 마음 열기
	아이가 살기좋은 세상을 위한 공동 목표의식	아이에 대한 존중, 공동 목표, 함께 걸어감
	서로의 다름에 대한 수용과 용서	갈등, 치열함, 자유보장, 솔직함, 차이 인정
	긍정적 관계 형성을 위한 어울림	잔치, 행복해질 수 있는 모임, 공감
핵심가치공유	자신과 공동체의 정체성 확립	자기 정체성 알기, 사회에 대한 인식 공유, 사회 연결망 속 위치잡기, 우리 목소리 내기
	교육관과 가치 공유	함께 아이 미래 고민하기, 합의와 오픈 마인드, 생애에 대한 고민, 교육의 목적
	일상에서 함께 배우려는 의지	일상, 함께 공부하기, 배움에 대한 의지, 소모임과 만남
	민주적 소통 능력과 의사결정 능력	민주적 관계, 소통하려는 노력, 민주적 방법에 대한 고민

[출처 : 정계숙, 윤갑정, 박희경(2016). 따뜻한 유아교육공동체 형성을 위한 구성원의 공통 핵심 역량 요소 탐색. 교사교육연구, 55(2), 253-270.]

유아교육기관, 가정, 지역사회가 공동체를 이루어 나가는 과정에서 서로를 이해하고 핵심 가치를 공유하기 위해 의사소통은 필수적이다. 이러한 의사소통 과정에서 모든 주체가 평등한 입장에서 소통할 수 있는 기회를 제공하여 함께 결정하고 해결하는 과정이 보장되어야 한다. 또한 각 주체 간의 의사소통 과정에서 나타날 수 있는 어려움과 부담을 지원하기 위해 교사교육, 부모교육 그리고 심리 지원 프로그램과 환경적 지원 체계가 필요하다(정계숙 외, 2016).

예비유아교사로서 향후 가정 및 지역사회와 파트너십을 형성하는데 필요한 역량을 갖추기 위해서 학습해야 할 내용은 다음과 같다(김희진, 2012).

- 부모에게 제공하는 정보와 관련된 내용 지식(예: 영유아 발달, 부모 역할, 자녀와의 의사소통 등)
- 부모를 위한 또는 부모와 함께 하는 활동을 계획, 실행, 평가할 수 있는 능력
- 부모에게 효율적인 교수-학습 방법의 선정과 매체 사용
- 부모의 특성에 대한 이해를 바탕으로 이론을 실제에 적용할 수 있는 방법
- 부모에게 활동이나 프로그램을 소개하고 초청하며 지속적으로 참여하게 하는 전략
- 부모와 의사소통하고 대인 간 문제를 해결하는 방법

❤ 생각해 보세요!

유아교육기관-가정-지역사회의 파트너십을 형성하기 위해 예비 부모이자 예비 교사로서 내가 개발해야 할 역량은 무엇이 있을까요?

제2장

현대사회와 가족

현대사회의 가족은 과거와 달리 이혼과 재혼, 저출산 및 다문화 등과 같은 다양하고도 복잡한 특징을 갖는다. 다원화된 사회에서 가족의 개념과 유형, 그리고 각 가족이 겪는 어려움 또한 다양하다. 따라서 현대사회를 구성하는 다양한 가족의 요구를 파악하고 적절한 부모교육을 제공하는 것은 유아교육기관의 중요한 과제가 되었다. 유아교사는 가정의 새로운 개념에 대해 이해하고 건강한 가족으로 변화하기 위한 유아교육기관의 지원 방안을 모색할 필요가 있다.

생각해 보세요!

유아가 행복하게 자랄 수 있는 건강한 가정환경은 무엇일까?

1. 가정의 이해

가정은 인간이 출생 후 최초로 경험하는 사회 환경이며 부모와 자녀의 관계는 대인관계의 기초를 형성하는 중요한 토대가 된다. 그러나 급격한 현대사회의 변화로 인해 우리나라의 가정에 대한 개념과 전통적인 가족구조에 많은 변화가 나타나고 있다. 맞벌이 가족, 한부모 가족, 다문화 가족 등 다양한 가족의 형태는 현대사회를 살아가는 우리에게 친숙한 모습이 되었다. 가족 형태의 다양화 경향은 '건강가정기본법(2016)'에도 반영되어 있는데 가족을 '혼인・혈연・입양으로 이루어진 사회의 기본단위'로 규정하고 있으며 가정 또한 일상적인 부양・양육・보호・교육 등이 이루어지는 '생활공동체'로서 강조하고 있다.

따라서 가정은 가족을 중심으로 한 인간생활의 기본적인 단위로 인간이 안주할 수 있는 공간적 장소만이 아니라, 그 안에서 의식주를 공동으로 영위하는 온정이나 사랑을 기반으로 하여 정서적 유대와 소속감을 느끼는 연대의식을 가진 공동체라는 확대된 개념으로 이해되어야 한다(숙명여자대학교, 1996).

오늘날을 살아가는 우리는 가족에 대한 보다 유연한 개념 인식이 요구된다. 유아교사는 다양한 가족구성원을 가진 유아와 부모를 만나게 되므로 여러 가지 가족 형태를 가족해체의 관점이 아닌 가족 재구성의 관점으로 보아야 하며, 각 가족 유형들이 지닌 특성들에 대한 이해가 필요하다(김진영 외, 2013).

2. 현대사회의 다양한 가족형태와 양육

1) 확대가족

전통적인 가족형태로서 확대가족은 직계의 부자중심 가족, 즉 부모와 결혼한 아들 부부 및 그들의 자녀들로 구성되는 가족 형태이다. 확대가족은 조부모가 육아에 참여함으로써 전통을 계승하기 쉽고, 다양한 가족 구성원과의 접촉으로 인해 사회성이 강화되며 가족의 결손이 발생할 때 역할을 대리하기 쉽다. 그러나 부모 이외의 성인이 육아에 영향을 미침으로써 일관된 가치체계를 형성하지 못하고 의존적인 성격을 발전시키게 되는 단점도 있다(숙명여자대학교, 1996).

〈표 2-1〉 확대가족의 장 · 단점

장점	단점
• 전통윤리와 관습, 생활태도 전달 • 사회성 발달 • 결손 시, 역할 대리 용이	• 일관된 가치체계 형성 어려움 • 의존적인 성격 발전

2) 핵가족

가장 기본적인 단위인 핵가족은 일반적으로 부부와 그들의 미혼 직계 자녀로 구성된 가족을 의미한다. 핵가족은 결혼을 통해 형성되고 자녀를 출산함에 따라 성장하며, 자녀가 혼인하여 독립함으로써 축소되고 부부가 사망함으로써 소멸하는 과정을 거친다. 부부 중심의 핵가족은 확대가족에 비해 자녀에게 일관된 가치체계를 형성시킬 수 있다. 그리고 애정을 기반으로 한 평등한 가족 관계를 형성함으로써 자녀는 욕구 불만이 적고, 심리적 안정감과 자율성을 형성한다. 그러나 가족집단이 소규모화, 단순화되어 가족구성원에 대한 보호나 교육 기능이 약화되고 친족 간 유대감을 형성하는데 어려움을 겪기도 한다.

〈표 2-2〉 핵가족의 장 · 단점

장점	단점
• 일관된 가치체계 형성 • 평등한 가족관계 • 낮은 욕구불만 • 심리적 안정감 • 자율성 형성	• 가족구성원에 대한 보호 및 교육기능의 약화 • 친족간 유대감의 형성 어려움

3) 한부모 가족

한부모 가족이란 부모 중 한쪽의 사망, 이혼, 별거, 가출, 유기 등으로 인해 양친

중의 한쪽과 보호를 필요로 하는 미혼의 자녀로 구성된 가족 형태를 말한다(한부모가족지원법, 2016). 결혼을 하지 않은 상태에서 자녀를 둔 미혼모나 미혼부 가족 또는 비혼모나 비혼부 가족도 포함된다. 한부모 가족은 자녀 보호를 누가 맡고 있느냐에 따라서 부자가족(Male-headed Family)과 모자가족(Female-headed Family)으로 구분된다.

여성가족부(2010)의 가족실태 조사에 따르면, 한부모 가족은 한부모의 자녀양육에 대한 부정적 인식을 포함하여 많은 어려움을 겪는 것으로 나타났다. 한부모 가족의 경우에는 가족 수가 적고 가족을 지원해 줄 수 있는 지지체계가 없으며 상대 배우자가 하던 역할까지 수행해야 하므로 자녀를 양육함에 있어서 많은 책임과 어려움에 직면할 수밖에 없다. 한부모가 된 새로운 상황에 적응해야 하는 과정에서 대부분의 부모들은 헤어진 배우자에 대한 심리적 스트레스, 절망, 두려움, 분노 등의 부정적인 감정을 경험하게 된다. 이러한 부정적인 감정이 클수록, 그리고 새로운 상황을 바라보는 시각이 부정적일수록 적응에 걸리는 시간은 더 길어진다(주소희, 1991; Allison & Furstenberg, 1989). 한부모가 새로운 상황에 얼마나 잘 적응하느냐에 따라 양육태도가 달라지게 되고 궁극적으로 자녀의 성장과 발달에도 영향을 미치게 된다. 따라서 한부모 가족의 특징과 요구를 이해하고 적절한 지원을 제공해야 한다. 한부모 가족의 형태와 지원체계를 살펴보면 다음과 같다.

(1) 이혼모

현대사회에서 모자 가족형태는 다른 가족형태보다 더욱 급증하고 있다. 모자가족의 대부분은 이혼한 여성으로, 과거에는 부정적인 시각으로 바라보거나 정상적이지 못한 가족형태로 보는 경향이 대부분이었으나 현대사회에서는 여성의 권익 증가와 개방적인 의식으로 인해 결혼과 이혼에 대한 시각이 변하였다.

그러나 이혼은 부모와 유아 모두에게 충격과 삶의 불균형을 초래하며 부모와 자녀 간 관계와 역할을 변화시킨다. 이혼 후 여성은 경제적으로 취약해질 가능성이 높으며 자녀 양육에 필요한 지원을 제대로 받지 못함으로써 생활수준이 낮아질 수 있다(성영혜, 윤석희, 이경화, 1996; 이현정, 2004). 연구에 의하면 모자가족의 경우 이혼 후 안정을 찾기까지 약 3년 반 정도가 걸리며 대다수의 모자가정은 재정상의 어려움을 겪는다고 보고하고 있다(김인순, 2003; 이현정, 2004).

이혼 직후 많은 어머니들은 자아감을 회복하고자 하는 심리적 증상과 역할 긴장으로 인해 자녀에게 보다 많은 제한과 요구를 가하고 통제하려고 한다. 이러한 어머니의 행동에 대해 유아는 순종하지 않으려고 하거나 과잉반응을 하여 어머니가 유아의 행동을 오히려 더 억압하거나 화를 많이 함으로써 악순환의 과정이 반복된다(Peterson & Cleminshaw, 1980). 그러나 억압적인 상호작용 이외에도 모자가족의 어머니가 일반 가족의 어머니보다 유아의 개인적 의견을 더 존중하고 격려하며 논리적으로 설명하는 것으로 보고되기도 한다(Crossman & Adams, 1980). 따라서 이혼으로 인해 발생하는 변화와 긴장 속에서 부모역할을 긍정적으로 수행하기 위해서는 이혼으로 인한 어려움으로 좌절하기보다는 남편의 부재 상황을 수용하고 극복하려는 의지를 가지고 어머니-자녀 관계를 형성해 가는 것이 필요하다. 이를 위해 필요한 경우 유아교육기관에서는 어머니에게 지역사회에서 제공하는 상담 서비스를 이용할 수 있도록 안내할 수 있다. 또한 부모역할에 대해 지속적이고 적극적인 지지를 받는 어머니가 자녀들과의 상호작용 또는 부모역할에서 긍정적이고 적극적인 태도를 갖게 되므로 유아교육기관에서는 부모역할에 대한 지원을 제공해 줄 필요가 있다(송욱, 2012; 정연옥, 2007; 최은정, 1999)

(2) 미혼모

미혼모란 법적으로 "결혼(사실혼 관계에 있는 경우는 제외한다)을 하지 않은 상태로 임신 또는 출산을 하였거나, 출산 후 자녀를 양육하고 있는 여성"을 말한다(경기도 미혼모·부 지원 조례, 2010). 미혼모가 미혼부보다 2배 이상 많으며, 1990년대 중반 이후 십대 학생미혼모가 증가하고 있다(통계청, 2016. 9. 7).

성인 미혼모는 미혼모를 부정적으로 보는 사회적 인식과 육아와 자활을 위한 경제적 독립에서 어려움을 겪는다. 십대 학생 미혼모의 대부분은 교육 욕구가 강하지만 학업을 중단하기 때문에 낮은 학력과 부정적인 사회적 시선과 처우로 인해 사회적·경제적으로 어려움을 겪는 것으로 나타났다(교육과학기술부, 2008). 특히, 십대 학생미혼모는 자신도 부모에게 정서적·신체적·경제적으로 의존하고 있는 상태이므로 자녀양육에 필요한 지식과 기술이 부족해서 자녀와의 상호작용도 서투르다(김영옥, 2012). 자녀양육에 대한 십대 어머니의 태도를 연구한 결과, 일반적으로 십대 미혼모는 자녀에 대해 인내심이 부족하고 아량이 부족한 것으로 나타났다(Mclanahan & Booth, 1991).

미혼모가 느끼는 사회로부터의 소외감은 자녀에 대한 지나친 기대로 이어져 양육 및 자녀의 자립에 문제를 초래하기도 한다(정용순, 2003). 미혼모가 겪는 경제적 어려움과 양육스트레스는 우울감을 증가시키고 심각한 경우 아동 방임과 학대를 야기하며, 결국 자녀의 문제행동과 비행행동을 유발하고 사회성 발달을 저해하는 요인으로 작용할 수 있다(변호순, 최정균, 2016).

미혼모와 관련된 어려움을 해결하기 위한 방법은 두 가지 차원에서 생각해 볼 수 있다. 첫 번째, 예방적 차원에서 학교는 성교육 내용의 내실화를 기하고 청소년 성교육을 위한 부모교육을 실시하여 가정에서도 효율적인 성교육이 이루어지도록 해야 한다. 그리고 건전한 이성교제를 위한 학교와 사회 분위기를 조성하고 평생학습 차원에서 결혼준비 프로그램, 예비 부모교육 프로그램을 개발할 필요가 있다.

두 번째, 현실적으로 미혼모를 지원하기 위해서 무엇보다 비난이 아닌 인권 차원에서 미혼모와 자녀를 존중하는 사회적인 인식 개선이 요구된다. 그리고 지역사회는 미혼모 가정의 자립을 지원하기 위해 맞춤형 자립지원 프로그램, 자녀 양육 지원 프로그램을 제공해야 한다(교육과학기술부, 2008).

(3) 부자 가족

부자가족은 배우자의 이혼이나 별거, 가출, 사망 등으로 인해 남성이 자녀와 한 집에서 살면서 그 자녀를 부양하는 가족형태를 말한다. 한부모 가족에서 부자 가족은 모자 가족에 비해 낮은 비중을 차지하지만 빠르게 증가하고 있어 부자 가족에 대한 관심과 지원이 요구된다.

모자가정의 경우, 경제적 자립이 주된 문제라면 부자가정에서는 직장과 가사 및 자녀양육의 조화 그리고 아버지로서의 정체성 형성이 중요한 문제가 된다. 특히 자녀와의 관계에 있어서 자녀와 함께 하기 위한 시간을 내기가 어려우며 어머니 역할을 수행하거나 대신해 줄 사람을 찾는 것도 쉽지 않아서 자녀양육에서 어려움을 겪는다. 부자가족의 아버지는 모자가족에 비해서 한부모 가족 이후의 변화에 대해 적응하기 어렵고 미래에 대한 비관적인 태도가 높은 것으로 나타났다. 따라서 아버지들이 모자가족과 마찬가지로 자신의 새로운 위치에 대해 수용하며 자녀와 좋은 관계를 유지하고 적응하도록 다각도의 지원 강화가 요구된다. 그러나 부자 가족을 위해 제공하는 다양한 서비스에 대한 필요성은 높게 인식하지만 실제 이용률은 저조하므로 적극적인 홍보와 함께 접근성과 편의성이 높은 부모교육 프로그램을 제공해야 한다(김기화, 2015; 문은영, 2011).

(4) 한부모 가족을 위한 지원체계

① 유아를 위한 제안 : 부모의 이혼(이재연, 김경희, 1993, p 233)

- 가족문제를 자녀와 함께 토의하되, 이혼의 사유를 아동의 수준에 맞게 간단하고 솔직하게 설명한다.
- 이혼하기 전에 앞으로 일어날 상황을 말해주고, 미래에 대해 긍정적인 느낌과 확신을 갖게 해준다.
- 자녀 앞에서 이혼을 누구의 탓으로 돌리지 않는다.
- 부모 중 어느 쪽과 같이 살고 싶은지 아동에게 결정하라고 묻지 않는다.
- 가능한 한 아동의 일상생활 리듬을 깨지 않도록 한다.
- 아동이 자신의 감정과 관심을 표현하도록 한다.
- 돈, 양육권, 방문에 관한 이야기는 하지 않는다.
- 같이 살지 않을 부모 및 확대가족과의 관계를 계속 유지하도록 계획한다. 특히, 연령이 어릴수록 떨어져 있는 부모를 자주 만나게 되는데 7~8세경에 가장 자주 방문하게 되며, 남아가 여아보다 더 자주 또 더 오래 머무는 경향이 있다. 부재부모와 자주 만나지 못할 경우 우울증이 오기 쉬우며 자아존중감이 상실될 수 있다.

② 부모를 위한 제안(김영옥, 2012; 정계숙 외, 2014)

- 부재하는 아버지나 어머니의 역할을 대리하여 수행하고 친구 관계를 유지하고 도와줄 수 있는 주변 성인의 도움을 구한다.
- 비양육 부모와 자녀양육에 대한 권리, 책임, 의사결정에 대한 책임을 공유하고 자녀의 발달을 위해 협력하고 존중하는 관계를 유지한다.
- 감정을 표현하고 중요 정보를 명확하게 교환할 수 있는 효과적인 의사소통 체계를 정비한다.
- 안정된 가족구조를 재건하기 위해서 아버지를 위한 자녀양육 지원 프로그램

이나 자녀를 양육하는 아버지들 간의 상호유대관계 속에서 그들 자녀들끼리 교류하도록 하는 프로그램 등에 참여한다.

③ **교사를 위한 제안**(김영옥, 2012; 진민주, 2004)

- 교사는 함께 살고 있지 않는 부모와 대화하고 그들에게 유아에 관한 정보를 알려준다.
- 교사는 유아와 부모의 이름이 같지 않을수도 있기 때문에 그들의 이름을 정확히 알고 기록해야 한다.
- 교사는 부모들 사이에도 의사소통을 하도록 격려한다.
- 교사는 교육내용에 있어서 양부모 중심이 아닌 다양한 가족구성을 배경으로 한 활동내용을 고려한다.
- 교사는 다양한 가족구조가 증가하는 사회현상을 반영할 수 있는 참여수업을 모색해야 한다.
- 교사는 한부모가정이 사회교육기관에서 제공하는 다양한 유아교육시설, 놀이와 명절 문화, 상담기관에 참여할 수 있도록 많은 정보를 제공해야 한다.

4) 재혼 가족

재혼가족은 배우자 한쪽이나 양쪽 모두가 재혼이상의 결혼으로, 자녀가 있거나 없으면서 하나의 가구를 유지하는 남편과 아내로 구성된 가족 형태이다(조옥라, 1996). 재혼가족은 가장 복잡한 가족 형태 중 하나인데, 계부모-계자녀 관계, 이복(부)형제와 같은 재혼 가족 내의 형제관계, 전배우자와의 관계, 계조부모 등 보다 다양한 친족 관계를 포함한다. 재혼가족은 새로 만들어진 핵가족이지만 두 가족을 포함하여 새로운 관계를 형성해야 하기 때문에 계부모관계에 있어서 많은 어려움을 겪는다. 이전의 가족에 대한 남아있는 감정이 정리되어야 하며 가족의 물리적 경계와 심리적 경계의 재정립도 필요하다. 재혼가족이 갖는 일반적인 어려움에는 다음과 같은 것들이 있다(이경화 외, 1999).

- 새로운 가족 구성원들이 점차적으로 첨가되는 것이 아니라 즉시적으로 결합된다.

- 결합되는 구성원들 사이의 발달과업이 서로 불일치한다.
- 모든 구성원들이 새로운 관계를 형성하고 새로운 역할들을 맡아야 한다.
- 새로운 가족에 포함되기를 거부하는 자녀들이 있을 수 있고 그들의 반항적 행동이 어려움을 가중시킨다.
- 이전의 배우자들이나 조부모들이 새로운 가족에게 계속적인 영향을 미칠 수 있다.

재혼가족의 지원체계를 부모와 교사 측면에서 각각 살펴보면 다음과 같다.

① **부모**(정계숙 외, 2014, pp. 152-153)

- 자녀의 상실감을 이해하고 긍정적으로 수용한다.
- 자녀들이 자신을 처음부터 부모로 받아들이고 친부모처럼 사랑할 것이라는 비현실적인 기대를 갖지 않는다.
- 자녀와의 관계 형성에 시간이 필요하다는 것을 인정하고 인내하며 기다리는 자세를 갖는다.
- 자녀의 헤어진 부모에 대한 그리운 감정을 이해하고 친부모와 자녀 간의 혈연적인 유대를 존중하며 친부모와의 만남을 인정한다.
- 계부모-계자녀 간이라는 현실을 인정한 범위에서 감사하고, 자녀가 계부모를 또 다른 부모로 여기고 의지하도록 돕는다.
- 재혼 부모가 서로 부모 역할의 구체적인 내용과 양육 방식에 대해 합의하고 함께 양육에 참여한다. 재혼부모는 자녀들이 해도 되는 것과 해서는 안되는 것의 기준을 명확히 하고 일관성있는 양육 규칙을 확립한다.
- 주위의 편견으로부터 자유로워지도록 노력하며, 친척이나 친지들과의 관계를 유지하고 자주 왕래하면서 이들이 재혼 가족의 지지집단이 되도록 한다.

② **교사를 위한 제안**(Berger, 2004, 김영옥(2012)에서 재인용)

- 재혼가족의 발달 단계와 다양한 형태를 설명할 수 있도록 교사를 위한 워크숍을 제공해 준다.
- 부모와 교직원을 위해 재혼가족과 한부모 가족과 관련된 목록이나 책, 자료 등을 제공해 준다.

- 재혼가족이나 한부모 가족에 대한 부정적 표현을 사용하지 않도록 한다.
- 유아를 현재 돌보는 부모나 돌보지 않는 부모 모두에게 유아에 관한 소식이나 정보를 공유한다.
- 재혼가족이나 한부모 가족의 부모들에게 운영위원회 또는 다른 조직의 일원으로 일할 수 있도록 책임을 부여한다.
- 교사는 부모가 재혼한 유아에게 민감해야 한다. 이 시기는 부모나 가족 모두에게 긴장의 시간이다. 유아들이 활동을 하지 않을 수도 있으므로 이 변화기간 동안 특별히 다루는 것이 필요하다.
- 재혼가족이나 한부모 가족의 환경에 처해 있는 유아들에 관한 긍정적인 이야기나 정보를 제공해 주도록 한다.
- 재혼가족이나 한부모 가족의 유아에게 그들만이 단지 재혼가족의 한사람이 아니라는 것을 느낄 수 있도록 만나서 대화할 수 있는 또래지원그룹을 제공해 주도록 한다.

5) 맞벌이 가족

맞벌이 가족이란 부부가 모두 직업을 가지고 가정을 위한 경제활동에 참여하는 가족을 말한다. 산업의 발달과 함께 여성의 교육수준이 향상됨에 따라 자아실현을 위하여 많은 여성들이 결혼 후에도 사회에 참여하면서 맞벌이 가정이 증가하고 있다.

맞벌이 가족의 스트레스 원인에 대해 구체적으로 살펴보면, 직장생활과 가사 및 양육 책임이라는 이중부담, 대리 양육으로 인한 죄책감이 양육스트레스의 주된 원인으로 보고되고 있다. 그 밖에도 자녀교육에 대한 정확한 정보를 얻기 어렵고 퇴근 후에 밀려오는 신체적 피로로 인해 자녀 교육에 제대로 참여할 수 없는 현실에 큰 스트레스를 받고 있었다. 또한 양육 방식에 대한 가치관의 차이로 대리 양육자인 가족과도 갈등을 겪는 등 많은 스트레스에 노출되어 있다(김나현, 이은주, 곽수영, 박미라, 2013).

어머니의 경제활동 참여가 자녀의 발달에 미치는 영향에 대해서는 논란이 있었으나 최근 연구들에 따르면 자녀의 자립심과 독립심을 기를 수 있으며 성역할에 대한 유연한 생각을 갖게 되는 장점이 있다. 그러나 단순히 어머니의 취업 여부가 유아의 발달에 영향을 미치는 것이 아니라 어머니의 일과 양육에 대한 태도, 남편의 양육 지원, 대리양육의 질, 영유아 개인의 특성 등 여러 환경적 요인들이 복합적으로 작용하여 영유아의 발달에 영향을 미치는 것으로 본다. 즉, 어머니가 자신의 직장생활에 대해 만족하고 자녀와 함께 지내는 시간동안 높은 질의 상호작용을 하며, 남편이 가사와 자녀 양육을 분담하고, 우수한 대리양육을 제공하는 경우 자녀의 발달에 긍정적인 영향을 미치게 된다는 것이다(정계숙 외, 2014).

맞벌이 부부들의 문제를 해결하기 위한 제안은 다음과 같다(Brooks, 2006, 김영옥(2012)에서 재인용).

- 직업을 가진 것에 대한 죄의식을 조정할 줄 알아야 한다. 어머니들은 모든 가족 문제의 원인을 자신이 직업을 가진 것으로 생각하려고 한다. 그러나 같은 문제를 가진 사람들과의 상호교류를 통해 정보를 교환함으로써 근본적인 원인과 긍정적인 대처방안을 모색할 수 있게 된다.
- 유아를 양육할 수 있는 적절한 대안을 고려해야 한다. 부모들은 유아의 발달 수준에 맞는 양육방법을 선택하고, 기관을 선택할 때 인적·물리적 여건을 감안한다.
- 아버지의 역할을 재인식해야 한다. 아버지는 자녀양육에 있어 공동의 책임자로서 그들의 자녀들과 시간을 보낼 수 있도록 계획을 재조정할 수 있어야 한다.
- 유아와 긴밀한 유대감을 갖도록 노력해야 한다. 전화나 메모, 이메일 등을 통해 유아에게 관심을 표현해 줄 수도 있고, 같이 산책을 하면서 이야기하거나 기관의 프로그램에 참여하고 관심을 가짐으로써 유대감을 조장할 수 있다.
- 유아에게 너무 관대하거나 너무 많은 요구를 하지 않는 적절한 한계를 주어야 한다.
- 가사일을 가족이 협동하여 해결할 수 있도록 해야 한다.
- 부부 간의 관계를 건강하게 유지하고 안정되게 하기 위해서 노력해야 한다. 부부는 이야기할 수 있는 시간과 여유를 갖도록 해야 하고, 부부만의 시간을 만드는 일도 필요하다.

6) 다문화 가족

다문화 가족은 사회·문화적 배경을 달리하는 두 사람 혹은 그 이상의 결합으로 발생되어지는 모든 가족형태로, 한국인 남성과 결혼한 이주여성 가족, 한국인 여성과 결혼한 이주남성 가족, 이주민가족(외국인 근로자, 유학생, 탈북자가족)을 포함한다(김경란, 2006). 2015년 통계청에서 실시한 인구동태를 살펴보면 최근 외국인과의 혼인은 점차 감소하는 경향을 나타내고 있지만 꾸준히 10%대를 유지하고 있어서 다문화가족의 삶의 질을 향상하기 위한 대책 마련이 필요하다.

〈표 2-3〉 국제결혼 추이 (단위 : 건, %)

	2005	2007	2009	2011	2013	2015
총 혼인건수	314,304	343,559	309,759	329,087	322,807	302,828
국제결혼	42,356 (13)	37,560 (11)	33,300 (11)	29,762 (9)	25,963 (8)	21,274 (7)

[출처 : 통계청(2015a). 2015년 인구동태 통계표(혼인)]

여러 조사결과에 의하면, 다문화가족 내에서 여성결혼인권자의 인권유린, 정착과정에서 느끼는 문화적 차이 극복의 어려움, 한국사회의 편견, 외로움, 시부모와의 관계에서 야기되는 문제들, 한국 국적 취득 이후의 이혼율 증가 그리고 자녀교육 등 많은 문제점이 발생되고 있다. 특히, 우리나라는 단일민족과 순혈주의 강조로 인하여 다문화 가족에 대한 사회적 편견이 높은 편이다. 이러한 부정적 시선은 다문화 가족 자녀의 자아정체성 형성에 악영향을 미친다. 다문화가족의 자녀들은 학교 중도 탈락률이 매우 높고, 또래와 어울리는데 어려움을 겪으며, 발달과 학습 이해력에 있어서도 일반 가정 자녀들보다 낮은 것으로 나타나서 다각적인 지원이 필요한 실정이다(신혜정, 2007; 통계청, 2015b).

다문화가족을 지원방안으로는 이주민을 위한 한국어 교육, 문화적응 프로그램, 상담 프로그램, 가족지원 프로그램 등 다각적이고 체계적인 지원을 통해 한국사회에 적응을 도울 수 있다. 유아교육기관에서는 다문화가정 자녀가 지닌 이중문화에 대하여 긍정적인 사회적 지지를 제공하고 교육과정 내용에 다문화·다민족의 이해에 관한 부분을 강조해야 한다. 그러나 무엇보다 이주민들을 '한국인'으로서 받아들이는 다문화적인 태도 및 인식을 위한 노력을 기울여야 한다.

3. 건강한 가족

가족은 살아있는 시스템이라는 관점이 등장하면서 가족이 각 구성원에게 미치는 영향에 대한 관심이 높아지고 있다. 이에 따라 유아의 건강한 성장 발달을 위해서는 건강한 가족을 유지하도록 지원하는 것이 중요하다(정문자, 정혜정, 이선혜, 전영주, 2013).

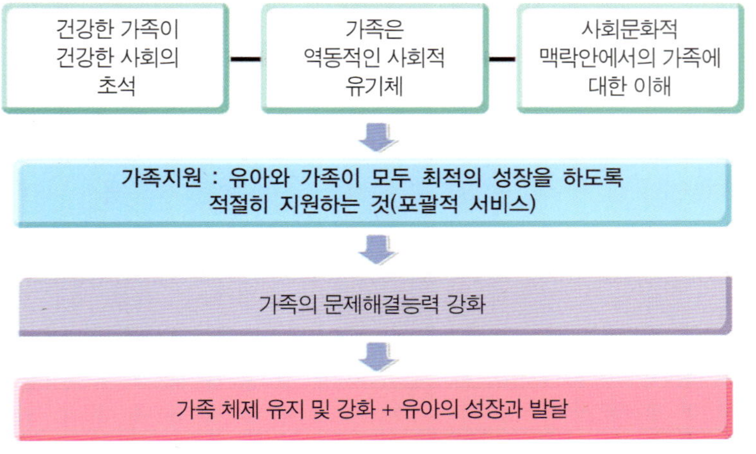

[그림 2-1] 건강한 가족을 위한 가족지원과 영유아 발달과의 관계

건강한 가족은 가족의 구조나 형태가 아니라 기능적인 측면에서 가정이 안정되고 잘 기능하는 가정으로 서로의 관계에 만족하는 가정을 의미한다. 모든 가족은 잠재적으로 성장영역을 가지고 있다는 점에서 건강성을 가지고 있으며, 건강한 가족은 만들어지는 것으로 가족 구성원의 의식적인 노력을 통해서 이루어진다(김안자, 2009). 건강한 가족을 구성하는 요인을 살펴보면 다음과 같다(Defrain & Asay, 2007).

1) 감사와 애정

건강한 가족은 서로를 깊이있게 살피고 각자의 개성을 존중하며 이것을 서로 인식할 수 있도록 서로에게 감사와 사랑을 자주 표현한다. 이러한 감사와 애정의 표현을 통해 가족에 긍정적인 분위기가 형성되어 즐거움과 유머가 넘친다.

2) 헌신

건강한 가족의 구성원들은 서로의 행복을 위해 헌신한다. 가족 활동에 시간과 에너지를 투자하며 가족 간의 상호작용을 위해서 자신의 일이나 다른 중요한 일들에 너무 많은 시간을 쏟지 않는다. 그들은 서로 신뢰하고 의지할 수 있으며 서로에게 충실하다.

3) 긍정적인 의사소통

건강한 가족은 종종 의사소통 과정에서 문제를 확인하고 어떻게 해결할지 의논한다. 개방적이고 자유로운 대화를 통해 가족의 생활에 나타나는 어려움을 해결하는데 필요한 중요한 사항들을 발견할 수 있다. 논의하는 과정에서 나타날 수 있는 반대 의견을 인정하며 대화를 통해 타협을 해 나간다. 그러나 무엇보다도 서로 연결되어 있다는 것을 느끼기 위해 서로 대화하고 경청한다. 서로 비난은 자제하고 칭찬을 주고받으며 감정을 공유한다.

4) 함께 즐거운 시간 보내기

한 조사에서 대부분의 아이들이 생각하는 행복한 가정은 경제력이나 다른 어떤 환경적 조건보다 함께 시간을 보내고 진정으로 함께 하는 시간을 즐기는 것이라고 하였다. 이처럼 건강한 가족은 함께 있는 것을 즐기고 함께 하는 시간 중에서 양질의 시간을 보내도록 노력하며 즐거운 시간을 공유한다.

5) 정신적 행복

건강한 가족은 각 개인 안에 공유, 사랑, 연민을 증진시키기 위한 보살핌의 중심 역할로 정신적 행복을 추구한다. 정신적 행복을 추구하는 방식은 종교, 희망, 삶에 대한 낙천성, 윤리적 가치의 공유, 세상과의 일체감 등 다양하다. 그들은 가족 구성원들이 자신과 일상생활의 스트레스를 초월하여 삶에서 그들에게 중요하게 여겨지는 것에 초점을 맞추도록 돕는다.

6) 효과적인 스트레스와 위기대처능력

건강한 가족은 스트레스와 위기에 영향을 받거나 위기에 쉽게 빠지지 않는다. 오히려 그들은 일상적인 스트레스와 삶의 어려운 위기를 창의적이고 효과적으로 다루기 위한 능력을 갖고 있다. 건강한 가족은 문제가 일어나기 전에 그것을 어떻게 예방하고 피할 수 없는 도전에 직면했을 때 어떻게 그것에 함께 대응할지를 알고 있다. 그들은 융통적이고 위기를 도전과 기회로 여기며 변화에 개방적이고 위기에 있어 탄력적이다.

생각해 보세요!

맞벌이 가정에 대한 동영상을 보고 부모가 경험하는 어려운 점은 무엇이며, 자녀가 다니는 유아교육기관에 기대하는 점은 무엇일지 토론해 보세요.

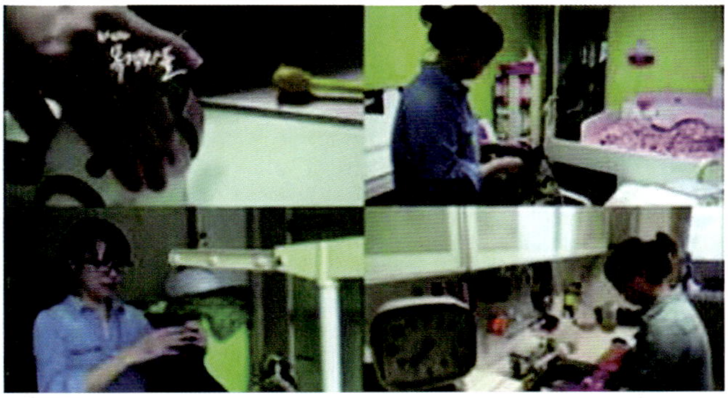

[동영상 출처 : 뉴스타파 목격자들 5회 '엄마 회사 갔다 올게']

맞벌이 부모의 어려운 점	
기관에 대한 요구	

제3장

가족생활주기와 부모역할

자녀와의 지속적인 상호작용을 담당하는 부모의 역할은 유아의 성장과 발달에 많은 영향을 미친다(이선남, 이경옥, 2015; Crnic & Greenberg, 1990). 자녀가 성장함에 따라서 부모는 새로운 역할을 수용하면서 자녀와의 관계에 적응해야 한다. 그러나 부모가 새로운 역할에 적응해 나가는 과정에서 육아스트레스가 발생한다. 부모의 역할에 대한 올바른 이해와 기술이 부족하여 발생한 육아스트레스는 극단적인 경우 아동학대로 이어질 수 있다. 최근 보도된 뉴스에 의하면, 아동학대의 80%가 가정에서 벌어지며 부적절한 양육태도, 양육 지식 및 기술의 부족이 가장 큰 원인으로 지적되고 있다(연합뉴스, 2017. 1. 4). 가족생활주기는 자녀의 성장에 따른 부모의 역할 변화에 대한 이해를 제공하므로 유아교사가 부모의 적응을 돕기 위한 지원 방안을 마련하는데 도움을 제공한다.

생각해 보세요!

내가 생각하는 좋은 부모란?

1. 부모의 양육태도

양육태도란, 양육자가 자녀에 대해서 취하는 일반적인 태도 및 행동을 말한다. 즉, 자녀의 행위를 수용할지의 차원과 자녀를 지배·통제할 것인지 차원에 있어서 부모가 갖는 태도를 말한다(한국유아교육학회 편, 1999). 부모의 양육태도는 부모의 역할수행에 영향을 미치기 때문에 영유아기 자녀의 발달과 밀접한 관련이 있다.

여러 학자들이 부모의 양육태도 유형을 분류하여 정리하였는데 가장 일반적으로 받아들여지고 있는 분류유형은 쉐이퍼(Schaefer)의 연구이다. 쉐이퍼(1959)는 부모 양육태도의 유형을 애정-거부의 축과 자율-통제의 축을 교차시켜 분류하였다.

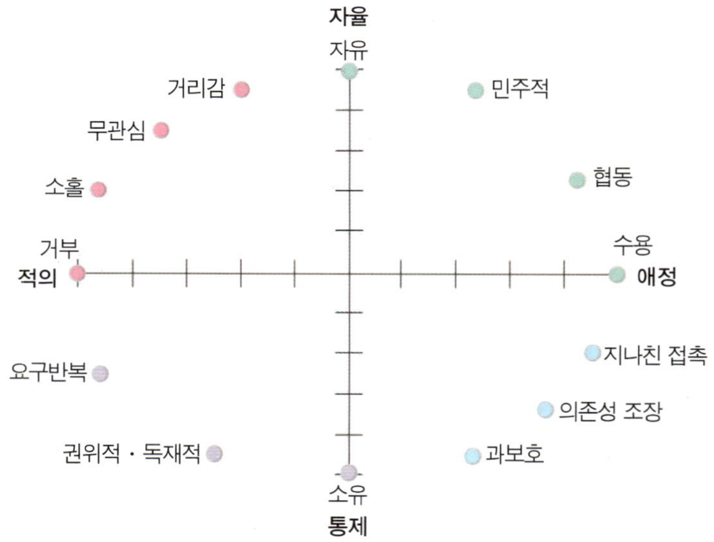

[그림 3-1] 쉐이퍼(Schaefer)의 양육태도 모형

첫 번째, 자율-통제 축에서 자율이란 허용적인 태도를 의미하고, 통제란 과잉보호와 유사한 개념으로, 자녀에 대한 불안과 건강에 대한 염려가 많고 성취에 대한 요구가 높다. 또한 자녀에게 지나치게 참견하고 접촉하려고 하며 정서적으로 개입하려고 함으로써 자녀의 의존성을 높인다. 두 번째 축인 애정-적의 축에서 애정이란, 자녀를 긍정적으로 평가하고 평등주의적인 태도를 갖고 있으며 애정을 표현한다. 반면, 적의란 자녀를 무시하고 짐으로 인식한다. 또한 엄격하고 처벌적

인 태도를 갖고 있어서 자녀에게 화를 잘 내고 자녀를 통제하기 위해 두려움을 사용한다(Schaefer, 1959).

위에 나타난 양육태도 유형을 크게 네 가지 차원으로 나누어 살펴보면 다음과 같다(김정원 외, 2016).

1) 애정적-자율적 양육태도

애정적-자율적 양육태도는 가장 이상적인 부모의 양육태도로, 부모가 자녀에게 애정을 갖고 자녀의 행동에 대해 자율성을 인정하면서 그에 따른 책임감과 의무를 부여한다. 애정적-자율적 양육태도를 가진 부모의 자녀는 능동적이고 외향적이며 독립적이고, 사회에 적응을 잘 하며, 사교적이고 창의적이며 자신이나 타인에 대해 적대감이 없다.

2) 애정적-통제적 양육태도

애정적-통제적 양육태도를 가진 부모들은 자녀에게 애정을 갖고 있지만, 자녀의 행동에 대해 많은 통제와 제한을 가한다. 애정에 기반한 자녀 통제는 과잉보호로 나타나기도 한다. 애정적-통제적 양육태도를 가진 부모의 자녀는 내성적이고 상상적인 적대감을 품을 수 있다. 그리고 애정적-자율적 양육태도를 가진 가정에서 성장한 유아보다 더 의존적이고 사교성과 창의성이 낮다.

3) 거부적-자율적 양육태도

거부적-자율적 양육태도의 부모는 자녀에게 거부적이며 무관심하고 소홀하여 자녀가 마음대로 행동하도록 방임한다. 거부적-자율적 양육태도를 가진 부모의 자녀는 정서적으로 불안정하고 공격적 · 반항적 · 반사회적 성향을 나타내며 자신의 행동조절에서 어려움을 겪는다. 이로 인해 사회적으로 고립되는 경향이 있다.

4) 거부적-통제적 양육태도

거부적-통제적 양육태도의 부모는 자녀에게 권위적이고 독재적이며 심리적인 통제나 체벌 등을 통해서 자녀를 복종시키려고 한다. 거부적-통제적 양육태도를 가진 부모의 자녀는 수줍음이 많아서 사회성이 낮으며 정상적인 친구관계를 유지하기 어렵다. 자아에 대한 분노로 인하여 내면화된 갈등과 고통을 겪는다. 심각한 경우에는 자학적, 퇴행적이 되기도 한다.

부모의 양육태도를 한 가지로 엄격하게 구분하기는 힘들지만 자녀의 바람직한 성장을 위해서 긍정적이고 일관성있는 양육태도로 자녀를 대함으로써 건강한 부모-자녀 관계를 유지하도록 노력해야 한다.

2. 부모역할

부모가 된다는 것은 기쁨과 행복을 느끼는 동시에 좋은 부모가 되어야 한다는 사회적 압력으로 인한 고통을 경험하는 일이다. 부모됨은 단순히 자녀를 낳는 것을 넘어서 '육아 경험'을 통해 부모로서의 심리적 책임감을 갖게될 뿐만 아니라 새로운 관계 속에서 타인과 공감대를 형성하며 보다 성숙한 인간으로 변해가는 과정이라고 할 수 있다(김윤희, 2012; 황지애, 2015).

육아 경험, 즉 부모역할을 수행한다는 것은 자녀를 관리하고 양육하고 부모-자녀 간 대화를 비롯한 자녀지도에 포함되는 모든 반응, 활동, 기술을 총망라하는 것이다(김진영 외, 2013). 부모와 자녀의 관계는 다른 인간관계에서 볼 수 없는 애착으로 결속된 강한 유대를 가진다. 부모-자녀 관계의 이러한 독특성 때문에 부모가 수행하는 역할도 성인들이 일반적으로 사회에서 경험하게 되는 어떤 역할과도 동일하지 않은 독특한 면이 있다. 일반적으로 부모에게 요구되는 역할을 정리하면 다음과 같다(숙명여자대학교, 1996).

- 출산 및 양육의 책임자
- 자녀의 신체적 · 심리적 보호 및 적절한 훈육의 책임자
- 자녀를 교육하는 교육자의 역할
- 자녀에게 동일시의 모델
- 자녀의 상담자 및 친구

그러나 이러한 부모의 역할을 수행하는 과정에서 부모들은 육아부담을 동시에 경험하고 있다. 따라서 유아교육기관은 부모로서의 역할을 수행하는데 부담으로 작용하는 원인들을 이해하고 적절한 지원을 해줄 수 있도록 준비하며 지역사회의 협력을 이끌어내는 것이 필요하다.

부모들이 경험하는 육아 부담의 원인은 다음과 같다.

• 부모역할 수행에 대한 비교에 따른 심리적 불안감

부모들은 네트워크를 통해 자녀 교육에 대한 정보를 교환하며 그 과정에서 자신의 자녀가 뒤처지는 것은 아닌지 불안해한다. 따라서 자녀 교육에 대한 올바른 신념을 수립할 수 있도록 정서적인 지원과 교육이 필요하다.

하린 어머니: 오늘 생일 파티를 갔어요. 엄마들이 다같이 왔는데 다 그런 얘기를 했어요. 학원은 어디를 다니고 수영을 보내고.. 뭐를 하고.. 사실 이게 요즘 되게 어려운 숙제인데 예체능을 한다는거. 저학년, 초등학교 저학년 때 예체능을 해야 된다. 지금 저기 엄마들은 거의 시키는.. 미술, 피아노, 태권도, 수영! 그런거.. 첼로 그런거 다 시키는데.. … 중략 … 애들이 많이 다 하니까 너무 많이~ 영어도 하고 학원을 세내개씩 다니니까 '하린이도 보내야 되나?' 이런 생각을 하고 있어요. 흔들리는거죠, 나도.(2016. 10. 10. 하린 어머니 면담.)

• 좋은 부모에 대한 이상과 현실 간의 차이에서 오는 죄책감

부모들은 인터넷, 책, 부모교육 프로그램 등을 통해 좋은 부모가 되기 위한 지식과 기술을 쌓기 위해 노력한다. 그러나 실제로 자녀를 양육하는 과정에서 자신이 생각하는 이상적인 부모 역할을 수행하지 못할 때 죄책감을 느끼고 그로 인해 스트레스를 받는다.

하린 어머니: 결론으로 단정지어서 말하면은 일단 부모교육을 받는 것과 그 받은 마음을 가지고 아이들에게 올바롭게 전달을 해야 되잖아요. 그런데 그게 감정이 앞서다보니까 전달이 안돼요. 그러면 '아~ 또 내가 그렇게 못했구나!' 하는 죄책감이 들어요. 그런거 아닐까요? 부모는 항상 미안한 이유가 알면서도 못하니까. 그리고 이해해줘야 하는데 못해주는 것 같은 그 마음~ 그런거 아닐까요?(2016. 10. 10. 하린 어머니 면담)

• 자녀의 발달단계에 맞추어 변화하는 부모의 역할

부모의 역할은 고정된 것이 아니라 자녀의 발달단계에 맞추어 함께 변화해야 한다. 이전에 수행하던 부모 역할이 자녀가 성장함에 따라 맞지 않을 때 부모들은 아래와 같이 양육의 어려움을 느끼게 된다. 따라서 자녀의 발달은 어떻게 이루어지고 각 단계에 따라 필요한 부모의 역할은 무엇인지에 대한 이해와 기술의 습득을 위한 지원이 필요하다.

슬기 어머니: 슬기가 커서 좀 어려운 것 같아요. '아, 왜 엄마는 안된다고 하지?' 이렇게 생각하지 않을까요? … 중략 … 말을 잘하니까.. 아까 씽씽카 같은 경우도 어쨌든 크니까 설명해줘야 되는 것들이 많이 생긴 것 같아요. '씽씽카를 타러가.' '오늘 추워서 안돼.' '가고 싶어~' 그러면, '안된다니까' 그러면 될텐데. 슬기 같은 경우는 '씽씽카 타고 싶은데.' '추워서 안돼' '잠바입고 마스크하고 장갑 끼고 가면 되지' '그래도 오늘은 너가 콧물도 나고 열도 나고 오늘은 그래서 집에 가야돼.' 그렇게까지 얘기해줘야 돼요. 그래가지고 조금 더 길게 반항하기 때문에~ 반항은.. 아니고~ 얘기하는게 더 많아졌어요.(2016. 10. 24. 슬기 어머니 면담)

• 양육관의 차이에서 오는 갈등

서로 다른 환경에서 자라 온 어머니와 아버지 간 양육 방식의 차이는 관계뿐만 아니라 육아에 대한 스트레스를 유발한다. 더욱이 맞벌이 가족은 대리양육자가 양육에 참여하기도 하는데 이 경우, 양육 방식의 차이에서 오는 갈등은 더욱 심해질 수 있다. 따라서 부모교육 프로그램은 자녀 양육에 참여하는 모든 주체들을 포함하는 것이 바람직하다.

슬기 어머니: 그러니까 뭐~ 예를 들면 만약에 사탕이 있어요. 근데 내가 이제까지 사탕을 안줬어. 나는 안줬는데 다른 누군가가 사탕을 줘요. 근데 내가 사탕을 주지 말라고 그랬어요. 근데 '뭐 그거 하나 주면 어때?' 우리 남편 입장에서는 그러는거죠. 근데 아니 그걸 한 번 먹으면 또 이제 계속 달라고 할 거고 … 중략 … 근데 '그거를 내가 당연히 엄마로서 못 먹게 해도 되지 않을까?' 이렇게 하면은~ '아, 그래도 어머니가 얘기하셨어~' 그러면은 나는... 뭐.. 내가 키우는건데 대신 키워주는 것도 아니고~ 이거죠. '애가 잘하면 애가 잘한거고 잘못하면 순전히 엄마탓을 하는데 그걸 내가 이것도 못 하게 할수도 없나~' 그런거?(2016. 10. 24. 슬기 어머니 면담)

• 육아에 대한 어머니의 책임 강조

핵가족이 보편화된 현대사회의 부모는 육아의 무게감을 홀로 감내하며 부모역할을 수행해야 하기 때문에 스트레스를 경험한다. 특히, 우리나라는 '독박육아'라는 단어가 만들어질만큼 육아 책임이 어머니에게 많이 집중되어 있다. OECD(2016) 조사 결과, OECD 국가 평균 육아와 가사 참여 시간은 일일평균 여성이 271.7분, 남성이 137.6분으로 남성의 참여율이 약 51%정도로 나타났다. 그러나 우리나라는 여성이 227.3분, 남성이 45분에 그쳤다. 스웨덴이나 노르웨이와 같이 유아교육 · 보육 서비스, 방과 후 돌봄 서비스를 폭넓게 제공하는 회원국들은 더욱 평등하게 가사노동을 분담하는 경향이 있었다. 핵가족화와 여성의 경제활동참여 증가 등 시대적 변화의 흐름에 맞추어 우리나라도 남성의 육아참여를 위한 실질적인 지원을 제공하고 안심하고 맡길 수 있는 보육지원 서비스를 제공하기 위하여 노력해야 할 것이다.

많은 연구들은 아버지가 자녀양육에 참여할 때 여러 가지 측면에서 긍정적인 영향을 끼치는 것으로 보고하고 있다. 아버지는 자녀의 성역할 학습, 인지학습, 성취동기 등 제반 영역에서 결정적인 역할을 한다. 뿐만 아니라 자녀 양육 및 교육에 있어서 아버지의 참여나 어머니와의 공동분담은 과중한 어머니 역할에 대한 도움과 지지를 제공함으로써 어머니로 하여금 유아에게 더욱 애정적이고 민감하게 반응하도록 한다(서석원, 이대균, 2014). 따라서 부모역할은 아버지 역할과 어머니 역할로 양분되는 것이 아니라 양쪽 부모가 자녀 양육과 교육의 역할을 상호보완 또는

공유하여 수행하는 것이 바람직하다.

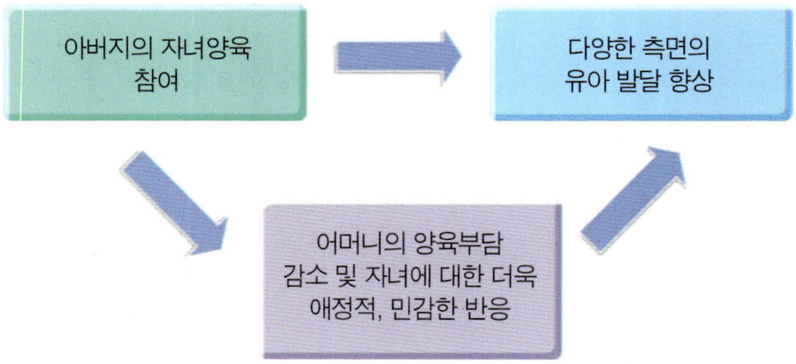

[그림 3-2] 아버지의 자녀양육 참여의 효과

바람직한 아버지의 역할은 자녀와 시간을 함께 보내며 놀아줄 수 있는 놀이상대자로서의 아버지, 자녀와의 대화를 통해 생각과 마음을 이해하고 의견을 존중해 주는 상담자로서의 아버지, 자녀에게 사랑을 표현하고 격려하며 친구와 같이 편안하고 다정다감한 정서지원자로서의 아버지인 것으로 나타났다(김낙흥, 2011).

그러나 오늘날의 아버지들은 공동 양육의 필요성에 대해 인식하면서도 여전히 양육에 대한 수동적인 태도를 보이고 그로 인해 자녀와 친밀한 유대를 형성하지 못하는 경우가 많다. 이러한 현상에 대한 원인으로 첫째, 아버지들은 가족의 생계를 책임져야 하는 전통적 아버지 역할에 대한 사회적 압력을 여전히 받고 있으며 둘째, 아버지 자신이 성장한 양육 경험으로 인해 현대 사회가 요구하는 아버지의 역할을 온전히 수용하지 못하고 갈등하는 어려움을 겪고 있다고 볼 수 있다. 또한 아버지가 경험한 양육지식과 기술이 자녀를 돌보는 과정에서 보다 능숙한 아내의 양육방식과 마찰을 일으키고 있다고 해석할 수 있다(김낙흥, 2011).

따라서 아버지가 양육에 참여할 수 있도록 돕기 위해서는 남성에게 임신 및 출산을 경험하기 이전부터 아버지됨의 의미를 돌아볼 수 있는 기회를 제공하는 것이 필요하다. 또한 여성에 비해 상대적으로 초기 양육 단계에서 자녀와의 심리적 거리를 좁히지 못해 어려움을 겪는 아버지에게 물리적인 참여만을 요구하는 것이 아니라, 아버지가 자녀와 애착을 형성하고 자연스러운 관계의 맥락 안에서 양육에 접근할 수 있도록 도움을 주는 개입이 필요하다(조윤진, 2017).

3. 가족생활주기와 부모역할

인간이 출생 후 각 시기에 따른 발달과업을 달성하며 성장하는 것처럼 가족 또한 시간의 흐름에 따라 발달단계와 그에 따른 과업을 달성하면서 발달해 나간다. 이러한 관점에서 가족생활주기는 시간의 경과에 따른 가족형태의 변화에 초점을 두고 자녀의 성장과정을 중심으로 하여 단계를 구분, 가족이 시간의 흐름에 따라 공통적으로 경험하는 각 단계의 연속을 제시한 개념이다(김진영 외, 2013).

가족은 가족생활주기의 한 단계에서 다음 단계로 넘어갈 때 새로운 체계와 역할에 적응을 해야 한다. 만약 가족의 적응 과정에서 심각한 문제가 생기면 스트레스를 많이 받게 되므로 가족생활주기상의 위기가 가족문제의 원인이 될 수 있다. 따라서 가족생활주기를 통해 가족의 행위를 설명하고 각 단계에서 발생되는 문제의 가능성과 잠재성을 예측함으로써 가족생활에서 나타날 수 있는 문제를 미연에 방지하기 위한 지침을 마련하는 것은 중요하다.

Duvall(1977)은 가족생활주기를 8단계로 설명하고 있는데 그 단계와 시기는 다음과 같다.

〈표 3-1〉 Duvall의 가족생활주기

가족생활주기 단계	시기
1. 결혼한 부부	아이 없음
2. 아이를 기르는 가정	첫 아이의 출생 ~ 30개월
3. 학령전 아동이 있는 가정	첫 아이가 30개월 ~ 6세
4. 학령기 아동이 있는 가정	첫 아이가 6~13세
5. 10대의 아이가 있는 가정	첫 아이가 13~20세
6. 자녀를 결혼시키는 가정	첫 아이부터 막내까지 가정을 떠나보내는 단계
7. 중년 부모	퇴직할 때까지의 텅 빈 가정
8. 가족의 노화	은퇴로부터 양쪽 배우자의 사망까지

가족생활주기는 현대적 핵가족의 입장을 전제로 혼인과 혈연에 기반하여 남녀의 결혼과 더불어 시작되고 자녀출산으로 인해 형성되어 부부가 사망함으로써 끝

난다. 인간 발달과 마찬가지로 가족의 성장과 발달은 차이가 있을 수 있지만 환경의 유사성 등으로 인하여 가족은 발달의 전체과정을 통해 비슷한 단계를 거친다. 가족생활주기의 각 단계에 따라 각기 다른 행동규칙이나 행동양식이 요구되는데 이를 정리하면 다음과 같다(표영희, 1997, p. 27).

〈표 3-2〉 가족생활주기의 단계별 특성

단계	변천과정의 주요 원칙	발전을 위해 필요한 체계 변화
1단계: 신혼기	결혼으로 가정을 형성하여 아직 자녀가 없는 신혼부부 시기	• 서로 다른 환경에서 성장한 두 사람의 성격과 생활습관에 대한 이해 • 부부로서의 결혼생활의 적응이 주된 문제 • 부부 두 사람의 목표와 상호수용적인 생활양식을 형성하고 타협 • 시댁 및 처가의 새로운 친척들과의 인간관계 형성
2단계: 자녀출산 및 양육기	첫 자녀의 출생부터 첫 자녀가 초등학교에 들어가기 전까지의 시기	• 남편과 아내가 부모로서 첫 경험을 갖게 되어 부모로서의 새로운 역할 수행 • 자녀출산 및 양육에 따르는 정신적·시간적·경제적 부담이 늘게 되므로 능률적인 시설과 설비로서 가사노동을 최소화하는 것 요구 • 자녀가 건전한 인격체로 성장할 수 있도록 부모의 세심한 배려
3단계: 자녀교육기	학동기, 사춘기, 청소년기로 여러 단계의 발달과업이 공존하고 가정생활도 어느 정도 안정되는 시기	• 학교생활, 교우관계, 소비생활, 취미생활에 신경 씀 • 자녀들이 부모의 통제에서 벗어나려하기 때문에 부모들은 무력감, 좌절감, 소외감을 느끼기 쉬움 → 부모가 자녀에 대한 새로운 인식과 새로운 관계 형성 • 자녀통제에 대한 융통성 증가와 부부의 결혼관계에 재초점을 맞추는 것이 필요
4단계: 자녀성년기	자녀들이 성인이 되어 시간적·정신적인 여유가 생기는 시기	• 시간과 에너지를 많이 요구하는 전문적인 작업에 몰두하거나 취미생활을 시작 • 자녀교육에 대한 책임에서 벗어나므로 종교생활이나 취미생활을 함 • 부부관계가 재정립될 수 있고 자녀는 이성을 선택하고 교제하는 단계
5단계: 자녀결혼기	자녀가 떠나는 때부터 부모의 연령이 65세 정도까지 되거나 은퇴하는 시기	• 각 세대가 한단계씩 옮겨감으로써 할아버지, 할머니 지위 부여 • 구세대와 젊은 세대 간의 친척관계 등이 새롭게 형성되는 시기

단계	변천과정의 주요 원칙	발전을 위해 필요한 체계 변화
6단계: 노년기	은퇴기라고도 하며 한 배우자가 사망함으로써 본인 중심의 가족생활주기는 끝이 나는 시기	• 대부분의 부모가 조부모가 됨 → 부모로서의 책임없이 성인자녀 및 손자녀와 아주 가까운 관계를 형성할 수 있는 기회 • 자녀의 분가로 인한 상실감, 은퇴로 인한 일로부터의 소외와 재정의 감소 • 한 배우자의 상실로 혼자되는 경우, 조부모 세대가 되는 것, 질병과 노쇠로 인한 의존성 증가

갤린스키(Galinsky, 1987)는 부모의 발달과정을 체계적으로 조사하여 부모-자녀 관계에서 자녀가 성장·발달하면서 부모가 자녀로부터 도전받게 되는 부모로서의 과업을 중심으로 구분한 부모역할 발달 단계를 정리하였다. 이를 표로 정리하면 다음과 같다.

〈표 3-3〉 갤린스키의 부모기 6단계와 각 단계에 따른 부모 역할

Galinsky의 부모기 6단계	부모의 역할
이미지 형성단계	• 임신기간 동안 태어날 자녀를 중심으로 부모 자신의 이미지를 형성하고 수정해가는 과정 • 임신의 수용, 부모가 될 준비, 출산의 준비 등이 포함
양육단계	• 출생에서부터 약 18개월내지 만 2세가 될 때까지의 단계 • 출산, 자녀, 부모로서의 자신 등에 대해 이미 형성되어 있는 이미지와 자신의 실제 경험을 비교해 나가며, 출산, 애착형성, 양육 등의 역할을 수행해 나가는 과정 • 새로운 역할을 받아들이는 동시에 출산으로 인한 가족 내의 불균형을 바로 잡고 자신의 정체감이 균형을 이루도록 노력해야 함
권위형성단계	• 자녀의 나이가 만 2세경부터 만 4,5세까지의 단계 • 자녀에게 한계를 설정하고 강화하기도 하며 자율과 책임의 양면성 사이에서 부모로서의 권위를 형성해야 하는 단계 • 부모는 자녀와 좀 분리된 듯한 느낌을 가지게 되며, 자녀가 정말로 자신의 연장이 아니라는 것을 이해하기 시작해야 함
설명단계	• 만 5세에서 초등학교 시기까지의 자녀를 둔 부모의 시기 • 부모는 여러 가지 현실을 설명하고 연결해주는 역할을 하게 됨 • 분리와 결속, 걱정과 기대를 중심으로 자신들의 지나온 부모기를 평가하고, 새로운 단계에 대비하게 되는 등 이 과정을 통하여 부모는 변화를 겪게 됨

Galinsky의 부모기 6단계	부모의 역할
상호의존단계	• 자녀의 십대 시기 동안 계속되는 단계 • 성인이 되어 가며 행동과 감정이 급격히 변화하는 자녀에게서 느껴지는 놀라움 또는 충격을 중심으로 새로운 관계를 준비하기 위해 다른 의미의 권위를 형성해야 하는 단계 • 자녀의 정체감을 수용하여 자녀와 새로운 결속을 형성함으로써 다음 세대를 살아갈 자녀를 독립된 인격체로 인정해야 함
떠나보내는 단계	• 자녀의 청년기에 해당되며, 자녀가 집을 떠나는 시기 • 부모기의 모든 경험을 평가하고 자녀의 떠남에 대해 준비하며 수용하고 적응해야 하는 단계 • 우선 일어나는 상황에 대비해 떠남에 대한 자신의 이미지를 적응해 나가야 하고, 성인이 다 된 자녀의 부모로서 자신을 재정의하며, 한 자녀의 부모로서 자신의 전반적인 성취와 실패를 평가하게 됨

[출처 : 이기숙 외(2002). 유아교육개론. 서울: 양서원, p. 285.에서 발췌하여 수정]

부모는 부모기의 각 단계를 거치면서 자녀의 발달적 특성과 요구에 따라 부모역할에 있어 새롭게 변화하고 적응해야 하는 문제에 직면하게 된다. 부모는 자녀의 달라진 발달 특성과 요구를 파악하고 그에 따른 부모의 역할을 새롭게 습득해야 하는데 새로운 부모역할에 적응하는 과정에서 부모는 스트레스에 직면하게 된다. 따라서 유아교육기관은 부모교육을 통해 부모가 자녀의 발달 특성과 부모역할에 대해 이해하고 양육스트레스를 경감시킬 수 있도록 지원할 필요가 있다.

4. 자녀의 발달특성과 부모역할

1) 영아기의 발달특성과 부모역할

영아기는 출생 후 만 2세까지의 시기를 말하며 매우 급속한 성장과 발달이 이루어지는 시기이다.

(1) 신체발달

생후 1년이 되면 영아의 신장은 출생 시보다 1.5배 이상 성장하고 체중은 출생시보다 3배 이상 증가한다. 영아기 운동기술은 두미(頭尾)원리와 중심-말초 원리에 따라 머리에서 말단으로 움직임을 조절해 나가며 대근육에서 시작하여 점 더 미세한 소근육 조절로 이행된다. 대근육운동기술은 개인차가 있지만 4개월 전후 몸을 뒤집기 시작하여 7~8개월 경에는 기어 다닐 수 있으며 10~11개월에는 가구 등을 붙잡고 걷기 시작하고 12개월 전후로 도움없이 걸을 수 있게 된다. 소근육운동기술은 주로 눈과 손의 협응이 발달하게 되는데, 1개월경에는 물건을 손에 놓으면 쥐기 시작하여 5개월이 되면 손 뻗음이 정확해진다. 10개월을 전후로 영아는 엄지와 집게손가락을 사용하여 물체를 잡을 수 있게 된다.

뇌발달에서도 영아기는 신경연결망을 형성하거나 공고화하기 위해 특정한 투입정보에 반응하는 매우 중요한 시기이다. 영아기의 뉴런과 시냅스는 성인보다 더 많고 촘촘한 연결고리를 만든다. 영아기에 어떤 환경을 제공받느냐에 따라 영아의 뇌는 놀라운 속도로 연결고리를 만들 수 있다.

(2) 인지발달

영아기는 피아제(Piaget)의 감각운동기에 해당하는 시기로, 시각, 청각, 촉각 등의 감각운동도식을 통하여 환경과 상호작용하면서 인지적 성숙을 이루어 간다. 생후 12개월 이내 영아는 다양한 감각을 발달시켜 나가며 생애초기부터 다른 형태의 감각 정보들을 조정·통합하면서 정신적 표상을 형성하는 능력을 발달시킨다. 월령이 증가할수록 상징능력이 발달하여 18~19개월이 되면 제시된 그림을 보고 이름을 명명할 수 있다. 기억능력 또한 월령이 증가할수록 발달하는데 생후 1년이 지나면서 빠르게 발달한다. 영아들은 월령이 증가할수록 더 많은 정보를 더 오랫동안 기억하는 경향이 있다.

(3) 언어발달

영아는 출생 이전부터 청지각 능력을 갖고 있으며 갓 출생한 신생아도 사람의 음성에 민감하고 사람의 목소리를 더 선호하는 경향이 있다. 영아는 최초의 발성인 울음을 시작으로 하여 가성적 울음, 쿠잉, 옹알이와 같은 언어적 발성을 통해 모국어의 기본적 소리 구성을 배운다. 약 12개월이 되면 대부분의 영아들은 일어 표현을 나타낸다. 18개월 무렵 영아는 이어(two-words) 또는 다어(multi-words)로 된 초보적인 문장을 만들기 시작하여 2세경이 되면 대부분의 영아가 초보적 문장을 사용한다.

읽기와 쓰기발달의 시작 단계인 영아기는 일상생활 속에서 자연스럽게 읽기활동을 즐기며 능동적으로 참여한다. 영아는 책을 응시하는 것을 시작으로 입에 넣으려고 하거나 손으로 두드리는 등 탐색적인 행동을 하기도 하고, 그림을 지적하는 등 읽기 이해 전의 비관례적인 여러 유형의 읽기 행동을 나타낸다. 쓰기 발달 또한 자연스러운 탐색 과정 속에서 발달해 나가는데 영아들은 쓰기 도구 자체를 탐색하거나 종이나 벽에 긁적거리는 쓰기 행동을 나타낸다(이영자, 김재숙, 김금주, 박미라, 정주원, 권세경, 2009).

(4) 사회 · 정서발달

영아기는 정서의 기본이 형성되는 시기로 쾌와 불쾌의 정서를 시작으로 기쁨, 행복, 슬픔, 분노 등과 같은 다양한 긍정적 정서와 부정적 정서로 분화된다. 4~8개월이 되면 표정을 통해서 다른 사람의 정서를 이해하기 시작하여 8~10개월 무렵이 되면 양육자의 얼굴표정이나 목소리 등에 담긴 정서적 의미를 찾는 사회적 참조(social referencing)를 통해 불안한 상황에서 안정감을 찾으려고 한다.

영아기는 또한 자아개념을 발달시키기 위한 토대가 되는 시기이다. 엄마와 공생관계에 있던 영아는 양육자와의 상호작용을 통해 환경과 분리된 존재로서의 자신을 인식하게 된다. 영아는 인지와 언어가 발달하면서 자아개념을 강화해 나간다. 이 시기 영아는 주변 환경을 적극적으로 탐색하고 스스로 무엇인가를 하고자 하는 자율성이 발달해 나간다.

영아기에 중요한 발달 과업 중 하나는 애착을 형성하는 것이다. 애착은 영아와 양육자 간에 형성되는 강력한 유대관계를 의미한다. 8개월 무렵 영아는 낯선 사람과 친숙한 양육자를 구별하여 다르게 반응하기 시작하여 2세 무렵 명백하게 애착이 형성된다. 이때 형성된 애착관계를 통해 영아는 자신과 타인뿐만 아니라 세상에 대한 신뢰감을 형성하고 자신감을 통해 자율성을 발달시켜 나간다(문혁준, 김경은, 서소정, 성미영, 안선희 외, 2016).

(5) 영아기 발달특성에 따른 부모역할

• 양육자 및 보호자 역할

영아는 성장과 발달을 위해서 수면, 수유 및 배설, 정서적 안정 등 다양한 욕구를 가지고 태어나지만 스스로 충족시킬 수 있는 능력이 부족하여 양육자의 따뜻한 돌봄에 의지하게 된다. 따라서 부모는 발달시기에 따른 영아의 요구를 파악하고 적절히 만족시켜줄 수 있는 풍부하고 안전한 환경을 제공해 주어야 한다.

• 기본적 신뢰감 형성의 조력자

영아는 양육자와의 애착을 기반으로 자신과 타인, 세상에 대한 신뢰를 형성해 나가고 이후 자율성과 주도성을 발달시켜 나간다. 영아는 자신의 요구에 민감하게 반응하고 규칙적이며 애정적인 보살핌을 제공해줄 때 안정된 애착을 형성한다. 따라서 부모는 영아가 보내는 신호에 민감하게 반응하고 애정적인 보살핌을 제공함으로써 영아가 부모로부터 사랑받고 있다는 것을 느끼도록 해야 한다.

• 풍부한 환경 제공자

영아는 감각 및 운동능력의 발달을 기초로 환경과 상호작용하면서 인지적으로 성숙해 간다. 따라서 부모는 영아의 감각과 운동능력을 촉진시킬 수 있는 풍부한 물리적 환경과 자유롭게 탐색할 수 있는 따뜻한 심리적 환경을 제공해 주어야 한다. 또한 영아는 애정적이고 지지적인 상호작용 속에서 인지를 발달시키므로 직접적인 상호작용을 통해 영아에게 다양한 자극을 제공해야 한다.

• 자율성 발달의 조력자

영아는 운동능력과 언어의 발달로 인해 스스로 하고자 하는 욕구가 증가한다. 이때 영아는 사회적 기대와 압력을 경험하게 되며 적절한 행동을 하지 못하면 수치심과 회의심을 발달시킨다. 따라서 부모는 가능한 범위 내에서 영아의 자율성을 용인하고 영아의 안전과 행복을 고려하여 긍정적인 방식으로 행동을 통제해야 한다.

2) 유아기의 발달특성과 부모역할

유아기는 만 3세부터 만 5세까지의 시기를 말하며 영아기보다는 성장속도는 완만하지만 지속적인 성장과 발달이 이루어지는 시기이다.

(1) 신체발달

유아는 매년 평균적으로 신장이 5~7cm 정도 증가하며 체중도 2~3kg씩 증가한다. 머리가 신장에서 차지하는 비율이 점진적으로 감소하고 신체 각 부분이 함께 성장하면서 길고 홀쭉해진다. 유아기는 영아기에 발달된 운동능력을 기초로 더욱 복잡하고 정교한 활동을 할 수 있게 된다. 대근육 운동기술 발달에 있어서 유아기는 영아기와 비교하여 달리기, 뛰기, 공놀이, 자전거 타기, 그네타기 등을 할 수 있게 되며 각종 기구나 도구에 흥미를 가지고 신체활동을 한다. 소근육 운동기술 발달에 있어서 유아기는 팔과 손, 손가락, 눈-손 협응기술 등이 발달함에 따라 블록 쌓기, 그림 그리기, 구슬 끼우기 등 더욱 정교하고 세밀한 소근육 활동을 할 수 있게 된다. 유아기는 자신의 신변을 돌보는데 필요한 기본적인 기술을 스스로 수행할 수 있는 자조기술이 발달하게 된다.

뇌 발달에 있어서는 뇌의 무게가 증가함과 더불어 수많은 시냅스가 형성된다. 유아기는 영아기에 형성된 뇌의 신경연결망을 공고화하기 위해 특정한 투입 정보에 반응하는 매우 중요한 시기이다. 특히, 고등정신기능을 담당하는 전두엽이 발달하는 시기로 적절한 영양 섭취와 풍부한 환경이 제공되도록 해야 한다.

(2) 인지발달

유아기는 언어능력의 발달로 표상능력과 상징적 사고 능력이 증가하면서 자신의 사고를 보다 확장시킬 수 있게 된다. 그러나 피아제(Piaget)의 전조작기에 해당하는 시기로, 자기중심적으로 사고하고 한 번에 한 가지 차원에만 집중하며, 가역적인 조작을 수행하지 못하는 등 직관적으로 사고하는 경향이 있다.

유아기는 지식이 증가하고 신경학적인 성숙과 정신적 조작을 수행하는 속도 및 효율성이 증가하게 됨에 따라 이전에 비해 기억능력이 발달한다. 상위인지능력은 유아기와 아동기를 거쳐 발달하는데 인지에 대한 지식적 측면(자신과 타인에 대한 지식, 과제에 대한 지식, 전략에 관한 지식)과 인지적 과정을 스스로 통제하는 자기조정 경험적 측면을 모두 포함한다(황정숙, 김옥분, 2016).

(3) 언어발달

유아기는 문법적 규칙에 대한 지식을 구성하고 형태소 규칙을 적용하면서 성인과 유사한 완전한 문법적 문장을 사용하게 된다. 유아들이 사용하는 어휘 수가 증가하면서 문장의 길이가 증가하며 문형이 복잡해진다.

유아기는 초보적인 수준에서 읽기·쓰기 발달이 나타나는데 3세경부터 인쇄글자들의 유형을 구별하고 글자가 의미를 전달하기 위해 사용된다는 것을 알게 된다. 4세경이 되면 일상생활 속에서 인쇄글자를 읽기 시작하여 친숙한 글자에 흥미를 갖게 되며 5세경이 되면 몇 가지 글자를 읽을 수 있다. 또한 유아는 글자의 형태와 이름에 대한 지식을 발달시키면서 글자를 모방하거나 창안하여 쓰면서 의사소통을 시도한다.

(4) 사회·정서발달

유아는 점차 여러 가지 능력을 획득함에 따라 자율적이고 주도적으로 행동하고자 하는데 이 과정에서 경험하는 양육자의 통제 방식과 양육행동, 양육자와의 관계를 통해 자아통제를 발달시켜 나간다. 또한 이 시기는 초자아가 발현하면서 도덕성이 발달하는 시기이다. 유아는 부모와의 동일시를 통해 도덕 원리를 내면화하게 되고 수치심, 죄책감과 같은 정서로 인해 도덕성을 발달시킨다.

유아기는 운동과 언어 능력이 발달함에 따라 또래와의 사회적 상호작용을 빈번하게 경험하게 되고 이를 통해 다양한 사회적 관계로 확장시켜 나간다. 2~3세경 가상놀이를 통해 타인에 대해 공감하거나 동정을 일부 나타내기는 하지만 4~6세경이 되면서 실제 생활에서 진정한 돕기 행동을 나타낸다. 유아는 정서를 표현하는 단어를 사용하거나 이해하는 능력이 급속도로 발달하여 기쁨, 슬픔, 분노와 같이 비교적 단순한 정서와 이를 야기하는 원인에 대한 이해가 증가한다. 따라서 유아들은 이전에 비해 타인이 표현하는 정서의 의미를 더 잘 파악한다(문혁준 외, 2016).

(5) 유아기 발달특성에 따른 부모역할

• 주도성 발달의 조력자

유아기는 기본적인 운동능력을 획득하고 언어적인 의사소통이 원활해지면서 스스로 목표나 계획을 세우고 주도적으로 행동하여 그것을 완수하려고 한다. 주도성이 잘 발달하면 긍정적인 자아개념을 형성하는데 기여하지만 반대로 주도적으로 실행할 기회가 부족하거나 실패하면 죄책감을 형성하기도 한다. 따라서 부모는 유아의 호기심과 탐색을 허용하고 시도할 수 있도록 격려하여 주도성을 발달시킬 수 있도록 도와주어야 한다.

• 훈육자

유아기는 도덕성이 발달하는 시기로서 부모는 유아의 건강한 발달을 위해 자녀에게 옳고 그름을 가르칠 필요가 있다. 부모는 일정한 범위 내에서 유아의 자율성을 허용하고 체벌과 같은 강압적인 방법이 아닌 설득, 논리, 강화 등의 긍정적인 방법을 통하여 유아의 행동을 통제한다.

• 학습 경험의 제공자

유아는 학습에 우호적인 사회・정서적인 분위기와 다양한 물리적 환경 속에서 인지를 발달시켜 나간다. 특히, 놀이를 통해서 유아는 인지발달 뿐만 아니라 또래와의 상호작용을 경험하며 조망수용능력을 발달시킬 수 있다. 따라서 부모는 다양한 놀잇감을 제공하고 자유롭게 시도할 수 있는 분위기를 마련해 주어야 한다.

제2부

부모교육 이론

학습목표

- 다양한 부모교육 이론의 내용을 이해한다.
- 부모교육 이론의 공통점과 차이점을 비교하여 설명할 수 있다.

제4장

민주적 부모교육이론

사회가 변화됨에 따라서 자녀를 성인과 동등한 인격체로 대하자는 개념이 싹트기 시작하였다. 이에 따라 부모와 자녀의 상호존중 관점에서 가족 간의 관계를 향상시키기 위해 민주적 생활태도를 개발할 필요성이 제기되었다. 드레이커스(Dreikurs)는 아들러(Adler)의 개인심리학 이론을 부모교육에 적용하여 부모가 자녀의 문제행동을 이해하고 처벌이나 보상없이 협력적 행동을 촉진하기 위한 실용적 방법을 발달시켰다.

민주적 부모교육 이론의 기본 가정은 다음과 같다(김영옥, 2012; 김춘경, 2001).

- 인간은 사회적 존재로 소속감의 욕구를 충족시킬 수 있는 방법을 끊임없이 추구한다.
- 모든 인간의 행동은 목적을 가지고 스스로 선택한 목표에 따라 자신의 생활을 평가하고 해석한다.
- 인간은 자극에 대한 반응뿐만 아니라 그 자극에 대한 창조적 결정을 하는 행위자이다.
- 인간은 시행착오를 통하여 자신의 행동을 결정한다. 비록 잘못된 가정에 의해 행동이 결정되었더라도 그 결정에 따라 적합한 행동양식을 창조한다. 이 선택은 생의 초기인 4~5세 무렵에 이루어진다.

1. 교육 목표

민주적 부모교육이론에 근거한 프로그램의 목표는 부모와 자녀가 평등하다는 가정 하에 부모-자녀 간 상호작용이 적절히 이루어지도록 부모를 교육시키는데 있다(서상아, 2017). 자녀를 양육할 때 일어나는 일반적인 문제를 해결하기 위해서는 전문가의 이론교육을 실시하고, 각 가정에서 독특하게 일어나는 구체적인 문제를 해결하기 위해서 자녀를 양육하는 부모들의 실제 경험담을 나누는 집단 모임을 갖는다.

2. 기본 원리

1) 창조성

유아는 부모와 생활하는 동안 능동적으로 자신을 창조해 나간다. 유아는 욕구를 충족시키기 위하여 가상적 목표를 창조하고 그 목표를 달성하기 위하여 다양한 행동 양식을 창조한다. 따라서 부모는 자녀의 잘못된 행동을 변화시키기 위해서 부모 자신의 태도를 먼저 변화시키고 다음으로 자녀의 긍정적인 행동을 격려해 줌으로써 자녀가 바람직한 방법으로 자신을 창조해 나가는 것을 격려해 주어야 한다.

2) 생활양식

생활양식이란 사회화 과정을 통하여 형성되는 인성, 태도, 신념, 능력 등을 의미한다. 유아기는 시행착오를 통해 자신의 위치를 발견하고 행동 등에 대한 신념이 형성되는 중요한 시기이다.

유아기는 부모에게 상대적 열등감을 느낄 뿐만 아니라 자기 자신에 대해 기본적인 부정적 개념을 지니고 있다. 유아는 이러한 열등감을 어떤 방법으로든 보상하기 위해 가상적 목표를 세운다. 가상적 목표를 달성하기 위하여 유아는 어떤 행동을 하게 되는데 이러한 행동이 반복되면 유아의 생활양식이 된다. 따라서 부모는 자녀가 달성하려는 행동의 목표가 무엇인지를 파악하여 바람직한 행동으로 그 목표를 달성할 수 있도록 해야 한다.

3) 가상적 목표와 행동 통제

가상적 목표란 상황이 일어날 때마다 즉시 설정하는 목표로 현재 유아의 행동에 영향을 주는 목표이다. 유아는 실현 가능성과는 상관없이 가상적 목표를 달성하기 위하여 행동하므로 부모는 자녀행동의 가상적 목표를 이해해야 한다. 자녀들이 문제행동을 통해서 성취하기를 기대하는 목적을 드레이커스(Dreikurs)는 다음과 같이 분류하였다.

- 관심과 애정을 얻어내기 위해서
- 힘과 우월을 추구하기 위해서
- 복수하거나 앙갚음을 하기 위해서
- 불완전함이나 무능력을 가장하기 위해서

자녀는 인간의 가장 기본적인 욕구 가운데 하나인 소속감에 대한 욕구를 충족시키기 위하여 행동목표를 수립한다. 이때 주로 나타나는 잘못된 행동은 관심끌기, 힘행사하기, 보복하기, 불완전함 나타내기 등이다. 네 가지 행동유형을 자세히 살펴보면 다음과 같다(김춘경, 2001).

• **관심 끌기** : 어린 유아들에게 보편적으로 일어나는 행동으로, 가정에서 의미있는 존재가 되지 못하고 제대로 대우받지 못한다고 느낄 때 자신을 확인시키기 위한 방법으로 사용한다. 유아는 관심의 중심에 있어야 자신이 의미있는 존재라고 생각한다. 유아는 건설적인 방법으로 부모의 관심을 끌 수 없다면 부정적인 방법으로라도 부모의 관심을 끌어 소속감을 느끼려고 한다. 이러한 행동이 나타난다면 부모는 그 잘못된 행동을 무시하거나 혹은 자녀가 기대하지 않은 긍정적인 방향으로 주의를 주어야 한다.

• **힘 행사하기** : 관심끌기를 통해 소속감을 얻지 못했다고 인식할 때, 그 다음 단계로 자녀가 자신의 힘을 과시하려고 하는 행동을 말한다. 유아는 자율성과 주도성이 발달하면서 스스로 무엇인가를 하고자 하는 욕구가 강해진다. 부모가 자신이 할 수 있는 것을 못하게 한다고 인식하는 경우, 유아는 자신이 하고자 하는 것을 해야만 가정에서 확고한 위치를 차지한다고 판단하여 자신의 힘과 능력을 시험해 보고 싶어 한다. 이때, 부모는 화를 내지 말고 자녀와 힘겨루기를 하지 않아야 한다. 부모는 적절한 경계와 구조를 설정하여 자녀가 연령에 적합한 힘을 가질 수 있도록 허용해 주고 자신이 선택한 것에 대해 책임을 질 수 있는 기회를 제공한다.

• **보복하기** : 부모와의 힘겨루기에서 부모가 자녀를 힘으로 눌러 이긴 경우, 자녀는 자신이 상처를 받았다고 믿고 자신의 우월성을 입증하기를 포기한다. 대신 다른 사람에게 상처를 입혀야 한다고 믿고 보복하기를 시도한다. 유아는 다른 사람들이 싫어하는 행동을 함으로써 자신이 있을 곳을 찾고 소속감을 갖게 된다. 유아는 부모를 신뢰하고, 자신이 사랑스럽고 중요한 존재라는 것을 믿고, 해로운 것으로부터 안전해지기 위한 새롭고 긍정적인 방식들을 탐색하는 것 등을 배워야 한다. 유아의 심한 보복행동에는 자신들의 수치심이나 실망한 감정이 내재되어 있으므로 자녀에게 앙갚음을 하기 보다는 부모의 지속적인 따뜻한 관심과 지지, 격려가 더욱 필요하다.

- 부적절함 나타내기 : 보복하려는 시도마저 무산된 경우, 자녀들은 복수하려는 노력을 포기하고 자존감을 잃고 위축되어 성공하려는 희망을 포기하게 된다. 유아들은 자신의 약함과 무능력을 보이면서 자신의 미래에 대한 또 다른 실패를 피하고자 한다. 유아들은 시도하려 하지 않고, 쉽게 포기하고, 다른 사람과 어울리는 것을 회피하는 등의 행동을 보인다. 이럴 경우 부모는 자녀에게 비난을 삼가고 자녀의 강점과 장점을 격려하며 조금이라도 나아지는 것이 보이면 격려해 주어야 한다.

유아들의 부적절한 행동들은 부모의 반응양식에 따라 증가하거나 감소한다. 부모가 자녀의 의도대로 반응을 보이면 자녀들은 자신이 세운 목표가 달성되었다고 생각하고 그 행동을 반복하여 바람직하지 않은 행동양식을 형성한다. 따라서 부모는 자녀가 설정한 목표를 건설적인 행동을 통하여 성취할 수 있도록 적절한 방법으로 자녀의 행동통제를 도와주어야 한다.

3. 방법 및 전략

드레이커스(Dreikurs)는 부모가 자녀의 문제행동을 해결하기 위해 한계가 분명하고 흔들리지 않는 일반적인 규칙을 세워야 한다고 본다. 그것은 자연적 · 논리적 귀결을 통해 적용된다.

1) 자연적 귀결

자연적 귀결은 유아 자신의 행동으로 인해 자연스럽게 발생한 결과로 자신이 보상 또는 벌을 받는다고 느낄 수 있는 방법이다. 즉, 자기가 한 행동의 결과에 의해 해야 할 행동과 해서는 안 되는 행동을 학습하는 것을 말한다. 자연적 귀결은 부모의 개입없이 유아가 사건의 자연스러운 흐름을 경험하기 때문에 부모와 자녀 간의 불필요한 힘겨루기를 막는다.

2) 논리적 귀결

논리적 귀결은 행동의 결과에 대해 부모나 성인들이 자녀와 합의하여 논리적으로 정하는 방법이다. 논리적 귀결은 처벌과는 달리 어떤 규칙을 설정할 때 자녀에게 상황에 따른 결과를 선택할 수 있는 권리를 주고 유아의 결정을 수용한다. 그리고 결정에 따른 결과를 경험한 후에 유아에게 결정을 변화시킬 수 있는 기회가 있다는 것을 알려주어야 한다.

이상의 민주적 부모교육 이론의 내용을 그림으로 정리하면 다음과 같다.

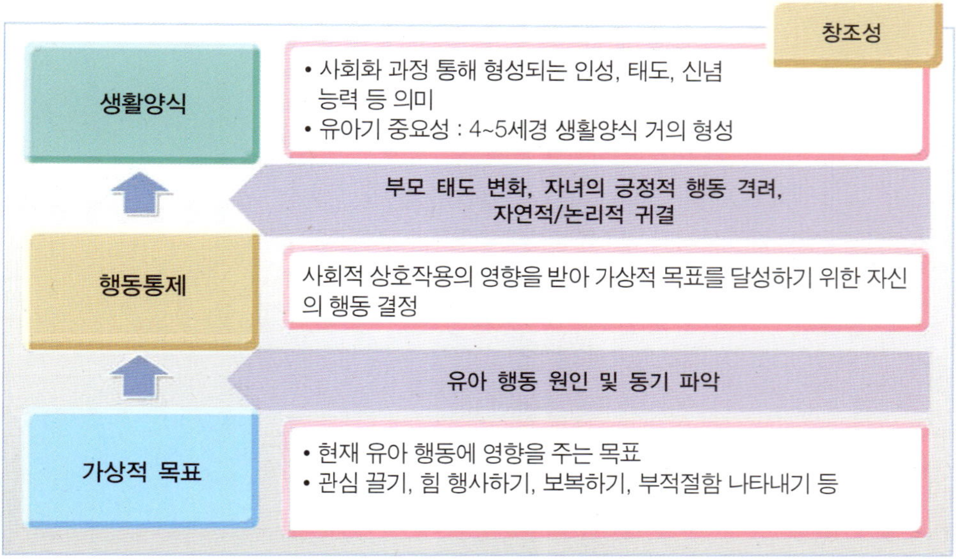

[그림 4-1] 민주적 부모교육 이론의 양육 원리와 전략

제5장

인본주의 부모교육 이론

기노트(Ginott)의 이론은 인본주의 심리학을 부모교육에 적용시킨 이론이다. 인본주의 심리학은 인간을 자아실현을 위해 노력하는 존재이며, 적절한 환경 속에서 긍정적이고 건설적으로 행동한다고 본다(주은선, 이혜경, 주은지, 2007). 따라서 인본주의 부모교육 이론은 부모가 자녀의 행동 이면에 있는 정서를 이해하는 것이 자녀와의 관계를 형성하기 위한 토대로 보았다. 그리고 부모가 자녀 양육에 어려움을 겪는 것은 아동에 대한 경험이나 지식의 부족, 바람직한 부모의 양육태도를 배울 수 있는 기회가 없었기 때문이므로 부모교육이 매우 중요함을 강조하였다(김향, 2015).

1. 교육 목표

인본주의 부모교육의 목표는 긍정적인 부모-자녀 관계를 형성하기 위하여 부모가 자녀와 효과적으로 상호작용할 수 있는 기술을 습득하도록 하는 것이다. 부모와 자녀의 의사소통에서 가장 중요한 것은 부모가 자녀를 있는 그대로 수용하고 자녀의 입장에서 감정이입을 하면서 이야기를 잘 들어주어 자녀가 부모를 신뢰하고 진정한 의사소통을 할 수 있도록 하는 것이다.

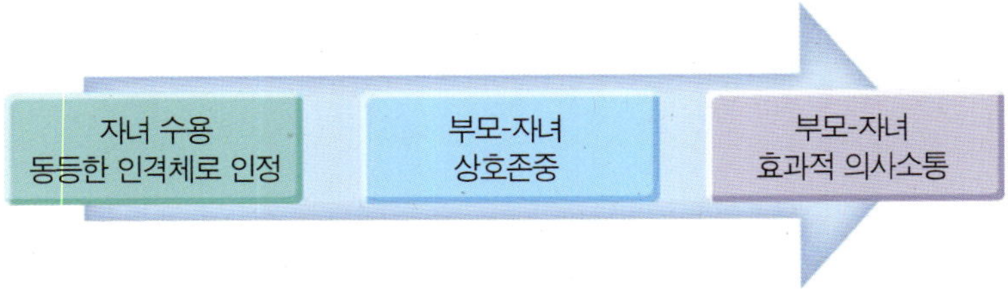

[그림 5-1] 인본주의 부모교육 이론의 목표

2. 기본 원리

1) 부모-자녀 간 의사소통

기노트(Ginott)의 관점에서 부모가 해야 할 가장 중요한 일은 적극적인 대화를 통해 자녀를 이해하고 사랑하는 것이다. 대화는 부모와 자녀의 감정을 교류하는 중요한 방법이다. 자녀는 부모가 자신을 이해해 주고 있다는 것을 인식하게 되면 정서적으로 안정을 느끼고 자신의 문제를 치유할 수 있는데 여기에서 부모의 중요한 역할은 자녀의 감정을 묘사해주고 반응해주는 일이다(김향, 2015). 따라서 부모가 자녀와 의사소통을 할 때 전제 조건이 되는 것은 진정으로 유아를 존중하는 마음을 가지는 것과 자녀와 의사소통하는 기술을 익히는 것이다. 인본주의 부모교육 이론에서는 부모-자녀 간 의사소통의 기본 원리를 다음과 같이 제안하고 있다(김영옥, 2012).

- 부모는 자녀와 대화를 할 때 서로에 대한 신뢰를 바탕으로 자녀의 인격을 존중하는 태도를 가져야 한다.
- 부모는 자녀와 대화를 할 때 자녀의 행동보다는 그 안에 숨겨진 자녀의 감정을 이해하고 그에 반응한다.
- 부모는 자녀의 긍정적인 면을 격려함으로써 자녀가 긍정적인 자아개념을 형성하도록 한다.

2) 부모의 태도

유아들은 경험을 통해 학습한다. 부모가 문제에 대해 어떻게 반응하는가에 따라서 자녀는 자존심과 능력에 상처를 입기도 하고 자비로운 사람으로 성장하기도 한다. 따라서 정직하고 책임감이 있는 자녀를 원한다면 부모는 사랑과 존경으로 자녀를 대해야 한다.

부모는 자녀와 의사소통을 할 때 자녀가 자신의 긍정적인 감정뿐만 아니라 부정적인 감정도 솔직하게 표현할 수 있도록 개방적이고 수용적인 분위기를 조성해야 한다. 부모는 자녀의 마음을 헤아리면서 자녀의 감정, 의견, 인격 등을 비판하거나 판단하는 대신 이를 인정하면서 자녀의 의견을 존중해야 한다. 또한 허용적이고 존중하는 분위기 속에서 자녀들에게 자신의 삶에 영향을 미치는 문제들에 대한 선택권과 발언권을 주어 자녀의 책임감을 고취시켜야 한다.

3) 훈육방법

부모는 자녀에 대해 애정과 신뢰를 바탕으로 분명하게 훈육해야 한다. 자녀의 감정과 행동을 별개로 구분하여 감정은 허용하되 행동에는 명확한 한계를 정해 두고 제지해야 한다. 행동의 한계를 정할 때는 자녀에게 어떤 행동은 허용이 되고 어떤 행동은 허용되지 않는지, 어떤 행동을 대신할 수 있는지를 명확히 알려주어야 한다(이강숙, 1984). 이 경우 부모는 자녀에게 확신을 가지고 분명한 훈육을 해야 하지만 자녀의 분노를 최소화하고 자존심이 상하지 않도록 신중하게 표현해야 한다. 먼저 부모는 반항하고 싶어 하는 자녀의 감정을 이해하고 인정해 주어야 한다. 부모가 자녀의 말에 귀를 기울이고 인격에 상처를 주는 말을 하지 않으며 자녀의 감정이나 요구를 이해하려고 노력하면 자녀 스스로 자신의 마음을 변화시키기 때문이다. 자녀의 필요와 욕구에 대해 거절할 때 부모는 자녀의 소원을 인정하여 거절당하더라도 상처를 덜 받도록 해야 한다(Ginott, H., Ginott, A., & Goddard, H., 2003). 기노트(Ginott)는 효과적인 자녀훈육의 4단계를 다음과 같이 제안하고 있다.

• 1단계 : 자녀가 원하는 바를 인정하고 간단한 말로 다시 반복해서 말해준다.

• 2단계 : 잘못된 행동에 대해 분명하고 단호하게 통제하는 말을 해준다.

• 3단계 : 자녀가 원하는 바를 최소한 일부분이라도 수용할 수 있는 다른 방법을 제시해 준다.

• 4단계 : 부모가 자녀의 행동을 통제할 때 자녀에게 일어날 수 있는 분노의 감정을 표현할 수 있도록 허용하고 도와준다.

3. 부모교육 프로그램의 적용

인본주의 부모교육 프로그램은 부모가 직면하는 실질적인 문제를 중요시하여 문제를 해결하기 위해 필요한 양육 기술을 배우도록 한다. 인본주의 부모교육 프로그램은 비슷한 발달단계에 있는 자녀를 둔 10~20명 정도의 부모집단을 대상으로 한다. 총 15주로 구성되며 1주일에 1회 90분 정도의 모임을 갖는다. 프로그램은 경험과 불평 늘어놓기 단계, 감수성 증진 단계, 개념 형성 단계, 기술 익히기 단계로 구분하여 총 4단계로 다음과 같이 진행된다.

• 1단계: 경험과 불평 늘어놓기

이 단계에서는 부모들이 자녀와의 관계에서 경험하고 있는 문제와 고민거리들을 자유롭게 이야기한다. 이야기를 나누는 과정에서 부모들은 공감대를 형성하면서 자신이 겪고 있는 문제가 혼자만의 문제가 아님을 깨닫고 안심하여 문제를 해결하고자 하는 의지를 갖게 된다. 이 과정에서 부모교육자는 부모들의 이야기에 대해서 관심과 이해를 가지고 수용하는 반응을 보이며 상호 간의 신뢰를 형성한다.

• 2단계: 감수성 증진

이 단계에서 부모는 자녀의 입장에서 문제를 생각해 보고 해결할 수 있도록 노력하는 단계이다. 인본주의 부모교육에서는 감정이입을 통한 부모-자녀 간 대화를 통해 감정을 교류하는 것을 중요시 한다. 감수성 훈련은 부모가 자녀의 행동과 감정에 민감하게 반응하여 행동 내면에 있는 의미를 발견할 수 있는 태도를 형성하도록 돕는 과정이다. 따라서 문제 상황에서 자녀가 느끼는 감정과 부모들이 일상생활 속에서 겪는 정서적 경험과 관련된 대화를 통해서 부모는 자녀의 감정을 수용하고 경청하는 것의 중요성을 인식하고 스스로 변화하고자 하는 의지를 갖게 된다.

• 3단계: 개념 형성

이 단계에서는 부모들이 자녀를 잘못 양육했음을 인정하고 스스로 자녀들의 행동을 이해하는 능력을 개발하고자 노력한다. 감수성이 증진된 부모들은 스스로 자녀의 행동을 다루는데 실패한 원인을 파악하고자 한다. 따라서 부모교육자는 부모들에게 적극적인 질문을 함으로써 이를 지원하고 자녀의 행동을 이해하는 능력을 개발하도록 도와야 한다. 부모교육자는 누구나 분노와 좌절 등 부정적인 감정을 경험할 수 있으며 건설적이고 긍정적인 방법으로 표현할 수 있도록 돕는다.

또한 이 단계에서는 자녀문제를 성공적으로 해결한 사례를 공유하여 특별한 사례에 적용할 수 있는 방법이나 기술을 개발하도록 격려하면서 자녀의 감정을 용납하는 범위나 원칙을 세운다.

• 4단계: 기술 익히기

이 단계는 부모들이 당면한 자녀문제를 해결하기 위해 자녀양육 기술을 실제 상황에 적용해 보는 단계이다. 부모들은 세 단계를 거치면서 익힌 기술을 가정에서 자녀에게 직접 사용해 보고 그 결과에 대해 토론을 하면서 더 나은 문제해결방안을 모색하도록 한다.

제6장

부모효율성훈련 이론 (Parent Effectiveness Training: PET)

고든(Gordon)은 자녀의 정서적인 문제가 부모와 자녀의 성격문제가 아니라 부모-자녀 간의 의사소통에서 생기는 것이라고 보고, 부모-자녀 간의 갈등을 해소하고 변화를 유도하기 위해 체계적이고 반복적인 훈련을 통해 부모를 교육시키기 위하여 이론을 개발하였다(류경애, 2010).

1. 교육 목표

부모효율성훈련의 목적은 부모의 효율적인 수용능력의 개발과 활용을 통해 생산적이고 협동적인 부모-자녀관계를 형성하도록 하는데 있다(김영옥, 2012). 이를 구체적으로 살펴보면 다음과 같다(김진영 외, 2013).

- 부모는 인간이기 때문에 완벽한 부모 노릇을 할 수 없다는 것을 인식한다.
- 부모는 부모-자녀 간의 인간관계에서 자녀의 행동을 올바로 파악하고 부모 자신의 감정을 적절히 표현할 수 있는 기술을 습득한다.
- 부모는 부모-자녀 간에 문제가 발생할 경우 효과적으로 해결하기 위한 의사소통기술을 터득한다.

2. 부모효율성훈련의 내용

부모효율성훈련은 이론을 통해 부모가 자녀와의 관계를 향상시킬 수 있는 의사소통 원리를 배우고 강사의 시범과 모델링을 통해 구체적인 기법을 배우며 역할연습을 통해 실제상황을 실습하는 것으로 구성되어 있다. 부모효율성훈련 프로그램의 구체적인 내용은 다음과 같다(류경애, 2010).

1단계: 부모의 수용성 수준 파악하기

부모효율성 훈련 이론은 부모가 자녀에게 솔직한 감정 표현을 할 때 바람직한 부모-자녀관계를 형성할 수 있다고 본다.

부모는 자녀와 의사소통을 할 때 자녀의 말이나 행동에 대해 문제 행동인지 아닌지를 판단한다. 그러나 자녀의 행동에 대한 부모의 입장은 부모에 따라 차이가 있기 때문에 부모는 먼저 자녀의 행동에 대한 자신의 수용능력을 파악해야 한다. 부모는 자신의 수용성 수준을 파악함으로써 자녀의 행동을 제대로 이해할 수 있게 된다.

수용형 부모는 정서가 안정적이고 개방적이며 자기 자신에 대한 만족감도 높고 감정 통제를 잘한다. 반면 비수용형 부모는 정서적으로 불안정하고 폐쇄적이며 성격이 까다롭고 옳고 그름에 대한 기준이 명확하여 융통성이 부족하다. 그러나 주의해야 할 것은 부모가 자녀의 행동을 무조건 수용해야 한다는 의미는 아니다. 부모의 수용 정도는 부모의 기분이나 상황, 자녀의 출생순위 등에 따라 달라질 수 있기 때문이다. 예를 들어, 집에서는 층간 소음이 발생할 수 있기 때문에 자녀의 뛰는 행동이 수용될 수 없지만 놀이터에서는 자녀의 뛰는 행동이 수용될 수 있다.

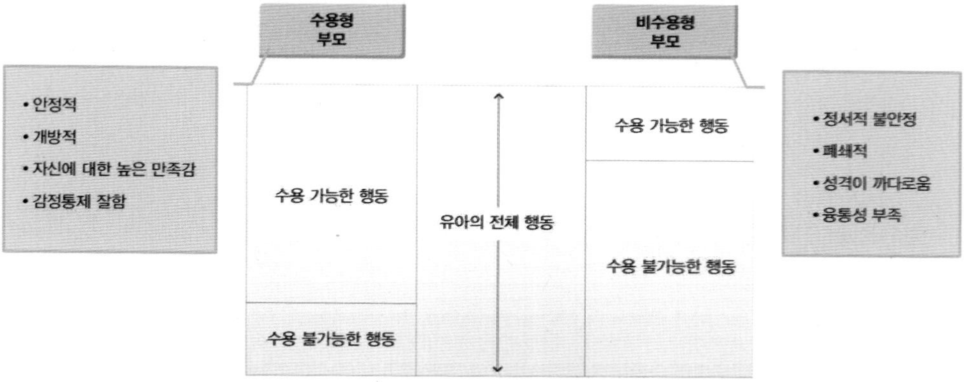

[그림 6-1] 자녀의 행동에 대한 부모의 수용성 수준

[출처 : 김진영 외(2013). 유아교육기관의 부모교육. 서울: 창지사. p. 167.]

2단계: 문제의 소지자 파악하기

부모-자녀관계에서 갈등을 해결하기 위해서는 부모의 수용성 정도를 파악한 후에 부모와 자녀 중 누구에게 문제가 있는지를 파악해야 한다. 문제 소지자가 누구인지에 따라 적용할 수 있는 의사소통 기술이 달라지기 때문이다. 부모가 자녀의 행동을 수용할 수 없다고 느낀다면 부모가 문제의 소지자가 된다. 반면에 부모에게는 수용되고 문제가 아니지만 자녀에게는 문제로 여겨진다면 자녀가 문제의 소지자가 된다. 또한 부모에게 수용될 수 있으면서 동시에 자녀에게도 문제로 여겨지지 않는 행동은 문제없는 영역이 된다.

3단계: 자녀를 돕는 기법 사용하기

문제의 소지자가 파악이 되면 문제의 소지자에 따라 적합한 의사소통 기술을 적용해야 한다. 자녀가 문제 소지자인 경우는 자녀로 하여금 자신의 문제를 스스로 해결해 볼 수 있는 기회를 제공하여 문제해결능력을 기를 수 있도록 한다. 반면, 부모가 문제소지자인 경우 부모는 솔직하고 차분한 태도로 자녀를 대하고 솔직하게 자신의 감정을 전달해야 한다.

〈표 6-1〉 문제의 소지자 파악하기

영역	문제의 소지자	비고
부모가 수용 가능한 영역	자녀가 문제 소유	• 부모는 자신의 욕구를 만족시키는 것이 직접적으로 방해받지 않았기 때문에 자녀만 문제를 소유함 • 문제해결의 책임은 자녀에게 있음 • 자녀만 문제를 소유했다고 부모가 걱정을 안하거나 도움을 제공하지 않는 것은 아님. '적극적 경청'을 통해 지원함
	누구도 문제 소유하지 않음	• 자녀와 부모 모두 욕구를 충족시킴 • 자녀가 부모의 욕구 충족을 방해하지 않고, 부모도 자녀의 욕구충족을 방해하지 않음
부모가 수용 불가능한 영역	부모가 문제소유	• 자녀의 행동이 부모의 욕구를 충족시키는데 방해가 되어 부모만 스트레스를 받음 • '나-전달법'을 통해 자녀의 행동이 왜 부모에게 스트레스를 주는지 자녀에게 전달함

[출처 : 김희진(2012). 유아교육기관에서의 부모교육과 지원. 서울: 파란마음. p. 413.]

3. 방법 및 전략

고든(Gordon)의 여러 가지 기법 중에서도 가장 대표적인 것은 적극적 경청, 나-전달법, 무승부법의 세 가지로 자세한 내용은 다음과 같다.

1) 적극적 경청(Active Learning)

적극적 경청은 자녀가 문제 소지자로, 자신의 문제에 대해 부모에게 이야기할 때 부모가 사용하는 기술이다. 수동적으로 조용히 들어주는 것과는 달리 자녀가 전달한 내용을 이해하고 같은 뜻이 담긴 다른 말로 피드백을 보내면서 들어주는 것을 말한다. 즉, 부모가 자녀의 행동을 경청하고 해독하여 자녀의 행동 이면에 가려진 느낌이나 생각을 헤아려서 자녀 마음의 거울이 되어주거나 공명판의 역할을 하는 피드백을 한다(류경애, 2010).

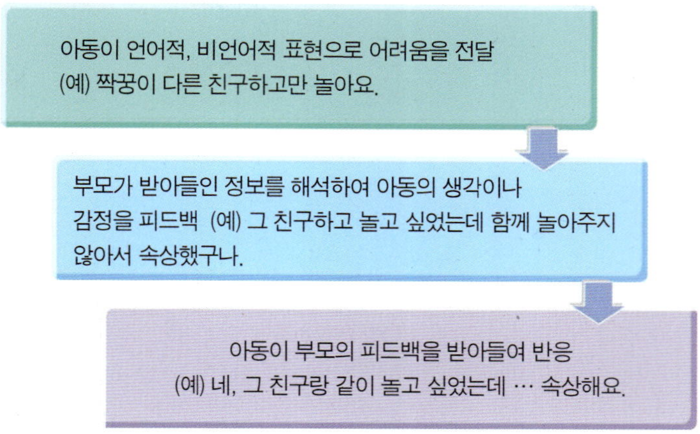

[그림 6-2] 적극적 경청의 과정

적극적 경청 기술을 적용하기 위해 부모는 다음과 같은 태도를 가져야 한다(김영옥, 2012).

- 자녀를 인격체로 존중하는 자세
- 자녀와 대화하려는 개방적인 자세
- 자녀와 감정이 다를 때에도 자녀의 감정을 수용하려는 자세
- 자녀가 감정을 조절하고 문제를 해결할 능력을 갖고 있다는 믿음
- 자녀가 문제에 책임을 지고 해결방안을 찾는데 도움을 주려는 자세

부모의 적극적 경청을 통해 자녀는 자신이 가치있는 존재로 존중받고 있다는 느낌을 갖게 되므로 마음을 열게 된다. 자녀는 부모로부터 이해받고 있다는 느낌을 받고 감정이 조절되어 자녀 스스로 문제점을 돌아보고 부모의 입장을 생각할 수 있게 된다(류경애, 2010).

2) 나-전달법(I-Message)

나-전달법은 부모가 문제의 소지자로, 자녀의 행동에 대한 부모의 생각이나 감정을 객관적으로 자녀에게 전달하기 위하여 사용하는 방법이다. 나-전달법은 부모가 수용하지 못하는 자녀의 행동이 무엇인지 비난없이 말하고, 그로 인한 부모의 감정이 어떤지 구체적으로 표현한 다음 자녀의 행동이 부모에게 주는 결과를 말하

는 것으로 마무리한다. 이를 정리하면 다음과 같다.

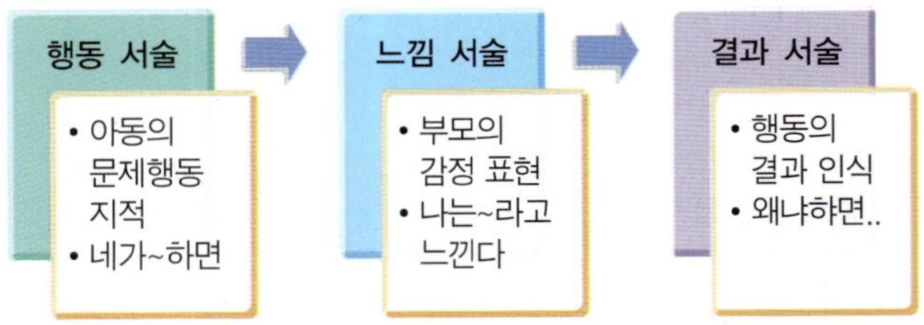

[그림 6-3] 나-전달법의 과정

나-전달법은 너-전달법과는 달리 자녀를 비난하지 않으면서도 부모 자신의 감정을 전달할 수 있기 때문에 부모가 수용할 수 없는 자녀의 행동을 변화시키는데 효과적으로 사용할 수 있다. 그러나 나-전달법을 사용할 때 주의할 점은 부모의 생각과 감정을 솔직하게 전달하되 부정적인 감정을 지나치게 강조하지 않고 감정을 조절하여 적용해야 한다.

	나-전달법	너-전달법
부모	네가 장난감을 가지고 놀고 정리하지 않아서 엄마는 너무 놀랐어. 왜냐하면 손님이 오신다고 했거든.	너는 장난감 정리할 줄 몰라? 넌 꼭 엄마를 부리려고만 하는구나!
↕	↓ 해독과정	↓ 해독과정
자녀	내가 장난감을 정리하지 않아서 엄마가 속상하셨겠구나.	나는 생각도 없이 엄마를 힘들게만 하는구나.

[그림 6-4] 나-전달법과 너-전달법의 비교

[출처 : 김진영 외(2013). 영유아교육기관의 부모교육. 서울: 창지사. p. 170.]

3) 무승부법(No-lose Method)

무승부법은 적극적 경청이나 나-전달법을 사용하고도 부모-자녀 간 갈등이 해결되지 않을 때 활용할 수 있는 방법이다. 힘겨루기를 통한 문제해결은 부모나 자녀 중 한 편이 패배감을 갖게 되고 문제가 제대로 해결되지 않은 경우에는 상대방에게 책임을 전가하게 된다. 따라서 부모-자녀 간의 갈등을 효과적으로 해결하기 위해서는 부모와 자녀가 함께 논의를 통해 문제를 해결할 수 있는 방안을 모색하는 무승부법을 권장한다. 무승부법은 다음의 6단계를 거치게 된다.

〈표 6-2〉 무승부법의 6단계

<table>
<tr><th colspan="2">단계</th><th>내용</th><th>예시</th></tr>
<tr><td>1
단
계</td><td>갈등
확인
및
정의</td><td>부모와 자녀 사이에 갈등을 일으키는 문제가 무엇인가를 함께 확인하고 분명하고 상세하게 말해서 부모와 자녀 모두 문제를 같은 의미로 이해하고 있는지를 확인한다.</td><td>엄마: 네가 자꾸 동생을 때려서 엄마가 속상해.
아이: 윤아가 자꾸 내 장난감을 뺏어간단 말이에요
엄마: 윤아가 네 장난감을 뺏어가서 화가 났구나. 그래도 동생을 때리는 건 안돼.</td></tr>
<tr><td>2
단
계</td><td>가능한
해결책
탐색</td><td>확인된 문제를 어떻게 해결할 것인지 가능한 방법을 다양하게 찾아본다. 부모와 자녀가 동등한 입장에서 서로의 의견을 제기할 수 있는 분위기를 형성해야 한다.</td><td rowspan="3">엄마: 엄마는 네가 윤아에게 ‘뺏어가지마’라고 말로 했으면 좋겠어.
아이: 그래도 뺏어간단 말이에요.
엄마: 그럼 너는 어떻게 하면 좋겠니?
아이: 그러면 다른 장난감을 빌려 줄래요
엄마: 그것도 좋겠구나. 그러면 다음부터는 윤아가 네 장난감을 뺏으려고 할 때 때리지 말고 다른 장난감을 빌려주렴</td></tr>
<tr><td>3
단
계</td><td>가능한
해결책
평가</td><td>부모와 자녀가 함께 제시한 다양한 해결 방안들을 검토하고 부모나 자녀의 입장에서 절대로 수용할 수 없는 해결 방안들을 제거하면서 양쪽에서 모두 수용 가능한 해결 방안들을 찾아낸다.</td></tr>
<tr><td>4
단
계</td><td>최상의
해결책
결정</td><td>부모-자녀 간의 갈등 상태를 해결할 수 있는 최상의 해결책을 결정한다. 수용적인 분위기에서 솔직하게 의사소통한 후 서로 간의 합의 하에 선택한 해결책에 대해서는 부모와 자녀 모두가 반드시 지켜야 할 책임이 있음을 인식해야 한다.</td></tr>
<tr><td>5
단
계</td><td>결정한
해결책
시행</td><td>결정한 최선의 해결 방법을 어떻게 수행할 것인지에 대한 방법을 논의한다. 이때 부모는 자녀의 수행능력에 대하여 믿음을 가지고 자녀가 결정한 사항을 충실히 수행할 것을 믿는다. 만약 자녀가 약속한 것을 수행하지 못하는 경우에는 나-전달법을 사용하여 의사소통 한다.</td><td>(자녀는 어머니와 협의한대로 실천한다)</td></tr>
<tr><td>6
단
계</td><td>평가</td><td>결정된 방법을 수행한 후에는 결정한 해결 방안과 해결 방안에 대한 수행 방법이 최선의 것이었는지를 평가한다. 선택되어 시행된 방법이 부모-자녀 간의 갈등상태를 해결하는 최선의 것이 아닌 것으로 평가되었다면 다시 합의하여 결정하는 과정을 되풀이 한다.</td><td>엄마: 네가 약속한 대로 윤아와 장난감을 사이좋게 나누어 가지고 놀아서 엄마가 참 기쁘구나.</td></tr>
</table>

무승부법을 사용하면 자녀의 경우, 문제해결과정에 직접 참여함으로써 인지가 발달하도록 돕고 자녀에게 갈등해결에 대한 선택권과 책임을 부여하여 자율성을 기르는데 효과적이다. 또한 부모의 경우, 자신의 권위에 의존하려는 부모의 욕구를 억제하면서도 대화를 통해 부모나 자녀의 심리적 상처를 경감시킬 수 있다는 장점이 있다.

4. 부모교육 프로그램의 적용

부모효율성 훈련은 PET협회 주관으로 주 1회 3시간씩 총 8주간 진행되는 프로그램이다. 보통 PET 그룹은 1학급당 10명 정도로 구성되고, 고든(Gordon)이 저술한 PET 및 본부에서 제공하는 자료들을 사용한다. 참여한 부모들은 가정에서 당면하고 있는 문제들을 가지고 의사소통 원리를 배우고 강사가 제시하는 역할놀이를 통해 자녀양육기술을 습득하게 된다. 부모들은 배운 기술을 가정에서 직접 적용해보고 자신의 경험을 공유하면서 실제상황에서 기술을 활용하는 방법을 이해하게 된다.

제7장

상호교류분석 이론 (Transactional Analysis: TA)

상호교류분석 이론은 상호교류분석 심리학에 기초하여 부모가 자기 자신과 자녀의 인성구조 그리고 그 둘 간에 일어나는 상호교류 패턴을 이해하도록 함으로써 부모-자녀 관계를 개선시키고자하는 이론이다. 상호교류분석 이론에 따르면 인간은 자극과 인정을 받고자 하는 욕구를 가졌으며, 상호교류과정에서 나타나는 욕구에 대한 쓰다듬기(stroke)[1]가 긍정적인가 또는 부정적인가에 따라 자신에 대한 감정과 교류의 질이 달라진다.

1. 교육 목표

상호교류분석 이론은 사람은 누구나 '지금 이 순간(Here and Now)'에 살고 있고 존재하고 있으므로 '과거와 타인은 바뀌지 않는다. 바꿀 수 있는 것은 자신 뿐이다'라는 철학을 가지고 있다. 즉, 모든 사람들은 OK(긍정)로 태어나고, 사고하는 능력을 갖고 있으며, 자신의 운명을 결정하고 이러한 결정은 변경될 수 있다는 철학적 가정에 기초하고 있다(한국교류분석상담학회, 2018; 한진원, 2011). 상호교류분석 이론의 목적은 부모와 자녀 모두 상황에 따라 적절한 자아상태를 자율적으로 선택하여 사용할 수 있는 능력을 기름으로써 보다 긍정적인 생활태도를 가질 수 있도록 하는 것이다.

1) 쓰다듬기(stroke)는 자기 자신과 타인에게 주는 신체적 접촉, 지지, 격려 등 다양한 형태의 인정자극을 말하며, 성인기까지도 요구되는 필수적인 요소를 말한다(백현옥, 김경희, 2011)

2. 상호교류분석 이론의 내용

1) 심리적 자세

심리적 자세란 자신이나 타인 또는 외부 세계에 대해 개인이 갖는 기본적인 신념을 말한다. 즉, 인간은 자신과 타인에 대해 긍정적 또는 부정적인 자세를 갖게 되는데 이러한 기본적인 심리적 태도를 말하는 것이다.

심리적 자세는 생애 초기에 부모가 자녀를 대하는 태도를 통해 전달되는 메시지들이나 다른 경험들에 근거하여 형성하게 된다. 심리적 자세는 다음의 네 가지로 분류된다.

〈표 7-1〉 네 가지 심리적 자세

생활자세	특징	권장하는 부모교육
자기 긍정-타인 긍정 (I' m OK/You' re OK)	• 이상적인 심리적 자세 • 자신과 타인의 가치 인정 및 존중 • 자신과 타인과의 조화를 잘 이루면서 참된 자아를 실현하고 자신의 문제를 건설적으로 해결 • 긍정적인 인정 자극을 많이 받으며 성장	• 스스로 문제를 해결할 수 있도록 동기 유발
자기 긍정-타인 부정 (I' m OK/ You' re not OK)	• 타인에 대한 불신, 타인 위에 군림하려고 함 • 자만심과 자기방어 • 부모로부터 엄한 처벌을 받고 거부당하는 일이 많아질 때 스스로 의지할 곳이 없을 뿐만 아니라 자신을 위로하고 도와줄 사람이 없다는 생각을 굳히면서 시작	• 인내와 관찰
자기 부정-타인 긍정 (I' m not OK/ You' re OK)	• 출생 후 유아가 느끼게 되는 감정 • 자신에 대한 열등감과 부적절감 • 스스로를 무가치하게 여김 • 부모의 보살핌과 같은 긍정적인 쓰다듬기를 받을 때 타인을 긍정적으로 받아들이는 동시에 자신은 항상 그 보살핌을 받아야만 한다는 부정성을 확인하게 되면서부터 발생	• 자녀를 지지하는 양육 방법 • 자녀의 자율성을 강화하는 방법
자기 부정-타인 부정 (I' m not OK/ You' re not OK)	• 삶을 무가치하게 여김 • 타인의 애정이나 관심 거부 • 생에 대한 의욕 상실 및 반사회적 행동	• 엄격한 지도와 감독 • 긍정적인 강화와 격려

[출처 : 김명희(1986). 현대사회의 부모교육. 학문사에서 발췌하여 수정.]

상호교류분석이론은 가장 공개적이고 진솔한 의사전달을 가능하도록 함으로써 궁극적으로 개인 생활을 '자기긍정-타인긍정'의 심리적 자세가 지배하는 생활 자세로 변화시키고자 하는 것이다(하경희, 2003).

2) 세 가지 자아상태

인간은 자신이 경험하는 모든 사건을 뇌나 신경 조직에 기록하며 이러한 경험이 다시 작동되면 그 당시의 기억과 경험을 회상할 수 있는데 이러한 기억과 경험을 담고 있는 저장소를 자아상태라고 한다(김경화, 2003). 즉, 자아상태란 현실의 정의, 정보처리 과정 및 세계에 대한 느낌과 반응 등을 의미하는 총체로서 외부 세계에 대한 느낌 및 감정 체계이다.

번(Berne)에 따르면 모든 인간은 세 가지 자아상태, 즉 아동 자아상태, 부모 자아상태, 성인 자아상태로 구성되며 각각의 자아상태는 상황에 따라 행동을 지배한다고 하였다. 비록 자아를 직접 관찰하는 것은 불가능하나 행동을 관찰하여 세 가지 가운데 어느 자아가 그 순간 작용하고 있는지는 알 수 있다. 자아상태는 아동 자아상태, 부모 자아상태, 성인 자아상태 순으로 발달하는데 세 가지 자아상태의 내용과 특징은 다음과 같다(김경화, 2003; 하경희, 2003; 한국교류분석상담학회, 2018).

(1) 아동 자아상태(Child Ego State)

아동 자아상태는 출생하면서부터 지니게 되는 가장 기본적인 자아상태로, 영아기에 자연적으로 나타나는 모든 충동을 말하며, 부모 또는 양육자로부터 받은 감정적·감각적 자극에 대처해 온 방식들이 축적되어 형성된 것이다. 아동 자아상태는 기능상 다음과 같은 두 가지 종류로 나눌 수 있으며 두 가지 작용이 잘 조화를 이룰 때 건전한 성장과 발전을 이룰 수 있다.

• 자유로운 아동 자아상태(Free Child Ego State)

가장 선천적인 부분으로, 쾌감을 찾아서 천진난만하게 행동한다. 어떤 것에도 구애받지 않기 때문에 감정적·본능적·자기 중심적이고 호기심·창조성의 원천이다. 일반적으로 자유로운 아동 자아상태가 풍부한 것이 건강하지만 너무 강하면 자기 중심적이고 제멋대로 행동하기 쉬워 주변과 갈등을 일으키기가 쉽다.

• 순응하는 아동 자아상태(Adapted Ego State)

부모와 같은 중요한 인물들의 요청에 순종하려고 노력하는 부분으로 부모의 영향 하에서 이루어진다. 자신이 느끼는 것을 자연스럽게 표현하기 보다는 부모가 원하는 '좋은 아이'의 행동을 하는 자아상태이다. 그러나 이것이 과도한 경우 '자유로운 나'를 극도로 억압하여 마치 어른인 것처럼 행동하면서 지금까지와는 다른 행동을 하여 주위를 놀라게 하는 경우가 있다.

(2) 부모 자아상태(Parent Ego State)

부모 자아상태는 부모, 형제와 같은 의미있는 타인들의 생각, 행동이나 태도 또는 느낌을 동일시한 부분으로 아직도 자기에게 영향을 주고 있는 말이나 동작이 내포되어 있다. 부모 자아상태는 기능상 다음과 같은 두 가지 종류로 나눌 수 있으며 두 가지 작용이 잘 조화를 이룰 때 건전한 성장과 발전을 이룰 수 있다.

• 비판적 부모 자아상태(Critical Parent Ego State)

자신의 가치관이나 생각만을 바른 것으로 여기고 상대방에게 전혀 양보하지 않는 상태이다. 따라서 다른 사람에 대하여 비판하고 통제하고 처벌하는 경향을 많이 나타내게 된다. 인간의 생활에 필요한 여러 가지 규칙이나 규범 등을 가르치는데 유효하지만 정도가 지나치면 비판이나 비난을 한다.

• 양육적 부모 자아상태(Nurturing Parent Ego State)

아동의 성장을 촉진하며 벌보다는 용서하고 칭찬하는 관용적 태도를 취한다. 타인에 대해서는 수용적이어서 타인의 말을 경청하고 애정이 깊어 푸근하고 부드러움으로 상대방에게 행복감과 만족감을 주며 긍정적 쓰다듬기를 하기도 한다. 그러나 지나치면 상대방의 독립심이나 자립심을 방해할 가능성이 높고 과잉보호하여 지나친 간섭을 하는 경향이 있다.

(3) 성인 자아상태(Adult Ego State)

성인 자아상태는 가장 성숙하고 바람직한 심리상태로서, 환경과의 상호작용에서 경험하는 사건들을 객관적으로 파악하려는 속성이 있다. 이를 위해 외부 세계뿐만 아니라 아동 자아상태와 부모 자아상태의 모든 원천으로부터 정보를 수집하고 저장하고, 이용한다(한진원, 2011). 또한 성인 자아상태는 현재 상황에 효율적으로 적응하기 위해 아동 자아와 부모 자아의 다양한 활동을 조절하고 객관적으로 중재하는 역할을 한다. 감정에 지배되지 않는 이성적인 부분이지만 정신적으로 성숙한 인간이라는 의미는 아니다. 성인 자아상태가 너무 강하게 되면 정서결핍으로 인간미없는 사람이 될 수 있다.

3) 교류 및 교류분석

사람들 간의 대화는 자극-반응의 상호교환으로 형성되는 교류를 통해 이루어진다. 인간은 외부 자극에 대해 반응할 때 세 가지의 자아상태 중 한 가지 상태를 선택해서 대응한다. 따라서 의사소통은 대화에 참여하는 두 사람 간의 자아상태가 자극-반응으로 연결되는 것을 의미한다. 따라서 대화과정에서 어떤 자아상태가 작용하고 있느냐에 따라 의사교류의 형태가 달라진다. 의사교류는 다음과 같이 세 가지로 분류할 수 있다.

• 상보적 상호교류

어떤 자아상태에서 보내는 메시지에 대하여 기대했던 반응이 되돌아 오는 것으로서 두 사람 간 상호교류가 평행적 또는 보완적으로 일어난다. 따라서 솔직하고 자연스럽게 대화가 지속될 수 있으며 원만한 대인 관계를 자연스럽게 유지할 수 있다(하경희, 2003). 부모는 자녀가 기대하는 반응이 무엇인지를 파악하여 긍정적인 쓰다듬기를 제공해 주어야 한다.

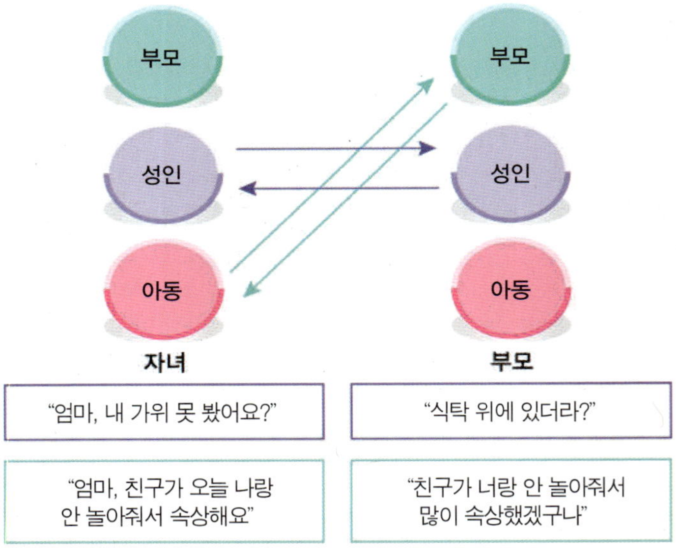

[그림 7-1] 상보적 상호교류의 예

• 교차적 상호교류

보낸 자극에 대해 예상하지 못했던 반응이 되돌아 올 때 발생하며 둘 사이의 교류는 교차하게 된다. 이러한 경우 대화가 중단되며 대인 관계에서 불화의 원인이 되기도 한다(하경희, 2003).

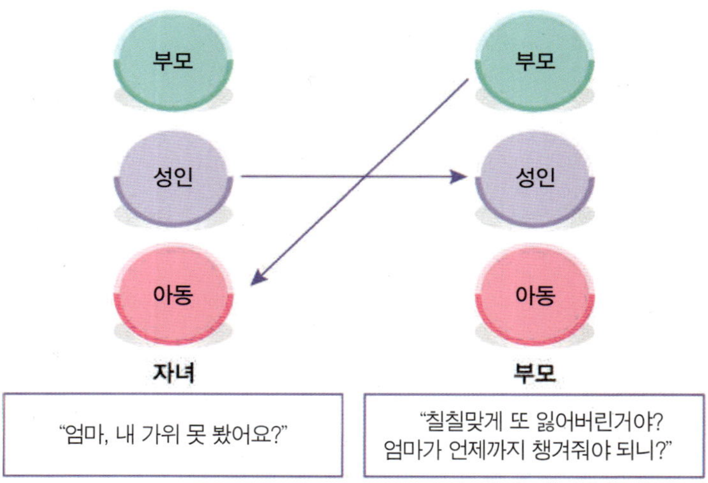

[그림 7-2] 교차적 상호교류의 예

• 이면적 상호교류

겉으로 드러난 대화내용과는 달리 언어 이면에 감추어진 메시지가 있는 경우로, 겉으로 드러난 사회적 수준과 이면에 작용하는 심리적 수준이 다르게 일어나는 것을 뜻한다. 따라서 부모는 겉으로 드러난 자녀의 언어나 태도 이면에 흐르는 메시지를 이해하고 반응해야 한다.

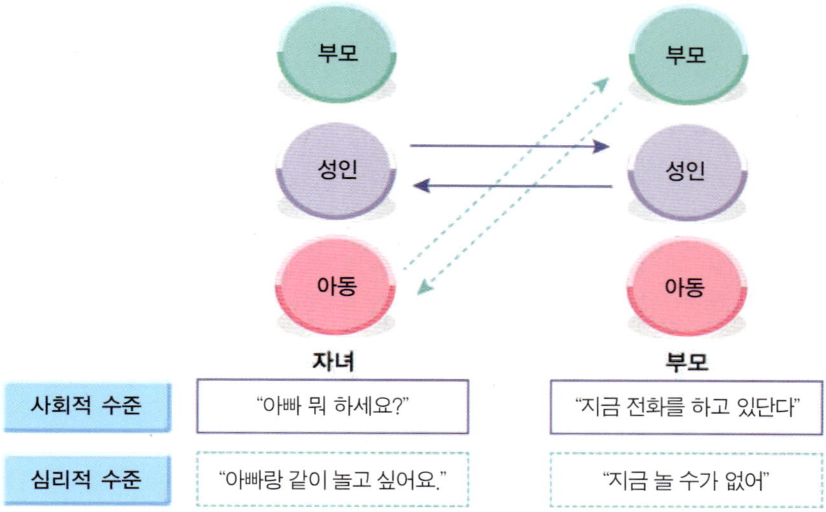

[그림 7-3] 이면적 상호교류의 예

자녀의 욕구를 충분히 충족시키기 위해서 적절한 방법으로 쓰다듬기가 된다면 자녀는 긍정적인 심리적 자세를 형성하게 되어 결국 긍정적인 생활태도와 대인관계를 갖게 되지만, 부정적인 심리적 자세를 형성하게 되면 그 반대의 태도를 형성하게 된다. 따라서 부모-자녀 간에 정신적 갈등없이 원만한 의사소통이 이루어지려면 두 사람 간의 교류가 평행이거나 상호보완적이어야 한다.

제8장

행동수정이론

행동수정이론은 지금까지 살펴 본 다른 부모교육이론들과는 달리 부모-자녀 간의 의사소통 방법에는 그다지 관심이 없다. 대신 인간의 행동을 유발하는 환경의 역할을 강조한다. 행동수정이론은 인간의 행동을 학습된 결과로 보고 인간이 어떠한 환경 자극과 상호작용하느냐에 따라 무한한 변화가 가능하다고 본다. 따라서 바람직한 부모역할이란 좋은 모델을 보여주는 것이며, 관찰 및 측정이 가능한 행동들을 선별한 후에 행동을 수정 또는 강화해주는 것으로 보고 있다.

1. 교육 목표

행동수정이론의 목적은 자녀의 문제행동으로 인해 어려움에 직면한 부모가 자신의 잘못된 양육태도를 변화시키고 행동수정기술을 습득하여 자녀의 바람직하지 않은 행동을 수정할 수 있는 능력을 기르는 것이다. 행동수정이론의 일반적인 목적은 다음과 같다.

- 행동수정이론의 기본적인 원리를 배우고 훈련한다.
- 자녀의 행동을 관찰, 진단, 평가하는 능력을 기른다.
- 자녀의 문제행동에 행동 수정의 원리를 적용하여 행동의 변화를 이루도록 한다.

2. 행동수정의 원리 및 절차

행동수정이론에서 보는 부모-자녀 관계란 자극과 반응을 주면서 자녀의 행동을 조형(shaping)해 가는 것이다(김경미, 1986). 이를 위해서 행동수정이론은 아래의 세 가지 원리에 따라 자녀양육 기술을 습득하게 한다(김영옥, 2012).

- 고전적 조건형성이론: 자극과 반응을 짝지어 반복·제시함으로써 바람직한 행동에 대해서는 조건형성을 통해 행동화시키고 부정적인 행동에 대해서는 소거시키는 방법이다.
- 조작적 조건형성이론: 자녀의 행동을 변화시키기 위해 인위적으로 자극과 반응을 조절한다. 보상이나 격려와 같은 정적 정화를 통해 자녀의 바람직한 행동을 강화하고 벌과 같은 불쾌한 경험 등을 통해 바람직하지 못한 행동을 소거하는 방법이다.
- 사회학습이론: 자녀는 부모의 행동을 모방하여 행동을 하게 되므로 부모가 모범을 보이는 것이 중요하다.

이러한 관점에서 부모들은 자녀를 양육함에 있어서 객관적이고 과학적일 필요가 있다. 행동수정이론에서 제시하는 자녀의 행동수정 과정은 다음의 4단계를 거친다.

〈표 8-1〉 행동수정의 4단계

행동수정 절차	내용
1단계: 목표행동의 선정과 관찰	• 수정하고자 하는 목표행동을 선정하고 정의를 내리기 위해서 자녀의 행동을 관찰하여 행동이 발생하는 상황 파악 • 구체적이고 관찰할 수 있는 행동으로 표현
2단계: 기초 자료 수집	• 목표행동을 이해하여 효과적으로 수정하기 위한 최선의 방법으로 정확히 관찰하고 기록 • 목표행동의 빈도, 지속성, 강도 등을 객관적으로 기록

행동수정 절차	내용
3단계: 목표행동의 지도방법 및 계획의 설정	• 목표행동이 발생하는 장소, 목표행동을 일으키는 선행자극과 행동 자체, 행동이 발생한 다음에 따라오는 후속자극에 대해 분석 • 목표행동을 변화시키기 위하여 어떤 원리와 방법을 사용할 것인지를 정하는 과정
4단계: 행동지도의 실천과 결과 평가	• 계획한대로 철저히 시행 • 실천의 과정에서도 계속적으로 관찰하여 사용한 방법이 효과가 있었는지 평가

3. 부모교육 프로그램의 적용

행동수정이론 부모교육도 다른 부모교육 프로그램과 같이 집단 형태를 활용한다. 부모들이 구체적인 행동기법을 익혀서 적용하는데 초점이 있기 때문에 이들 집단은 항상 강사 중심이다. 부모교육 프로그램의 내용은 워크북, 퀴즈, 행동기법을 적용한 부모들의 매주 경험 교환 등을 포함한다. 강사가 정보의 주요 원천인 경우도 있고 자습 교재 또는 프로그램 자습 교재가 널리 활용되기도 한다(김경미, 1986).

제9장

효율적인 부모역할 수행을 위한 체계적 훈련(STEP)

효율적인 부모역할 수행을 위한 체계적 훈련 프로그램(Systematic Training for Effective Parenting)은 아들러(Adler)와 드레이커스(Dreikurs) 등의 이론을 기초로 딩크마이어(Dinkmeyer)와 맥케이(Mckay)가 개발한 종합적이고 단계적인 부모교육 프로그램이다. STEP 프로그램은 민주적인 가정 분위기를 바탕으로 부모와 자녀가 상호존중하고 자녀들이 스스로 결정하며 행동할 수 있는 기회를 주어야 한다고 본다. 따라서 부모로 하여금 자녀양육의 방법과 결과를 알게 하여 책임있는 자녀양육과 만족감을 느끼게 함으로써 민주사회에서 자녀양육을 바람직하게 할 수 있는 방법을 제시하였다.

1. 교육 목표

STEP이론의 목적은 민주적 부모교육 이론에 근거하여 부모의 자녀 양육 기술을 향상시키고 사회적으로 책임감있는 자녀를 양육하는데 있다(김원주, 2010). 구체적인 목표는 다음과 같다(김현주, 손은경, 신혜영, 2013).

- 부모 자신에 대한 이해와 자녀의 잘못된 행동에 대한 이해를 돕는다.
- 자녀의 노력을 격려해 줌으로써 자녀에게 자신감을 갖게 한다
- 한 인간으로서 자녀를 존중하는 의사소통 방식을 익히도록 한다.
- 자연적 · 논리적 결과의 방법을 사용하여 자신의 행동 결과에 대한 책임감과

판단력을 갖도록 돕는다.

• 부모-자녀 간 상호존중에 근거하여 민주적 관계를 형성함으로써 자녀가 자신의 문제를 스스로 해결할 수 있도록 돕는다.

2. STEP 프로그램의 내용

STEP 프로그램은 1회 2시간씩 9주 동안 10~12명 정도의 부모를 대상으로 진행한다. 교재는 교사용 지침서와 부모용 지침서를 사용하여 토론하기, 경험 나누기, 역할놀이, 평가와 같은 방법으로 이루어진다(윤미경, 2015).

STEP 프로그램의 9주간의 교육 내용은 부모에게 요구되는 양육원리와 기술을 습득하게 하는 부모능력 향상을 위한 내용과 유아의 긍정적인 행동목표가 초점이 된 유아의 행동발달을 위한 내용으로 나누어진다. 구체적인 내용은 다음과 같다.

〈표 9-1〉 STEP 프로그램의 내용

주간	주제	부모가 지켜야 할 항동	목표
1	• 유아의 행동과 잘못된 행동 이해하기 • 잘못된 행동의 네 가지 목표 : 관심, 권력, 보복, 부적절성	• 상호 존중하기 • 시간내어 재미있게 보내기 • 용기를 주기 • 사랑으로 의사소통하기	• 부모와 자녀는 사회적으로 공평함을 이해하기 • 자녀의 행동 이해하기
2	• 부모로서 자신과 자녀를 더 많이 이해하기 – 감정이입 이해하기 – 생활형태 이해하기 – 좋은 부모란?	• 가족의 분위기 형성과 가치를 알도록 노력하기 • 부모역할 바르게 이해시키기 • 가족구성원의 입장 이해하기	• 자녀훈련 방법 익히기 • 좋은 부모 되기 • 자신감과 독립성 키워주기
3	• 용기주기: 자녀에게 자신감과 가치 있는 느낌 넣어주기 – 학업성취에 높은 기대 갖지 않기 – 형제간에 경쟁심 없애기	• 자녀의 현재 그대로의 상태를 수용하기 • 긍정적인 태도를 보0 기 • 칭찬보다는 용기를 주기 • 자녀에 대한 신뢰감 갖기	• 용기를 줄 수 있는 특별한 언어 사용하기

주간	주제	부모가 지켜야 할 행동	목표
4	• 의사소통: 자녀의 이야기를 어떻게 들어줄 것인가? – 명령, 판단, 비판, 도덕가	• 효과적인 경청 • 반영적인 경청 • 감정을 이해할 수 있는 단어 사용하기	• 비언어적 메시지에 반응하기
5	• 의사소통 : 선택 · 탐색과 당신의 생각과 감정을 자녀에게 표현하기 – 유아의 기분을 이해하기 – 생각을 짜내어 문제 해결하기 – 선택하도록 도와주기	• 나–메시지 사용하기 • 자녀의 가치를 존중하기	• 문제를 누가 가지고 있는지를 파악하기
6	• 자연적 · 논리적 귀결: 훈육 방법으로 책임감을 발달시키기 – 보상과 벌 – 일관성 있는 부모 행동하기 – 책임감 분담하기 – 문제 소지자 파악하기	• 개방적인 태도 보이기 • 목소리를 다정하게 하면서도 단호하게 표현하기 • 잘못된 행동에 대하여 논리적으로 사고하여 스스로 결론을 내리도록 하기	• 자연적 · 논리적 귀결 사용법 익히기 • 논리적 귀결의 단계 적용하기 • 자신의 행동에 대한 결과 알게 하기
7	• 자연적 · 논리적 귀결의 적용과 다른 문제들 – 강의, 수치심, 명령, 회상	• 자녀의 권리 존중하기 • 집안일을 분담시키고 함께 논리적 귀결을 사용하기	• 부여된 권리와 의무를 느끼도록 하기 • 자신의 일을 논리적 사고를 통해 스스로 처리하게 하기
8	• 가족 모임 – 신념, 가치관, 불평, 의문, 질문, 제안	• 시간을 일정하게 정하기 • 오락시간을 갖도록 하기 • 가족 모두가 참석할 수 있는 시간으로 계획하기	• 나–메시지를 사용하여 가족 구성원이 솔직한 의사소통하기 • 재미있는 시간으로 지내도록 하기
9	• 자신감 발달과 잠재력 사용하기 – 잘못된 자녀의 행동 대처하기 – 부모행동 변하기	• 긍정적인 태도 보이기 • 상호적 존중심 나타내기 • 부모 자신의 실수 인정하기	• 나–메시지를 사용하기 • 논리적 귀결 사용하기

[출처 : 김영옥(2012). 부모교육. 공동체. pp. 291-292.]

부모-자녀 간의 민주적이고 긍정적인 관계를 효과적으로 형성하기 위해서는 부모-자녀 간에 상호존중하기, 자녀에게 격려와 용기주기, 가족 전체가 함께 즐거운 시간 보내기, 그리고 구체적인 행동이나 언어로 사랑표현하기의 네 가지 요소가 필수적이다(윤미경, 2015).

- 상호존중하기: 인간관계에서 대부분의 문제는 서로 존중하지 않기 때문에 일어난다. 특히 부모-자녀 간의 원만한 인간관계를 유지하기 위해서는 자녀가 부모를 존경하고 부모 역시 자녀에게 남을 존중할 수 있는 태도를 가르쳐야 한다.

- 격려와 용기 주기: 부모는 자녀를 신뢰하고 자녀 스스로 '나는 능력있다'고 느낄 수 있게끔 계속적인 격려와 용기를 주어야 한다. 그러나 무조건적인 격려와 용기를 주는 것은 바람직하지 않고 자녀의 잘못된 행동에 대해서 자녀 스스로 인정하고 평가하도록 격려하는 것이 바람직하다.

- 즐거운 시간 갖기: 부모-자녀 관계가 원만하고 성숙한 인간관계가 되기 위해서는 가족 모두가 참여하여 서로 즐거운 시간을 보내는 것이 중요하다. 따라서 부모와 자녀가 즐길 수 있는 일을 매일 잠깐이라도 가족 전체가 함께 하면서 즐거운 시간을 보내도록 해야 한다.

- 사랑표현하기: 모든 부모는 자녀를 사랑한다. 그러나 부모들이 아무리 자녀를 사랑한다 해도 자녀들은 구체적인 행동이나 언어로 확인하고 느껴야만 정서적 안정감을 갖게 된다. 부모로부터 사랑받고 있다는 것을 확인할 때 자녀의 건전한 성장이 가능하다.

3. STEP 프로그램의 방법 및 전략

STEP 프로그램에서 활용되는 교육방법은 부모가 기본원리와 교육내용 및 방법을 학습하고 토의 및 실습에 참여하는 것이다. 무엇보다도 대화의 기법을 개발하고 환경을 계획하며 부모 자신과 유아를 변화시키는 기술을 강조하는데 5가지 기본적 기술은 다음과 같다.

1) 의사소통을 위한 대화 기술

자녀와의 긍정적인 관계를 유지하기 위해서는 효율적인 의사소통을 통해 자녀가 경험하는 세계와 감정, 자녀의 행동이 부모에게 어떻게 영향을 미치는가에 대해 이야기를 나누는 것이 필요하다. 이를 위한 대화기법은 효과적으로 말하기 기법과 효과적으로 듣기 기법으로 구분되어 실시된다. 말하기 기법은 자녀의 행동에 대한 설명, 행동으로 기인된 감정에 대한 설명을 통해 자녀의 가치와 존중을 나타내는 언어를 사용하는 기법이다. 말하기 기법에는 나-전달법, 동등수준의 대화, 부모 메시지 등이 있으며, 이것은 자녀의 행동에 대한 부모 자신의 느낌을 정직하게 표현하는 기술을 말한다. 듣기 기법은 반영적인 경청, 적극적 경청, 감정이입, 그리고 감정이입적 반응 등이 있다.

2) 환경을 계획하는 기술

환경, 특히 가정환경은 부모-자녀 관계를 개선하는 중요한 요인이다. 따라서 가족구성원들이 풍요로운 가정환경이 되도록 공간, 활동, 시간을 설계하고 계획하는 기술이 필요하다. 환경을 계획하는 기술은 가족 모두의 노력이 필요하며 의도적 계획기술이 필요하다. 자녀가 지루해하는 것을 예방하기 위해 풍부한 환경을 조성하고 새로운 자극 상황을 만들어 주는 것을 말한다.

3) 부모 자신의 변화 기술

부모-자녀 간에 원만한 관계가 이루어지기 위해서는 부모 자신도 변화해야 한다. 부모들이 자녀가 할 수 있는 것과 할 수 없는 것에 대한 현실적인 태도를 발달시키도록 자녀의 발달단계에 따른 부모 기대 그리고 발달단계에 따른 자녀의 이해 등에 관해 올바르게 인식하도록 하는 일이다.

4) 자녀를 변화시키는 기술

STEP 프로그램에서는 자녀를 훈육하는 방법으로 자연적 귀결이나 논리적 귀결 방법을 활용하여 자녀가 책임감을 갖도록 변화시키는 기법을 사용하도록 권장한다.

5) 가족문제 해결의 기술

가족문제해결기술은 가족 내에서 발생한 문제를 체계적으로 해결하는 과정과 관련된 기법으로, 대개는 고든(Gordon)이 주장한 무승부법과 드레이커스(Dreikurs)의 가족상담 기법이 사용된다. 가족문제를 해결하는 과정은 문제에 대한 세심하고 주의깊은 묘사로 시작하여 여러 가지 대안의 해결책이 나오게 되며, 그 중 가장 적절한 해결책이 선택되고 실행 · 평가된다. 만약 문제가 해결되지 않는다면 그 해결책에 대해 재정의해 보거나 다른 해결책이 선택된다(정선미, 2013).

토론해 보세요!

다음의 사례에 부모가 적용할 수 있는 방법을 앞서 학습한 부모교육 이론에서 찾아 정리해 보세요.

〈사례〉 정리 · 정돈을 안 하는 자녀

제3부

부모교육의 실제

학습목표

- 영유아교육기관에서 실시하는 다양한 부모교육 프로그램의 유형과 내용을 이해한다.
- 부모교육 프로그램의 유형에 따른 운영 내용 및 방법을 이해한다.
- 부모교육 프로그램 운영을 위한 절차를 수립하고 실시할 수 있다.

제10장

부모교육의 효과적 운영 및 전략

1. 부모교육의 운영

1) 부모교육 프로그램의 계획

유아교육기관에서 실시하는 부모교육의 목적은 21세기를 살아갈 자녀의 양육과 교육을 보다 잘 해내려는 부모들의 필요를 충족시켜 주어 부모들이 자신감을 갖고 적극적이고 유능한 부모역할을 수행할 수 있도록 돕는 것이다(정계숙 외, 2014).

이를 위해 유아교육기관은 책임감을 갖고 부모들의 요구를 파악하고 그에 맞는 부모교육 프로그램을 체계적이고 적극적으로 실시해야 한다.

오늘날 가족의 형태와 요구가 다양해짐에 따라 유아교육기관에서 부모교육을 계획할 때는 다음과 같은 점을 고려하여 실시해야 한다(김진영 외, 2013).

- 의사소통 방법의 다양화: 유아교육기관과 가정의 의사소통은 과거의 가정통신문, 상담 등의 방법에서 더 나아가 IT의 발달로 홈페이지, 전자메일, 스마트폰의 어플리케이션 등으로 다양화되고 있다. 유아교육기관의 특징, 지역사회의 문화, 부모의 특성, 시대의 변화에 따라 다양한 형태로 의사소통이 이루어질 수 있다.
- 적극적인 부모교육: 과거와는 달리 유아교육기관과 가정의 관계가 동반자적 관계로 변화함에 따라 강의, 워크숍 이외에 운영위원회 참여 등 보다 적극적인

부모의 참여를 장려하는 방향으로 나아가야 한다.

- **개별화되는 부모교육**: 부모의 상황과 요구가 다양해짐에 따라 모든 부모가 동일한 부모교육을 받아야 한다는 생각에도 변화가 요구된다. 따라서 모든 부모가 참석해야 하는 부모교육과 부모의 필요와 요구에 따라 선택할 수 있는 부모교육으로 나누어 운영하는 것이 바람직하다.
- **유아, 교사, 부모에게 의미있는 부모교육**: 부모교육은 유아, 교사, 부모 모두에게 부담을 주지 않도록 계획하는 것이 중요하다. 유아교육기관의 첫 번째 목표는 유아를 교육하는 것인만큼 지나친 부모교육에 대한 계획으로 부담을 주어서는 안 된다. 유아에게 반복적인 연습을 시켜 부모 앞에서 공연을 하게 하는 재롱잔치나 특정한 내용을 암기하여 발표시키는 발표회, 한 가지 활동만을 집중적으로 준비하여 부모에게 보여주는 작품 전시회 등의 활동은 지양되어야 한다.
- **교육과정과 통합된 부모교육**: 부모교육을 교육 프로그램과 분리된 행사로 계획하기 보다는 기관의 교육활동과 통합하여 계획하는 것이 필요하다. 교육활동을 완성된 형태로 보여주려고 하기 보다는 영유아들의 활동과정에 부모들이 참여하고 같이 구성해 나갈 수 있는 기회를 공유하는 것이 필요하다. 또한, 활동과정에서 생겨난 자연스러운 기록을 전시하여 부모들이 언제든지 자녀들의 활동과정을 볼 수 있도록 배려하는 것이 중요하다.
- **지역사회와 함께 하는 부모교육**: 맞벌이 가족이 증가하면서 이제 양육은 가정만이 아닌 사회의 영역이 되어 지역사회가 함께하는 부모의 역할이 요구되고 있다. 지역사회의 자원을 적절히 활용하고 지역사회에 봉사를 할 수 있는 부모교육 프로그램을 운영하는 것이 바람직하다.

부모교육을 운영할 때는 영유아교육 프로그램과 마찬가지로 계획-실행-평가 단계를 거쳐서 운영한다. 부모교육 프로그램 계획의 첫 시작은 연간 부모교육 계획을 수립하면서 시작된다. 유아교육기관에서 부모들은 최소 1년부터 최대 7년의 기간을 한 기관에서 보내게 되므로 부모교육 운영에 대한 장 · 단기 목표를 설정하고 그에 따른 구체적인 실천방안을 마련하여 단계적이고 일관성있게 추진될 수 있도록 연간부모교육 운영 계획을 수립해야 한다(정계숙 외, 2014).

연간 부모교육을 계획할 때는 교육 내용, 교육 대상, 교육 유형, 실시 시기 등을 계획한다. 유아교육기관에서 부모교육 프로그램을 운영할 때 다룰 수 있는 내용은 다음과 같다(김영옥, 2012, p. 17).

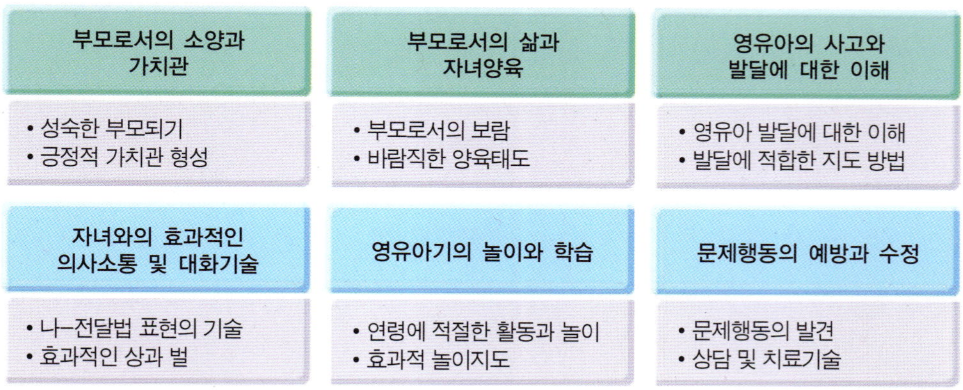

[그림 10-1] 부모교육의 내용

연간부모교육계획을 수립하기 위해 부모교육에 대한 부모의 요구를 조사할 때는 자녀에 대한 부모의 인식 및 행동과 관련된 요구, 부모 자신에 대한 요구, 프로그램 운영 방식에 대한 요구 등 다양한 정보를 조사할 수 있다. 그러나 다양한 측면에 대한 전반적인 조사를 하기 보다는 강연을 위한 주제나 부모 모임의 횟수, 부모모임에 적합한 요일이나 시간 등 유아교육기관에서 실시할 부모교육 프로그램에 필요한 정보를 취사선택하여 한정적인 내용에 국한해서 조사하는 것이 바람직하다. 원아조사서 등을 통해 알아낼 수 있는 사항이나 수입, 학력 등 부모가 민감하게 여길 수 있는 정보 등은 꼭 필요한 경우가 아니면 묻지 않아야 한다(김희진, 2012).

부모교육에 대한 요구조사와 더불어 전년도 부모교육 프로그램에 대한 부모와 기관의 평가 결과를 반영하여 연간부모교육 계획의 내용과 방법을 마련할 수 있다. 또한 부모면담, 참관, 참여수업, 운동회와 같은 행사, 워크숍 등 다양한 유형의 프로그램들이 골고루 포함될 수 있도록 계획한다. 연간부모교육 프로그램의 예는 다음과 같다.

〈표 10-1〉 연간부모교육 프로그램 예시

시기		부모교육 프로그램
2월	3주	학부모 오리엔테이션
3월	2주	부모수업참관
	4주	제 1차 부모 면담
4월	1주	제 1차 부모운영위원회
	3주	강연회
5월	1주	가족의 날
6월	1주	부모참여수업
7월	1주	제 2차 부모운영위원회
	2주	워크숍
8월 여름방학		
9월	1주	제 3차 부모운영위원회
	3주	부모수업참관
10월	2주	가을 운동회
11월	2주	제 2차 부모 면담
12월	1주	워크숍
1월	4주	제 4차 부모운영위원회

연간 부모교육 프로그램이 수립되면, 예정된 일정에 따라서 부모교육 프로그램을 준비한다. 회의를 통해 프로그램의 세부 내용이 결정되면 준비해야 할 내용들을 목록화하고 교사의 업무분장을 통해 효율적으로 일을 진행한다. 부모에게는 한 달 전에 부모교육 일시를 공지하고 행사 2~3주 전에 구체적인 프로그램 내용과 일정에 대한 안내를 제공하여 부모들이 적극적으로 참여할 수 있도록 한다.

부모교육 프로그램의 계획 단계에서 해야 할 주요 내용을 정리하면 다음과 같다.

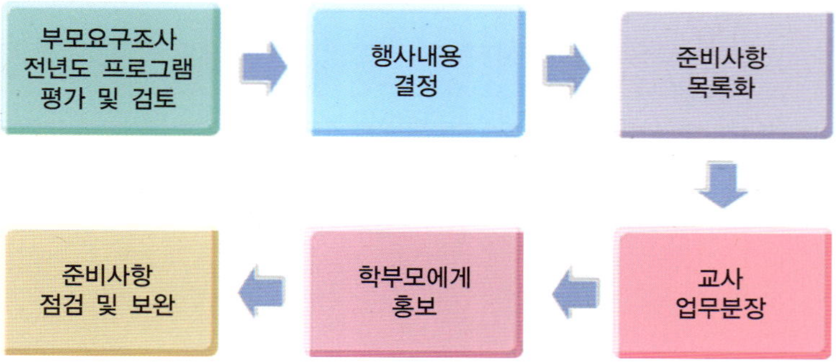

[그림 10-2] 부모교육 프로그램 계획

계획한 부모교육 프로그램이 아무리 좋은 내용을 담고 있더라도 영유아교사와 영유아에게 지나친 업무 부담을 주어서는 안되므로 실천 가능한 범위 내에서 프로그램을 계획하도록 한다.

2) 부모교육 프로그램의 진행 및 평가

부모교육 프로그램의 운영은 사전에 협의된 계획에 따라 진행한다. 이때, 부모들을 위한 편의를 제공하고 시간을 지켜서 프로그램을 진행하되 융통성있게 운영한다.

부모교육 프로그램이 진행되고 나면 유아교육 프로그램과 마찬가지로 평가를 실시한다. 부모교육 프로그램 평가의 목적은 프로그램의 목표가 달성되었는지 알아볼 뿐만 아니라 추후 프로그램을 개선하는 방안을 마련하는데 있다. 또한 적절히 시행된 평가를 통해 참여자가 성장할 수 있는 기회를 가질 수 있다.

부모교육 프로그램의 평가는 교사와 부모뿐 아니라 유아나 외부 인사 등 참여자 모두에게 실시할 수 있다. 부모교육 프로그램 평가는 진행과정이 어떠하였는지 파악하는 과정평가와 목표 달성 여부를 파악하기 위한 결과 평가로 나누어서 진행할 수 있다. 과정평가는 부모교육 프로그램 요구조사, 홍보 방법, 목표, 내용, 진행자, 진행, 예산, 서비스, 평가 등 부모교육 프로그램의 계획, 진행, 평가 단계 등 전반적인 영역을 평가한다.

〈표 10-2〉 과정평가에 포함될 수 있는 내용

활동 분야	활용 방법
요구 조사	• 요구 조사의 문항이 적절하였는가? • 다양한 특성을 가진 부모의 요구를 파악하는데 적절하였는가? • 이해하기 쉬운 용어로 구성되었는가? • 응답하기 쉽게 구성되었는가?
모집	• 모집을 위한 홍보 전략이 적절하였는가? • 1가지 이상의 다양한 방법으로 홍보하였는가? • 프로그램의 목적, 내용, 방법이 잘 반영된 홍보 내용이었는가? • 매력적으로 구성된 홍보였는가? • 출석률 또는 참여율은 어떠하였는가? • 지각률은 어떠하였는가? • 어떤 특성을 가진 부모들이 불참하거나 지각하였는가? 개선할 수 있는 방법은 무엇인가?
목표	• 부모의 요구가 반영된 목표였는가? • 전문가의 관점에서 부모에게 필요한 지원이 반영된 목표였는가? • 부모와 전문가의 요구가 조화된 목표였는가? • 달성할 수 있는 현실적인 목표였는가? • 부모로서의 부모와 개인으로서의 부모 모두를 지원할 수 있는 목표였는가? • 어떤 목표가 달성되지 않았는가? 그 이유는 무엇인가? 개선할 수 있는 방법은 무엇인가?
내용	• 부모의 요구가 반영된 내용이었는가? • 목표가 달성될 수 있는 내용이었는가? • 부모를 지원하고 궁극적으로 자녀의 교육과 양육을 지원하는 내용이었는가? • 부모의 태도/신념, 지식/정보, 기술/전략을 고루 지원할 수 있는 내용이었는가? • 부모의 특성이나 수준에 적절한 내용이었는가? • 어떤 내용이 부적절하였는가? 어떤 이유에서 부적절하였는가? 개선할 수 있는 방법은 무엇인가?
진행자	• 부모가 편안해 하는 진행자였는가? • 부모의 특성과 수준을 고려하는 진행자였는가? • 선정된 내용이 전달되도록 진행하였는가? • 부모의 흥미를 끌게 진행하였는가? • 부모의 반응과 질문을 적절히 수용하며 진행하였는가? • 준비가 필요한 진행자의 경우 적절한 훈련과 준비가 되었는가? • 진행자가 부적절하였다면 어떤 측면에서 부적절하였는가? 개선할 수 있는 방법은 무엇인가?
진행	• 교수-학습 방법은 목표 및 내용 달성과 부모의 특성에 적절하였는가? • 교수 매체의 선정은 내용을 전달하기에 적절하였는가? • 다양한 교수-학습 방법과 교수 매체가 적절히 사용되었는가? • 프로그램이 실시된 시간은 적절하였는가? • 프로그램의 길이는 적절하였는가?

활동 분야	활용 방법
진행	• 프로그램이 실시된 환경은 적절하였는가? • 진행이 부적절하였다면 어떤 측면에서 부적절하였는가? 개선할 수 있는 방법은 무엇인가?
예산	• 인적 자원에 대한 예산은 적절하였는가? • 음식에 대한 예산은 적절하였는가? • 자료나 재료에 대한 예산은 적절하였는가? • 기타(예: 교통편)에 대한 예산은 적절하였는가?
서비스	• 음식(예: 간식)이 적절하였는가? • 결석이나 지각을 줄이고, 참여자 간의 관계를 좋게 하기 위해 사용된 게임이나 상품이 적절하였는가? • 부가적으로 제공된 서비스(예: 자녀 돌보기, 교통편 제공)이 적절하였는가? • 서비스가 부적절하였다면 어떤 측면에서 부적절하였는가? 개선할 수 있는 방법은 무엇인가?
평가	• 결과 평가에 적절한 항목이었는가? • 과정 평가에 필요한 항목이 모두 포함되었는가? • 평가 결과가 개선에 활용되었는가? • 다양한 관점(예: 부모, 진행자, 교사 등)에서 평가 되었는가? • 평가 항목의 문항 수가 적절하였는가? • 평가에 지나치게 많은 시간과 노력이 투입되지는 않았는가?

[출처 : 김희진(2012). 「유아교육기관에서의 부모교육과 지원」. 서울: 파란마음. pp. 301-302.]

이에 비해 결과 평가는 부모교육 프로그램 목표에 근거하여 부모들이 향상되었는지를 스스로 평가하도록 한다. 결과평가를 위한 평가 설문지의 예시는 [그림 10-3]과 같다.

평가 방법은 공식적인 기록, 설문지, 관찰, 토론, 개인적인 의견 등을 활용할 수 있는데 다양한 방법을 활용해서 평가를 위한 자료를 수집하도록 노력해야 한다. 평가는 각 프로그램이 종료된 후와 연간 프로그램이 종료된 후에 실시되는데 평가가 추가적인 부담이 되지 않도록 일정과 방법, 내용을 조정하는 지혜가 필요하다.

프로그램을 종료한 후에는 게시판, 홈페이지 등을 통해 부모교육 프로그램 사진이나 동영상 등을 공유하여 부모들의 참여를 격려할 수 있다.

'우리 아이 영양 간식 만들기' 워크숍 학부모 평가지

바쁘신 가운데도 '우리 아이 영양 간식 만들기' 워크숍에 참석해 주셔서 감사드립니다. 이후에 더 나은 워크숍 프로그램을 준비하고자 설문조사를 하고자 합니다. 아래의 문항을 읽어보시고 오늘 워크숍에 대한 평가를 해주시기 바랍니다.

앞으로도 부모님들의 의견을 반영하여 더욱 유익하고 알찬 워크숍을 준비하겠습니다.

* 응답자: 어머니 ( ), 아버지( ), 기타(/유아와의 관계:)

1. 아래의 내용을 읽고 해당 칸에 O로 표시해 주세요.

내용	만족함	보통	미흡함
워크숍의 주제는 어느 정도 만족하십니까?			
워크숍의 내용은 어느 정도 만족하십니까?			
워크숍을 실시한 시간은 적절하였습니까?			
워크숍을 실시한 장소는 적절하였습니까?			
워크숍을 실시한 강사는 적절하였습니까?			

2. 이번 워크숍을 통해 느끼신 점이나 건의사항이 있다면 적어주세요.

3. 워크숍 이후 더 알아보고 싶으신 것이 있으셨다면 적어주세요.

설문에 응답해 주셔서 감사합니다.

[그림 10-3] 평가설문지의 예

2. 부모교육의 효과적 운영을 위한 전략

영유아, 교사, 부모에게 모두 유익하고 효과적인 부모교육 프로그램을 운영하기 위하여 사용할 수 있는 전략은 다음과 같다(정계숙 외, 2014).

1) 계획단계에서부터 부모 참여시키기

유아교육기관 중심의 부모교육을 실시함에 있어 부모의 낮은 참여율과 중간 탈락률은 기관에서 실시되는 부모교육 프로그램 운영에 있어 어려운 점으로 지적되고 있다. 부모의 참여를 유도하기 위해 부모의 요구와 프로그램이 서로 조화를 이루는지 검토해야 한다. 이는 부모가 기대하는 것을 프로그램에서 얻지 못 하거나 기대한 변화와 진전이 없을 경우 좌절하여 포기하기 쉽기 때문이다.

2) 지속적인 홍보하기

부모교육 프로그램에 부모들의 참석률을 높이기 위하여 2~3회의 가정통신문을 발송할 뿐만 아니라 유아교육기관의 홈페이지, 부모의 메일 등을 통해 지속적으로 홍보한다. 또한 당일에 휴대전화의 문자서비스를 보내거나 영유아의 개별적인 전달사항을 위해 전화 접촉이 이루어질 때 다시 한번 모임에 대한 안내와 참여를 독려해야 한다. 아울러 참여에 영향을 미치는 요인을 파악한 후 해결방안을 마련하여 홍보해 주어야 한다. 부모교육 참석이 용이한 시간대를 사전에 파악하여 프로그램 운영시 반영하거나 어린 자녀를 위한 별도의 공간을 마련해주는 것과 같이 부모참여의 저해요인을 최대한 해결하려는 노력을 보임으로써 부모들이 더 호응할 수 있도록 노력한다.

3) 프로그램 시작 전 · 후 시간 운영하기

유아교육기관을 방문하는 것에 부담을 가지고 참석하는 부모들을 위해 무거운 심리적 압박 대신 프로그램에 몰입하여 긴장을 풀고 즐겁게 활동에 임하도록 돕는 것이 효과적이다. 따라서 프로그램을 시작하기 전 영유아들이 배우는 노래 부르기, 간단한 게임이나 퀴즈, 레크레이션의 오락적인 요소가 가미되면 편안한 분위기가 조성되어 긴장을 풀도록 배려할 수 있다.

4) 다양한 교수–학습 전략과 매체 사용하기

부모교육 프로그램의 목적과 내용에 따라 다양한 교수-학습 전략과 매체가 적절히 사용되어야 한다. 보다 효율적인 부모교육을 위해 대상 및 내용에 따라 강의와 토론, 역할놀이, 워크숍, 관찰 및 현장학습 등의 효과적인 방법을 총체적으로 활용하고, 적절한 시간 계획을 해야 한다. 또 진행 과정 중에 참여자의 관심과 주의를 지속적으로 유지하기 위해 다양한 교수매체를 사용하는 것이 효과적이다.

5) 자녀들의 학습 결과물이나 검사결과를 부모교육과 연결하기

부모들은 자녀의 능력이나 발달에 관심이 많다. 이러한 특성을 이용하여 자녀들의 학습 결과물을 반별로 전시하고 부모모임이 시작되기 전이나 모임이 끝난 후에 돌아볼 수 있도록 준비한다. 또한 창의성이나 지능 검사, 학습준비도 검사 등을 실시하고 결과에 대한 면담을 계획하면서 관련 주제에 대한 강연회를 계획할 수도 있다.

6) 프로그램 실행 후 평가하기

부모를 위한 프로그램이 진행된 이후 관련 질의 응답시간을 포함하여 참여자들이 프로그램을 평가하는 시간을 갖도록 한다. 참석한 부모 외에 프로그램의 계획자, 진행자, 외부인사, 기관장 등 다양한 관점에서의 평가를 통해 더욱 효과적이며 공정한 평가가 이루어질 수 있도록 한다. 평가결과를 통해 프로그램의 목표가 달성되었는지의 여부와 진행에 대한 개선점 등을 평가하고 다음 모임에 반영하여 더 향상된 프로그램이 진행되도록 한다.

7) 결석한 부모에게 관심 가지기

부모모임이 끝나고 결석한 부모에게 가정통신문을 통하여 프로그램의 내용과 참여 부모의 반응을 알려주거나, 프로그램에서 나누어 준 자료를 가정으로 보내주거나, 홈페이지에 공지하는 등의 방법을 통해 결석한 부모에 대한 배려가 제공되어야 한다.

★ 읽어보세요!

유아교육기관에서의 아버지 참여에 대한 아버지들의 경험과 기대

1. 유아교육기관에서의 아버지 참여 경험

자녀의 유아교육기관 생활에 대한 이해를 돕는 아버지 참여	내 아이가 그 사회 속에서 어떻게 활동하는지를 보게 되니까 안심하게 되는 것 같아요.
자녀의 성장과 발달에 대한 정보를 얻을 수 있는 부모 면담	집에서의 모습과 선생님이 보는 모습이 다르니까 그 부분에 대해서 듣는게 좋았고, 가정에서 고쳐야 할 것이나 잘못하고 있는 부분에 대해 알려주셔서 도움이 되고 가장 좋았던 것 같아요.
몸을 움직이면서 활동할 수 있는 아버지 참여	같이 놀아주고 같이 뛰면 훨씬 재미있어요
선택의 자유가 주어지는 아버지 참여	뭘 특별히 강요하지 않고 자유롭게 한다는 것, 아이들이 부모를 이끌고, 자기가 했던 것을 보여주고, 자기가 할 것, 하고 싶은 것, 해야 할 것들을 자기 주도적으로 하는 모습이 인상적이었어요.

2. 아버지 입장에서 불만족스러운 아버지 참여 경험

보여주기 위한 목적의 행사	아이들의 학습 경험을 부모에게 보여준다는 느낌보다는 어린이집을 홍보하기 위한 보여주기식 참여수업이었어요.
반복되는 비슷한 유형의 참여 활동	연례적으로 하는 것이라서, 이제 할때가 되었네
배려가 부족하고 무리하게 진행되는 행사	행사에 가려면 근무 시간을 조정하거나 미리 휴가를 내고 가야 하는데 2~3주 전에만 미리 이야기해 줘도 좋을텐데...
가르치려는 의도가 담긴 아버지 교육	관심이 없지는 않지만 차라리 그 시간에 애랑 놀아주는게 애한테는 더 좋은게 아닐까 싶고

3. 아버지가 기대하는 유아교육기관에서의 아버지 참여

자녀와의 공감대를 형성하고 추억을 만들 수 있는 아버지 참여	아이들이랑 상대적으로 아빠들은 추억이 많이 없어요
아버지에 대해서 자녀에게 알려줄 수 있는 아버지 참여	원에서 아빠에 대해서 알려주고 아이들과 더 친해질 수 있는 프로그램을 만들어 주면 좋겠어요
지속적이고 진지한 만남이 이루어지는 참여	다른 가족들과도 친분을 나눌 수 있는 기회가 되고 이웃과 이웃을 이어주는 역할을 유치원이 해주면 의미가 있을 것 같아요

[출처 : 배지희, 김신영, 이수영(2016). 유아교육기관에서의 아버지 참여에 대한 아버지들의 경험과 기대. 유아교육연구, 36(2), 271-294.]

제11장

유아교육기관과 가정 간 의사소통

부모와 교사는 유아의 성장과 발달을 위한 공동의 목적을 지니고 있는 동반자이다. 따라서 유아의 발달을 촉진시키기 위해서는 기관과 가정 간에 일관성이 필요하며 이를 위해 유아교육기관과 가정 간의 의사소통은 중요하다(안지혜, 2012).

학부모와의 효율적인 의사소통을 위해서는 교사는 다음과 같은 점을 고려해야 한다(정계숙 외, 2014).

- 자녀에 대한 정보 제공: 대부분의 부모들은 자세한 정보를 수시로 교환할 수 있기를 바란다. 영유아의 문제점뿐만 아니라 긍정적인 성취나 생활에 관한 일반 정보를 제공한다.
- 양방향 소통: 원에서 교육내용 및 안내 정보를 알리거나 받는데 그치지 않고 부모에게 반응하도록 요청하고 교사도 적극적으로 반응을 하여 부모와의 긍정적인 관계를 형성하고 기관과 자녀에 대한 부모의 참여를 격려한다.
- 아버지 및 가족과의 소통: 가족 형태의 다양화와 아버지의 양육 참여에 대한 기대 등 사회적 변화는 어머니뿐만 아니라 아버지, 조부모 등 보다 다양한 양육자와의 소통을 요구하고 있다. 영유아의 주양육자인 다양한 가족구성원과의 소통을 위한 노력을 해야 한다.
- 원장의 리더십: 교사들은 부모와의 갈등이 있을 때 지지해 주고 문제해결을 도와주며 교사와 부모와의 관계에서 균형을 잡아주는 리더를 필요로 한다. 또한 교사의 업무량을 고려하여 합리적인 범위 내에서 의사소통을 할 수 있도록 협

력하는 것이 필요하다.

유아교육기관과 가정 간의 의사소통 방법은 가정통신문, 원아수첩, 게시판, 홈페이지, 스마트폰 등의 간접적인 대면을 통한 의사소통과 상담 등의 직접적인 대면을 통한 의사소통으로 나누어볼 수 있다. 기관과 가정 간의 의사소통에는 서로의 상황과 요구, 의사소통의 내용 등을 고려하여 다양한 의사소통 방법을 사용하는 것이 바람직하다.

1. 가정통신문

부모들에게 기관의 여러 가지 사항을 알리기 위해 가장 많이 사용하는 방법은 가정통신문이다. 가정통신문은 일반적으로 일주일에 한 번이나 한 달에 한 번씩 기관의 소식이나 교육계획안을 알리기 위해 정기적으로 보내기도 하고 특별한 행사나 알려야 할 내용이 있을 때 수시로 보내기도 한다. 정기적인 가정통신문은 모든 유아에게 같은 내용을 보내기도 하지만 약식으로 작성한 메모장 형태의 가정통신문은 특정 유아에게 쪽지나 메모의 형태로 보낼 수도 있다.

다음은 가정통신문에 포함할 수 있는 내용의 예이다.

• 가정통신문 내용
  - 유아교육기관 소식
  - 교육프로그램 안내
  - 행사 안내 및 공지사항
  - 영유아교육에 관한 정보
  - 영유아 일상생활
  - 부모교육 자료
  - 가정의 협조 요청

일반적으로 가정통신문 작성을 위한 내용 구성은 다음 [그림 11-1], [그림 11-2]와 같다.

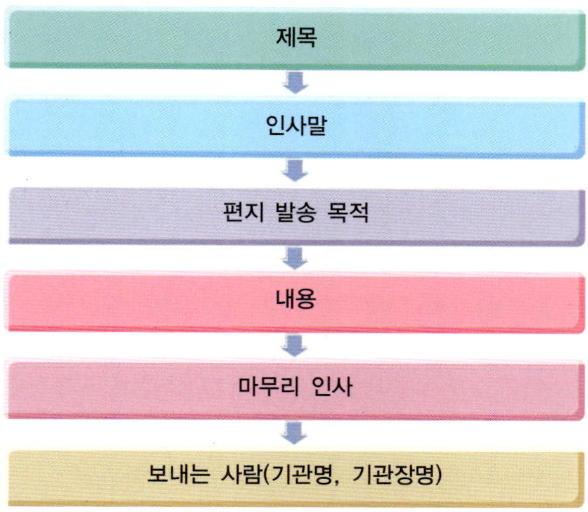

[그림 11-1] 가정통신문의 구성

제목	**토끼반 견학 안내**
인사말	토끼반 학부모님 안녕하세요?
목적	지난 한 달 동안 토끼반 유아들은 음식을 만드는 과정에서 여러 가지 요리 도구를 탐색하고 직접 사용해 보면서 요리 도구를 비롯한 우리 주변의 여러 가지 물건들에 관심을 갖게 되었습니다. 이에 토끼반 유아들과 함께 '서울 유아교육진흥원'을 견학하여 우리 주변의 다양한 도구들을 관찰하고 직접 사용해 봄으로써 '생활 도구'에 대한 유아들의 이해를 돕고자 합니다.
내용	견학에 대한 자세한 내용은 아래의 내용을 참고하시기 바랍니다.
일정	* 일 시 : 2017년 5월 20일 (수) 오전 9시 출발 ~ 오후 3시 도착 예정
장소	* 장 소 : 서울 유아교육진흥원(종로구 사직동소재) 건강 · 안전 / 사회 · 문화 영역

준비물	* 인솔교사 : 담임 교사 OOO, 부담임 교사 OOO, 실습생 OOO * 준 비 물 : 입고 벗기 편한 옷차림, 운동화
유의점	– 견학 장소가 실내인 관계로 우천 시에도 예정대로 출발하오니 유아들의 관리가 편한 우비나 우산을 준비하여 주시기 바랍니다. – 견학 장소의 체험 프로그램 예약 시간 관계로 오전 9시까지 등원 시간을 꼭 지켜 주시기 바랍니다. – 오전·오후 간식과 점심식사는 유치원에서 제공합니다. – 견학 장소에 대한 자세한 정보는 인터넷 홈페이지 'www.seoul-i.go.kr'이나 추후 학부모 게시판을 참고하시기 바랍니다.
마무리 인사	아이들의 성장과 발전을 위해 항상 원에 협조해주시는 학부모님께 감사드립니다.
보내는 사람	2017년 5월 13일 토끼반 교사 OOO

[그림 11-2] 가정통신문 내용 구성의 예: 견학 안내

가정통신문의 인사말은 계절 등을 고려하여 간단히 작성하고 발송목적 및 내용과 같은 핵심 내용이 잘 전달되도록 초점을 두어 작성한다(성영화, 김근희, 김민화, 2014).

가정통신문은 서면으로 하는 의사소통이므로 특히 맞춤법에 유의해야 한다. 사전과 무료 맞춤법 검사기 사이트를 통하여 작성된 가정통신문을 점검할 수 있다. 그 밖에도 가정통신문을 작성할 때는 다음과 같은 사항을 유의해야 한다(김희진, 2012).

• 전달하고자 하는 정보와 협조 요청의 내용이 모두 포함되게 작성한다.
가정통신문을 읽는 부모의 입장에서 어떤 정보를 필요로 하는지 생각해 본 후 내용을 작성한다. 예를 들어, 견학 등의 야외 활동 시, 위치 및 주소, 전화번호, 인솔 교사, 준비물 등 구체적인 정보를 제공한다(성영화 외, 2014).

- 가정통신문을 통해 협조를 요청할 때는 협조의 목적과 교육적 의의 또는 당위성을 설득력있게 제시한다.
  가정통신문을 통해 교육활동을 위한 자료 제공 요청, 자원 봉사자 모집, 행사 시 협조 요청 등을 할 수 있다. 협조를 요청할 때는 무엇이 필요한지 뿐만 아니라 왜 필요한지를 부모가 이해할 수 있게 제시한다.
- 부모에게 정보가 쉽게 전달될 수 있는 방식으로 작성한다.
  부모에게 효율적으로 정보를 전달하기 위해서는 글씨체, 글씨 크기, 내용의 조직, 사용된 삽화 등이 적절해야 하고, 사용된 문장이나 용어의 난이도를 고려해야 한다. 부모들은 화려한 편집보다는 읽기에 적절한 편집 양식을 선호하였는데 중요한 부분을 글자색의 변화, 글자의 굵기와 크기 변화, 밑줄 등을 통해 강조하기를 원하였으며 지나친 삽화의 사용은 자제하기를 원하였다(성영화 외, 2014).

가정통신문의 내용구성은 전달하고자 하는 목적에 따라 편집양식을 다양하게 할 수 있다. 견학이나 행사 안내 등 순서가 드러나는 글은 표를 활용하여 일정별 내용을 일목요연하게 정리하고, 교육상황을 알리는 사진 등을 활용하여 내용이 한눈에 들어오도록 작성한다. 무엇보다 가정통신문에서 전달하고자 하는 핵심이 잘 드러나도록 간결하고 명확하게 편집한다.

가 정 통 신 문

학부모님 안녕하십니까?

뜨겁던 여름이 지나고 높고 푸른 하늘과 상쾌한 바람으로 나들이하기 좋은 가을이 왔습니다. 가을을 맞이하여 온 가족이 마음껏 뛰고 즐기며 즐거운 추억을 만들 수 있는 '**가을 운동회**'를 아래와 같이 개최하고자 합니다.

참가동의서를 보내드리오니 아래의 내용을 읽어보신 후 작성하시어 **9월 1일(금)까지** 원으로 보내주시기 바랍니다. 항상 저희 원에 깊은 관심과 사랑을 주시는 학부모님들의 협조에 감사드립니다.

- 아 래 -

일시	2017년 10월 7일(토) 오전 10시 30분 ~ 오후 2시
장소	OO 초등학교 운동장
대상	OO 유치원에 재원중인 전체 원아 및 가족
프로그램	1. 놀이마당(10:30 - 12:00) 가족 장기자랑, 사진 찍기, 가면 꾸미기, 카프라, 굴렁쇠, 널뛰기, 제기차기, 사방치기, 장구, 움직이는 농구대, 림보, 소 먹이 주기, 축구, 깡통 스트라이크 2. 점심식사(12:00 - 13:00) 3. 다 같이(13:00 - 14:00) 반별로 춤추기, 장애물 경기(과자 따먹기), 할아버지・할머니와 함께, 줄다리기, 다 함께 춤을

* 당일 오전 8시를 기준으로 우천 시, 10월 14일 토요일로 행사가 연기됩니다.

2017년 8월 29일
OO 유치원장

------------------절----취----선-------------

가을운동회 참가 신청서

반: 이름:

가을운동회 참여 여부와 참가하는 가족 인원수를 알려 주세요

참여합니다.	참여하지 않습니다.
( )명 참여합니다.	

[그림 11-3] 가정통신문 작성의 예: 행사 안내

❤ 다음의 내용으로 가정통신문을 작성해 보세요.

- 대상학급 : 만 4세
- 활동주제 : 동물
- 발송목적 : 조형활동에 필요한 재활용품 요청

제목	
인사말	
목적	
내용	
유의점	
마무리 인사	
보내는 사람	

2. 게시판

대부분의 유아교육기관에서는 출입구 가까운 곳에 부모를 위한 각종 정보를 제공하는 게시판을 마련하고 있다. 부모는 게시판을 통해 원의 교육철학, 행사 안내, 교육계획안, 각종 공지사항 등 유아의 원내 생활에 대한 여러 가지 정보를 얻을 수 있다. 이에 유아교육기관에서는 원내 게시판에 공지할 사항이나 기관의 행사, 또는 부모를 위한 여러 가지 육아정보, 유아들의 사진이나 작품 등을 다양하게 전시할 수 있다.

[그림 11-4] 학부모에게 교육정보를 전달하는 게시판의 예

따라서 게시판의 내용이나 형태는 학부모와 의사소통하고자 하는 내용이나 목적에 따라 다양하게 제작될 수 있다. 게시판 구성 시 고려할 점은 다음과 같다.

- 의사소통하고자 하는 목적에 따라 내용과 제작 양식을 적절히 선택한다.

학부모와 의사소통이 필요한 상황에 따라 게시판의 형태를 협의하여 제작한다. 예를 들어 학부모의 투약의뢰가 필요한 경우, 약품이 실물로 전달되어야 하므로 유아 개인별로 약품을 담을 수 있는 공간을 마련하고 투약의뢰서와 보고서가 정확히 전달되도록 서류를 함께 준비한다. 혹은 면담신청을 해야 하는 경우, 학부모가 편한 시간대를 직접 선택할 수 있도록 게시판에 관련 내용과 함께 신청서와 필기 도구를 비치한다.

[그림 11-5] 투약의뢰 및 신청서 작성을 위한 의사소통 공간구성의 예

• 부모에게 교육정보가 쉽게 전달될 수 있는 형태로 구성한다.

가정통신문과 마찬가지로 게시판에 학급의 교육상황 등 부모에게 효율적으로 정보를 전달하기 위해서 사진, 표, 그림 등 보기 좋은 형태로 구성하고 글씨 크기나 문장 형태 등의 난이도를 고려하여 작성한다. 특히, 게시판에 유아들의 사진이나 작품을 전시하는 경우 모든 유아들이 골고루 게시될 수 있도록 배려한다.

[그림 11-6] 게시판의 예: 주제 진행 상황 안내

• 게시 자료는 최근의 자료로 수시로 교체하여야 한다.

게시자료는 정기적으로 교체해 주거나 최근 자료를 게시하여 부모들에게 유용한 정보를 제공한다.

3. 홈페이지

유아교육기관에서 인터넷 홈페이지의 활용은 대외적으로 유아교육기관에 대한 홍보가 가능하고 시간과 공간의 제약을 받지 않으며 부모와의 의사소통이 가능할 수 있다는 장점이 있다. 또한 자녀교육에 대한 자료를 손쉽게 접하도록 하여 기관과 교사에 대한 신뢰와 친밀감을 형성할 수 있다(조혜경, 고영미, 조부경, 2011).

일반적으로 유아교육기관 홈페이지의 주요 내용은 다음과 같다.

- **기관 소개**: 인사말, 연혁, 현황, 원훈, 교육목적, 교육환경, 교직원 소개, 오시는 길 등
- **교육 과정**: 교육 프로그램(교육철학 및 특성 등), 하루 일과, 특색활동, 주요 행사 등
- **게시판**: 학급 소식, 부모 공지 사항 등
- **학부모 공간**: 우리반 소식, 부모교육 자료, 게시판, 식단표 등
- **열린 공간**: 방명록, Q & A 등

기관에서 홈페이지 내용을 구성할 때는 교직원들과의 협의회를 통해 학부모에게 알리고 싶은 부분이 무엇인지, 의견 교환은 어느 정도 수준으로 할 것인지, 홈페이지 관리자의 업무분장은 어떠해야할지 등을 미리 의논하여 교직원의 의견을 반영한 홈페이지가 구성되도록 배려한다.

❤ 토론해 보세요!

유치원 홈페이지를 검색하여 홈페이지의 장단점과 개선점을 토론해 보세요.

내용	우수함	보통	미흡함
홈페이지는 접근이 용이한가?			
부모에게 필요한 정보를 충분히 제공하였는가?			
홈페이지에 제공된 정보는 부모들이 이해하기 쉽도록 설명되었는가?			
홈페이지는 학부모와 상호작용적으로 운영될 수 있는 체계를 갖고 있는가?			
개인 정보를 보호하고 있는가?			
홈페이지 구성은 체계적으로 되어 있는가?			
기타:			

4. 스마트폰 활용

스마트폰 보급이 일반화 되면서 유아교육기관에서도 스마트폰을 활용하여 부모와 의사소통하는 방법들이 다양해지고 있다. 스마트폰을 활용한 의사소통은 모바일 인스턴트 메신저, SNS와 커뮤니케이션 앱 등을 통해 언제, 어디서든 양방향 의사소통을 할 수 있다. 특히, 코로나를 겪으면서 '비대면'이라는 사회적 요구에 맞추어 줌과 유투브, 인스타그램과 같은 플랫폼 사용이 보편화되었다. 따라서 유아교사는 부모들에게 안내할 내용을 영상으로 표현할 수 있는 기술과 관련 기자재를 다루는 기술, 동영상 편집 기술 등의 미디어 역량을 갖출 필요가 있다.

스마트폰을 활용한 의사소통은 소통의 가능 여부를 바로 확인할 수 있고 즉각적인 의사소통이 가능하며, 전화, 문자, 이메일, 애플리케이션에 이르기까지 다양한 소통의 기술을 동시에 제공하여 한 번에 많은 사람이나 여러 미디어를 가지고 동시에 소통이 가능하다는 특징이 있다.

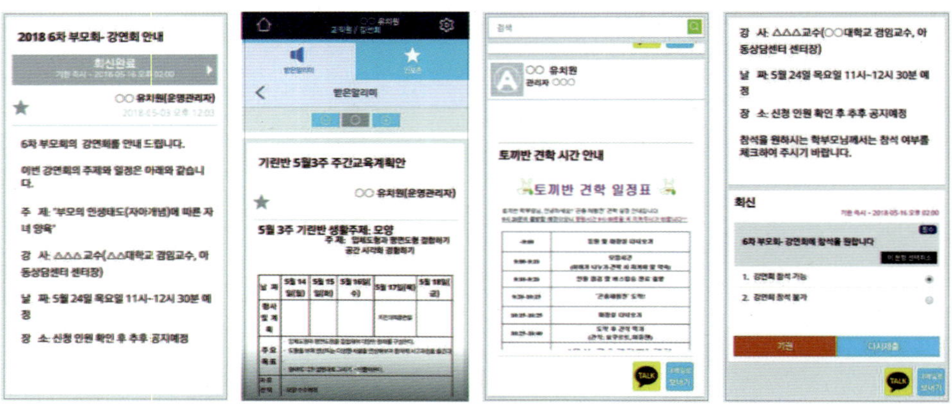

[그림 11-7] 스마트폰 애플리케이션을 활용한 의사소통의 예

위의 [그림 11-7]과 같이 스마트폰 애플리케이션 중 '유치원 알리미'는 오프라인으로 전달되었던 가정통신문과 게시판의 내용, 온라인 상으로 전달 가능한 홈페이지의 공지사항 등을 모두 포함하여 언제나 손쉽게 전달 할 수 있고 수신여부 확인, 온라인 신청기능, 신청자 인원 수 수합 기능 등 양방향 의사소통이 가능하다는 장

점 때문에 현재 대다수의 유아교육기관에서 활용 중이다.

그러나 학부모의 요구에 따라 매일 매일 공지사항 및 교육상황에 대한 사진 등을 유아별로 수시로 제공해야 하는 경우, 교사의 업무 부담을 가중시킬 수 있으며 다른 유아들과 교사들의 사진까지 공개될 가능성이 있어 개인정보 침해, 사생활 침해 등의 문제를 야기하기도 한다(이병호, 2014). 이에 기관에서는 사전에 교직원 협의를 거쳐 스마트폰 앱을 활용한 공지사항과 안내사항의 양과 질 등을 협의하고 이를 학부모 오리엔테이션 시 미리 학부모에게 충분히 공지해야 하며 개인정보활용동의서 등의 필요서류를 받아놓는다.

5. 전화

전화는 유아교육기관에서 부모와 급한 연락이 있을 때 또는 부모가 기관을 직접 방문하여 상담하기 어려울 때 가장 많이 사용하는 의사소통 방법이다. 전화는 유용한 의사소통 수단이나 서로 얼굴을 보고 나누는 대화가 아니기 때문에 오해를 일으킬 수도 있다. 따라서 민감한 문제를 이야기할 때는 전화보다는 직접 면담을 하는 것이 좋다.

전화로 부모와 의사소통하는 것도 부모면담의 한 형태이므로 전화상담 일지를 작성하여 통화내용과 일시 등을 기록하여 두면 영유아 지도와 다음 상담에 유용한 기초자료로 사용할 수 있다.

전 화 상 담 일 지

월/일	영유아명	교사가 전달한 내용	부모가 전달한 내용	비고

[그림 11-8] 전화통화일지의 예

전화면담 시에는 학부모의 통화 가능여부를 먼저 묻는 등 다음 예시와 같은 전화사용 매뉴얼을 미리 마련하고 전체 교직원들이 숙지한 후 전화면담을 실시하여야 보다 효과적인 의사소통 방법이 된다.

❤ 전화를 이용한 부모와의 의사소통 방법의 예시를 읽고 친구와 짝을 지어 연습해 보세요.

☎ 학부모에게 전화가 왔을 때

① 교사: 네~ **유치원 교사 ○○○입니다.
부모: 선생님, 안녕하세요? 저, 원효엄마에요.
교사: 네~ 원효 어머님, 안녕하세요? 잘 지내셨어요?

② 부모: 원효가 유치원에서 잘 지내나요?
교사: 원효가 유치원 생활에 대해 뭐라고 하나요?

③ 부모: 집에 오면 친구 얘기를 많이 해요. 준호가 자기랑 안 놀아준다고 …
교사: (구체적인 사례 위주로, 장점 먼저 이야기) 그랬군요. 원효가 밝고 사교적이어서 친구들과 잘 어울려 놀이를 해요. 그 중에서도 선호하는 놀이가 비슷해서 준호와 어울리는 기회가 많은 것 같아요. 그러다 보니 원효는 준호과 더 친밀한 사이로 생각하고 계속 같이 놀고 싶어하는데 준호는 원효와 서로 다른 놀이를 하고 싶어지면 각자 놀자고 제안을 하다 보니 그 문제로 종종 갈등이 생기는 것 같아요.

④ 교사: 밖에서 친구들과 놀 때는 어떤가요?
부모: 밖에서도 잘 삐져요.
교사: 유치원에서도 ~를 도울테니 집에서도 ~할 수 있도록 도와주세요. 계속 관찰하고 지도하면서 원효과 준호 사이의 관계를 좀 더 지켜보고 추후에 다시 말씀 나눠요. 어머님, 궁금한 것이나 의논하고 싶으신 일 있으시면 연락주세요.

⑤ 부모: 네~ 안녕히 계세요.

☎ 학부모에게 전화를 해야 할 때

① 교사: 원효어머님~ 안녕하세요? 원효 담임 ○○○입니다.
지금 잠깐 전화 통화 가능하세요?
부모: 네.

② 교사: 원효가 유치원 생활에 대해 뭐라고 하나요?(먼저 물어볼 수도 있음.)
부모: 자기가 준호에게 얘기해서 잘 놀아준다고 하네요.

③ 교사: (구체적인 사례 위주로) 어머님께서 협조해주신 덕분에 원효의 친구관계가 넓어져서 원하는 놀이를 하는 과정에서 반 친구들과 두루 어울리며 잘 지내고 있습니다. 그런데 원효가 요즘 계속 아침에 자고 싶다는 표현을 자주 하고 가만히 앉아 있는 경우가 많아서요.
부모: 요즘 원효아빠가 계속 야근하고 늦게 오거든요. 아빠랑 같이 놀겠다고 기다려서요. 아빠가 씻고 나와서 조금 놀아주면 새벽에 자는 경우도 있어요.

④ 교사: 그랬군요. 괜찮으시다면 아버님께서 퇴근 후에 침대에 원효와 함께 누워서 책을 읽어주시거나 이야기를 나누는 것처럼 정적인 활동을 하면서 최대한 일찍 잘 수 있도록 도와주시면 어떨까요? 저도 당분간은 원효가 오전에 휴식을 취할 수 있도록 배려하겠습니다.
언제든지 궁금한 것이나 의논하고 싶으신 일 있으시면 연락주세요.

제12장

학부모 오리엔테이션

부모를 대상으로 하는 오리엔테이션은 입학 전 1~2월에 부모에게 유아교육기관 및 학급 운영에 대해 전반적으로 소개하여 기관에 대한 이해를 돕고 새로운 기관에 대한 부모와 유아의 적응을 돕기 위한 프로그램이다.

학부모 오리엔테이션은 전달하고자 하는 정보의 목적에 따라 전체 부모를 대상으로 운영방침을 일괄적으로 전달하거나 신입과 재원 원아 부모들을 구분하여 진행할 수 있다. 부모의 특성에 따라 필요한 정보의 차이가 있는데 대상에 따라 안내해야 할 주요 내용을 정리하면 다음과 같다.

- 신입원아 대상
  - 유아교육기관 교육 프로그램 소개 : 원훈, 교육 철학 및 목표, 하루 일과, 일반적인 교육과정 운영 예시, 기관 행사, 교직원 소개 등

- 전체 학부모 대상
  - 기관 전반 운영 내용 : 통학버스 운영, 방과후반 운영 안내, 학비지원 안내 등
  - 새로운 학급 소개 : 담임 소개 및 부모 인사 나누기, 준비물 소개, 학급 교육과정 운영 안내, 부모 대표 선출 등

최근에는 기관에 대한 이해를 돕고 유아의 적응을 돕고자 하는 학부모 오리엔테이션의 목적에 부응하기 위하여 학부모 대상의 프로그램 외에도 인형극 공연, 음

악회 등의 축하공연이나 부모님과 함께 간식 먹기 등 유아를 대상으로 하는 프로그램을 별도로 마련하여 운영하기도 한다.

부모 오리엔테이션의 운영절차를 제시하면 다음과 같다.

1) 학부모 오리엔테이션 계획

원내 교직원들은 기관의 교육철학과 교육방침, 프로그램 특성과 당부말씀 등 오리엔테이션에서 전달하고자 하는 내용을 교직원 회의를 통해 함께 의논한다. 전달하고자 하는 내용이 협의되면 전달매체를 결정하는데 일반적으로 안내책자로 제작하여 오리엔테이션 당일 배부하고 이를 뒷받침하는 설명자료를 컴퓨터 파워포인트 프로그램이나 동영상 등으로 별도 제작한다. 오리엔테이션 준비를 위한 교직원들의 업무분장 협의 후에는 자료 제작 및 안내문 공지 등의 업무내용을 정리하고 일정에 따라 진행한다. 업무분장 시에는 오리엔테이션 당일 교직원들의 역할을 협의하여야 행사 당일 차분하고 정돈된 분위기 속에서 학부모들을 맞이할 수 있다.

유아교육기관 운영에 필요한 입소서류들을 부모들에게 배부하여 수합하는 것이 필요하므로 학부모 오리엔테이션에서 배부해야 할 자료들의 목록을 정리하고 빠뜨리지 않도록 준비하는 것이 중요하다.

- 서류 준비 : 입학원서, 유치원 생활안내책자, 원아조사서, 각종 동의서(응급처치동의서, 등·하원 동의서, 개인정보활용동의서, 유치원교육 동의서, 현장학습동의서, 유아학비동의서), 유아학비 관련 안내서류 등(부록 1 참고)

무엇보다 학부모 오리엔테이션의 참여를 높이기 위해서 사전에 오리엔테이션의 목적, 일시, 소요시간, 주요 내용 등을 우편이나 홈페이지, 문자 메시지 등을 통해 지속적으로 전달해야 한다.

원내 협의를 거쳐 계획한 학부모 오리엔테이션 진행 계획을 제시하면 다음과 같다.

〈표 12-1〉 부모 오리엔테이션 계획안 예시

<table>
<tr><th>대상</th><th>시간</th><th>진행 순서 및 내용</th><th>준비물</th><th>장소</th><th>담당자</th></tr>
<tr><td rowspan="4">신입
원아
부모
대상</td><td>09:40 - 10:00</td><td>부모님 맞이</td><td>• 슬리퍼
(또는 신발캡, 비닐봉투)
• 부모교육 출석부 및 학부모 이름표
• 배부자료
• 다과
• 유치원 생활 영상
• 유치원 생활 안내 게시자료</td><td>현관</td><td>맞이 :
원장
원감
담임
교사</td></tr>
<tr><td>10:00 - 10:10</td><td>원장님 말씀</td><td>• 마이크</td><td rowspan="3">강당</td><td rowspan="3">안내 :
부담임
교사</td></tr>
<tr><td>10:10 - 10:50</td><td>유치원 소개
– 원훈, 교육 철학 및 목표
– 하루 일과
– 일반적인 교육과정 운영 예시
– 기관 행사 소개
– 원비납부, 홈페이지 등 각종 안내</td><td>• 프리젠테이션 자료
• 마이크</td></tr>
<tr><td>10:50 - 11:00</td><td>질의응답</td><td>• 마이크</td></tr>
<tr><td rowspan="3">전체
부모
대상</td><td>11:00 - 11:10</td><td>각 반 교실로 이동
– 학급 배정 안내
– 학급 위치 안내</td><td>• 다과
• 게시자료 : 학급별 유아 명단 및 학급 위치 안내도</td><td>로비</td><td></td></tr>
<tr><td>11:10 - 12:00</td><td>연령별 학급 운영 소개
– 담임 교사와 학부모 인사 및 소개
– 연령에 따른 발달특징 및 교육과정 안내
– 협조 사항
– 준비물 소개
– 질의 응답
– 학급대표 부모 선출
– 신입생 물품 배부</td><td>• 프리젠테이션 자료
• 연령별 책자
• 배부자료 및 필기도구</td><td>각
학급
교실</td><td>소개 및
설명 :
담임교사

유아
돌보미 :
부담임
교사

안내 :
원장/원감</td></tr>
<tr><td>12:30 –</td><td>귀가 및 정리</td><td></td><td></td><td>교직원
전체</td></tr>
</table>

2) 학부모 오리엔테이션을 위한 환경구성

학부모 오리엔테이션을 위한 자료가 준비되면 행사 전날 오리엔테이션 장소를 점검하고 환경구성을 한다. 기본적으로 입학 전 모든 학급의 환경구성이 마무리되어 학부모가 교실 전반을 둘러볼 수 있도록 한다.

처음 학부모를 맞이하는 현관과 출입구에는 각 장소에 대한 안내지도와 안내문, 일정표 등을 부착한다. 실내화로 갈아신어야 하는 경우, 성인용 덧신과 유아용 덧신 등을 각각 준비하고 정리용 공간을 따로 마련한다.

전체 학부모가 모이는 장소는 미리 청결하고 깔끔하게 정리를 하고 마이크, 스크린, 영상기기 등의 기자재가 잘 실행이 되는지 점검한다. 함께 동반하는 영유아를 위한 놀이공간이나 인형극 공연 장소 등은 별도로 마련하고 미리 안전점검을 하여 학부모 오리엔테이션이 원활히 운영되도록 한다.

3) 학부모 오리엔테이션 실시

학부모 오리엔테이션은 유아교육기관과 부모가 공식적으로 처음 만나는 자리이므로 행사 당일 기관에 익숙하지 않은 부모들을 배려하여 장소 안내를 자세히 해야 한다.

환영받는 분위기를 조성하기 위해 입구에서 교사들이 반갑게 부모들을 맞이하고 간단한 다과와 배경 음악 등을 준비한다. 사전에 협의한 대로 각자의 역할에 알맞은 위치에서 학부모들을 맞이하고 다음 일정을 숙지하여 이동 경로를 안내하고 전체 학부모 오리엔테이션을 진행한다.

[그림 12-1] 학부모 오리엔테이션의 예

전체 학부모 모임 후 각 학급교실로 이동하여 연령별 교육특성을 담임교사가 소개하는 경우, 교사는 참석한 학부모와 일일이 눈을 맞추며 반갑게 인사를 나누고 출석을 확인한다. 무엇보다 학급의 담임교사로서 소개할 내용을 미리 숙지하여 자신감 있게 설명을 함으로써 전문가다운 이미지를 전달해야 한다.

[그림 12-2] 학급에서의 오리엔테이션 자료의 예

4) 학부모 오리엔테이션 마무리

오리엔테이션이 끝난 후, 참석하지 못한 부모에게는 별도의 시간을 마련하거나 개별적으로 전화 또는 이메일 등으로 연락하여 인사를 나누고 필요한 서류 등을 전달하도록 한다.

각 장소의 게시물을 정리하고 유아별로 수합한 각종 입원 전 서류를 일일이 확인하여 챙겨놓는다.

각자의 역할대로 서류 정리 등을 마친 후에는 함께 모여 오리엔테이션 행사에 대한 평가회의를 거쳐 보완점 등을 협의하고 회의록을 작성하여 차후년도 행사계획 시 반영한다.

제13장

강연회 및 워크숍

강연회는 부모들이 자녀를 양육하는데 필요한 여러 가지 지식이나 정보를 대집단으로 제공하는 부모교육 프로그램으로 준비사항이 비교적 적고 기관의 교육정보를 전달하는데 효과적이다. 강연회는 연간교육계획안에 정기적으로 계획할 수 있는데 일반적으로 학기당 1회 또는 격월로 실시한다. 강연회에서 육아정보를 보다 효율적으로 제공하기 위해 워크숍 활동을 연계하여 실시할 수 있다. 워크숍은 부모교육 프로그램에 대하여 시범을 보여 절차를 설명하는 형태로 부모의 적극적 참여를 도모할 수 있다.

1. 강연회

강연회는 전문가를 통해 부모들이 궁금해 하는 지식이나 정보를 효율적으로 전달할 수 있다는 장점이 있는 부모교육 유형으로 다양한 교육이론, 아동 발달과 이에 따른 부모의 역할 등을 제공하는데 용이하다. 하지만 요즘은 부모들이 매스컴이나 책을 통해 수많은 정보를 쉽게 접할 수 있고, 각 지역 육아종합지원센터 등에서 다양한 부모교육 및 상담 프로그램들이 개설되어 교육기관에서 다양한 강연회의 형태를 모색해야 한다.

부모들이 일방적으로 전달되는 강의에 흥미를 보이지 않을 수 있어 워크숍과 병행하거나 부모들이 가능한 시간에 참여할 수 있도록 저녁 시간에 운영하는 등 다각화 하여 이루어져야 한다. 무엇보다 영유아기 교육방법에 대한 이해나 원내 생활지도에 대해 학부모들이 궁금해 하는 내용, 초등학교와의 연계교육 등 학부모에게 실질적인 정보를 주는 강연회가 효과적이다.

1) 학부모 강연회 계획

강연회의 운영계획은 기관에서 학부모에게 주고자 하는 정보를 계획하여 정기적으로 실시하는 방안과 학기 초에 부모들로부터 관심 있는 주제를 조사하여 실시하는 방안을 함께 고려하여 계획한다. 학부모 전체를 대상으로 한 설문조사가 여의치 않은 경우, 유치원 운영위원회 등을 통해 강연회 주제와 시기, 희망하는 강사진 등에 대한 의견을 수합하고 다른 형태의 부모교육 프로그램과 함께 연간부모교육계획안을 수립한다.

강연회 주제와 시기 등을 협의한 후에는 강연회 주제에 적절한 강사를 섭외한다. 강연회 강사는 학부모 설문조사 결과를 반영하여 섭외하기도 하지만 자녀 양육에 적절한 주제 분야의 전문가를 조사하여 섭외하는 것이 보다 효과적이다.

강사 섭외 후에는 강연회 실시에 대한 안내문을 작성하여 발송한다. 강연회 안내문에는 참석 여부에 대한 응답을 받을 수 있도록 작성하고, 온라인 응답도 함께 받을 수 있도록 안내한 후 참석자 목록을 확정한다.

가능한 경우, 강연회 내용이나 자료 등을 섭외한 강사에게 미리 받아 강연회 장소에 비치한다. 원내 교직원들이 강사가 되는 경우, 교직원 회의 시 미리 내용과 자료를 협의하여 발표자료를 작성해놓는다. 강연자료가 준비되면 강연회 전 참석 희망자들에게 다시 한 번 안내 문자를 발송하여 참석률을 고취시킨다. [그림 13-1]은 영유아의 발달에 적절한 언어교육 방법을 원내 교직원이 강사가 되어 기관의 언어교육 실제와 연계하는 방안으로 작성한 강연회 자료의 예이다.

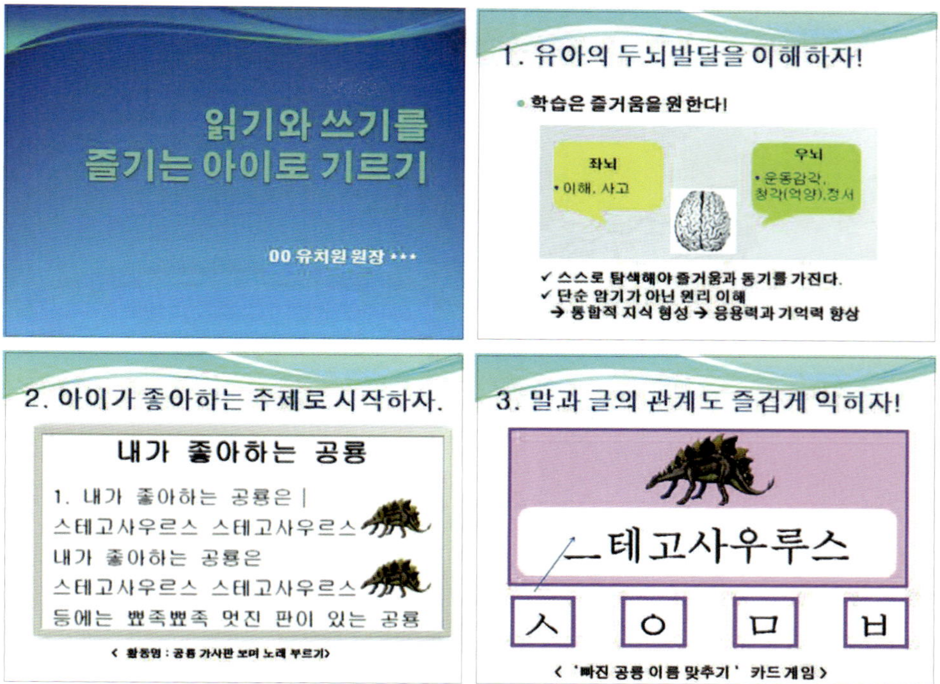

[그림 13-1] 유아교육의 이해를 돕는 강연회 자료의 예

2) 학부모 강연회 실시

강연회 당일, 안내된 시간에 맞추어 강연회 장소를 정돈하고 간단한 다과 등을 출입구에 준비해둔다. 원장은 강연회 시작 전 학부모들에게 간단한 인사와 함께 강사 소개를 하고 강연회를 실시한다. 강연회는 강의 주제에 따라 간단한 대집단 워크숍 활동과 연계할 수 있다.

[그림 13-2] 소집단 강연회 '숲놀이 프로그램'의 예

강연회 직후 혹은 강의를 마친 후에는 별도의 학부모 만족도 설문지를 마련하여 강연회 평가를 할 수 있으나 강사에 대한 배려 등으로 여의치 않은 경우, 교직원 평가회로 대체할 수 있다.

2. 워크숍

워크숍은 일반적으로 소집단을 대상으로 한 가지 주제에 대해 깊이 있게 다루면서 관련한 실제 활동을 체험하게 하는 것을 말한다. 워크숍은 부모들이 소집단으로 직접 체험하는 프로그램이기 때문에 참여율이 높고, 즐거운 경험이 될 수 있으며, 결과물을 가정으로 가지고 가거나 기관에 기부할 수 있기 때문에 효과적인 부모참여 프로그램이 될 수 있다. 워크숍을 실시하기 위해서는 부모를 소집단으로 구성하고 자료를 미리 준비해야 하기 때문에 사전 준비가 필요하므로 철저하게 준비·운영해야 한다.

1) 워크숍의 계획

학부모 워크숍의 내용은 학부모의 육아지원이 목적이므로 학습자료 제작과 교육활동 체험 외에도 부모됨에 대한 의미 다지기, 상호작용 지원 등 여러 가지 주제로 진행될 수 있다. 이에 학기 초 학부모 및 교직원들을 대상으로 요구도 조사를 하여 연간 부모교육계획안을 구성하고 워크숍의 주제나 내용을 계획한다. 워크숍의 주제와 내용 선정 후에는 워크숍 운영방식과 업무분장을 협의한다.

워크숍 계획안은 구체적으로 작성할수록 행사 운영 시 오류가 줄어든다. 워크숍 일정과 업무분장 외에도 구입품목과 제작물품의 종류, 제작 일정, 안내 멘트 등을 협의하여 계획안에 기록하여 공유한다.

「부모와 유아가 함께 하는 놀이 워크숍」 계획안

<table>
<tr><td>날 짜</td><td colspan="2">2018년 6월 29일 토요일</td><td>시간</td><td>10:00 ~ 12:C0</td></tr>
<tr><td>대 상</td><td colspan="2">유치원 학부모</td><td>장소</td><td>유희실</td></tr>
<tr><td>내 용</td><td colspan="4">부모와 유아가 함께 하는 놀이</td></tr>
<tr><td>시 간</td><td>활동명</td><td colspan="2">활 동 내 용</td><td>준 비 물</td></tr>
<tr><td>10:00
~
10:10</td><td>개회사
원장님
말씀</td><td colspan="2">◎ 출석체크 및 프린트배부

◎ 개회사 선언
– 오늘 워크숍을 위해 힘든 걸음을 해주신 학부모님들께 진심으로 감사의 말씀을 드립니다. 그럼 지금부터 부모와 유아가 함께 하는 놀이 워크숍을 시작하겠습니다.

◎ 원장님 말씀
– 바쁘신 와중에도 이 자리에 참석해주신 학부모 여러분들께 감사의 말씀을 드립니다. 이번 워크숍의 주제는 '부모님과 유아가 함께하는 놀이'입니다. 우아기는 신체적·인지적·정서적으로 성정과 변화가 급속히 일어날 뿐만 아니라, 창의성 발달에 결정적 영향을 미치는 중요한 시기입니다. 따라서 부도와 함께 여러 놀이를 친행한다면 긍정적인 자아 개녇을 형성시켜 나가며, 활동 과정에서 다른 사람의 샹각과 느낌을 이해할 수 있는 기회를 갖게 합니다. 그렇게 때문에 유아기에 부모와 함께 접촉하고 놀이할 수 있는 기회를 많이 만드는 것이 중요합니다. 이번 부모님과 유아가 함께 하는 놀이 워크숍 시간이 학부모님들께 유익한 시간이 되셨으면 좋겠습니다. 감사합니다.</td><td>각 반 학부모 명렬표
워크숍 유인물 ○부

(* 교사는 출입문 앞 책상 위에 유아 명렬표를 마련하여 참석한 학부모가 스스로 출석을 체크하도록 하고 유인물을 가져갈 수 있도록 한다.)</td></tr>
<tr><td>10:10
~
10:15</td><td>일정
및
장소
안내</td><td colspan="2">◎ 워크숍 일정 안내
– 먼저 오늘의 일정에 대해서 말씀 드리겠습니다.</td><td>일정 및 장소
안내문</td></tr>
<tr><td colspan="5">〈중 략〉</td></tr>
<tr><td rowspan="2">10:25
~
11:20</td><td rowspan="2">활동
방법
안내
및
운영</td><td colspan="3">활동 1 : 같은 그림 찾기 카드 만들기</td></tr>
<tr><td>도입</td><td colspan="2">여름 관련 그림 10종
프린트물, 가위, 풀, 10*12cm크기의 하드보드지 200장

1. 간단한 인사말을 나눈다.
T: 안녕하세요~ ○○반 교사 ○○○입니다. 첫 번째로 진행할 만들기 활동은 '같은 그림 뒤집기' 게임 자료입니다. 간단하게 할 수 있는</td></tr>
</table>

<table>
<tr>
<td rowspan="3">10:25
~
11:20</td>
<td rowspan="3">활동
방법
안내
및
운영</td>
<td></td>
<td>만들기 활동이니 너무 걱정하지는 않으셔도 됩니다. 그럼 재미있게 활동에 참여해주시기를 바라며 시작해보도록 하겠습니다.
2. 카드에 그려진 그림을 제시하고 유아들과 어떻게 놀이할지 이야기 나눈다.
T: 앞에 보이는 이 그림에 어떤 물건들이 보이나요? 먼저 게임 방법을 알아보고, 그 후에 카드를 만드는 방법을 소개한 후 직접 만들어보겠습니다.
T: 완성된 카드로 어떻게 놀이를 할까요?
〈같은 그림 카드 뒤집기〉
1. 어떤 카드가 있는지 살펴본다.
2. 두 명씩 편을 나누어 앉은 뒤 카펫 위에 카드를 각각 섞어서 뒤집어 둔다.
3. 가위 바위 보를 해서 먼저 이긴 사람이 뒤집기를 먼저 시작한다.
4. 같은 모양의 카드가 나오면 가져가도록 한다.
5. 순서대로 게임을 진행한 뒤 카드가 모두 없어지면 게임이 끝난다.
6. 누가 더 많이 가져갔는지 세어본다.</td>
</tr>
<tr>
<td>전개</td>
<td>3. 카드 만들기 활동을 소개하고 만들기를 한다.
〈같은 카드 찾기 만들기〉
1. 그림카드 칸대로 가위로 오린다.
2. 폼보드에 자른 카드를 붙인다.
3. 선에 맞추어 칼로 자른 후에 모서리부분을 찍어 둥글게 만들어준다.
4. 라벨지에 그려진 그림을 색칠한다.
T: 어려우신 부분은 없으신가요? 도움이 필요하신 부분은 없으신가요?</td>
</tr>
<tr>
<td>마무리</td>
<td>4. 활동이 끝나면 자리를 정리하도록 이야기 해준다(끝나는 시간 10분 전에 마무리할 수 있도록 한다)
T: 이제 정리 시간 10분 전입니다. 아직 다 색칠하지 못 하신 분은 집에 가서 아이들과 함께 색칠해주세요~
T: 만들어 보니 어떠셨나요? 아이들과 함께 활동 할 생각에 정성스럽고 기분 좋게 만드는 모습을 보니 열의가 대단하시다고 느꼈습니다!
5. 인사 후 마무리하며 다음 활동을 안내한다.
T: 이제 다음 활동인 동물 과수원 보드게임을 하는 곳으로 가주시면 됩니다!</td>
</tr>
</table>

[그림 13-3] 부모워크숍 계획안의 예

워크숍 활동에서 단순히 무엇인가를 만드는 것에만 초점을 둔다면 부모교육이라는 목표를 달성할 수 없기 때문에 제작한 것을 어떻게 활용할 수 있는지 추가적인 활동계획도 필요하다.

워크숍 활동 내용 및 운영계획 수립 후에는 적어도 한 달 전부터 학부모에게 공지하여 희망자가 워크숍 신청을 할 수 있도록 하고 신청자 접수자에게는 1주일 전에 다시 일정을 안내하는 등 세심하게 준비한다.

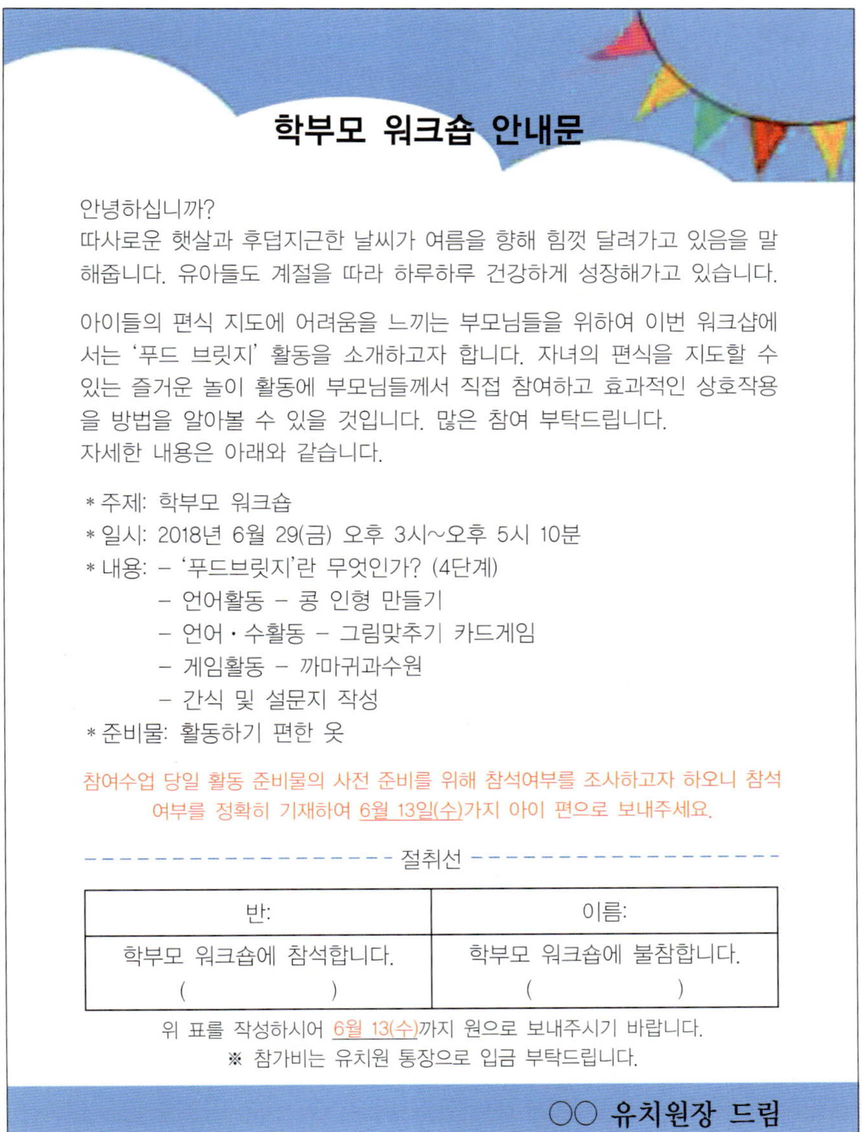

학부모 워크숍 안내문

안녕하십니까?
따사로운 햇살과 후덥지근한 날씨가 여름을 향해 힘껏 달려가고 있음을 말해줍니다. 유아들도 계절을 따라 하루하루 건강하게 성장해가고 있습니다.

아이들의 편식 지도에 어려움을 느끼는 부모님들을 위하여 이번 워크샵에서는 '푸드 브릿지' 활동을 소개하고자 합니다. 자녀의 편식을 지도할 수 있는 즐거운 놀이 활동에 부모님들께서 직접 참여하고 효과적인 상호작용을 방법을 알아볼 수 있을 것입니다. 많은 참여 부탁드립니다.
자세한 내용은 아래와 같습니다.

* 주제: 학부모 워크숍
* 일시: 2018년 6월 29(금) 오후 3시~오후 5시 10분
* 내용: – '푸드브릿지'란 무엇인가? (4단계)
  – 언어활동 – 콩 인형 만들기
  – 언어 · 수활동 – 그림맞추기 카드게임
  – 게임활동 – 까마귀과수원
  – 간식 및 설문지 작성
* 준비물: 활동하기 편한 옷

참여수업 당일 활동 준비물의 사전 준비를 위해 참석여부를 조사하고자 하오니 참석여부를 정확히 기재하여 6월 13일(수)가지 아이 편으로 보내주세요.

--------------------- 절취선 ---------------------

반:	이름:
학부모 워크숍에 참석합니다. ( )	학부모 워크숍에 불참합니다. ( )

위 표를 작성하시어 6월 13(수)까지 원으로 보내주시기 바랍니다.
※ 참가비는 유치원 통장으로 입금 부탁드립니다.

○○ 유치원장 드림

[그림 13-4] 부모워크숍 안내문의 예

2) 워크숍 실시

워크숍 운영에 앞서 교사는 계획안에 수립한 업무분장과 준비사항을 점검하며 자료와 공간을 미리 구성해놓는다. 이름표와 출석확인표 등을 현관 입구에 비치하고 활동자료는 각 모듬별로 바구니에 담아 넉넉한 수량으로 준비한다. 활동이 낯선 학부모를 위해 활동안내문을 책상에 비치하거나 워크북을 미리 책자로 준비해 두고 활동 중간 중간 참고하도록 한다.

위의 「부모와 유아가 함께 하는 놀이」워크숍의 예를 들어 운영절차를 제시하면 다음과 같다.

① 워크숍 시작 전, 이름표와 출석부를 준비하고 학부모를 맞이한다.
② 전체가 모이면 원장의 환영 인사 후 워크숍 활동의 목적과 취지, 활용방안 등 전반적인 소개한다.
③ 각 활동장소로 이동하여 서로 인사를 나누며 친교의 분위기를 조성한다. 교사는 활동방법을 설명하고 부모들이 교구제작 등을 따라할 수 있도록 지원한다.

[그림 13-5] 교구제작 부모워크숍의 예

④ 워크북을 따로 제작한 경우는 활동 후 가정으로 가져가 연계활동을 할 수 있도록 안내한다.

[그림 13-6] 부모용 워크숍 자료의 예

3) 워크숍 마무리 및 평가

워크숍 활동이 끝난 후, 자료를 정리하고 학부모 대상으로 다음과 같은 설문지를 준비하여 활동전반에 대한 의견을 작성하여 제출하도록 안내한다. 이후 전체 교직원이 모여 평가 설문지의 결과를 공유하고 다음 해의 행사 시 개선방안을 반영하도록 한다.

워크숍 평가 설문지

바쁘신 가운데도 워크숍에 참석해주신 학부모 여러분들께 진심으로 감사드립니다.

본 설문지는 본 워크숍에 대한 의견을 수렴하여 다음 부모교육 계획에 참고하기 위한 것입니다. 유익한 정보제공을 이하여 잠시만 시간내서 작성해주시면 감사하겠습니다.

1. 해당하는 곳에 ○표 해 주세요.

대상자	
참여하신분	

만족도 평가			
내용	만족함	보통	미흡함
워크숍 내용은 유익하셨습니까?			
워크숍 방법은 적절하였습니까?			
워크숍 진생시간은 적절하였습니까?			

2. 이번 워크숍에 참석하신 후 느낀점이나 건의사항이 있다면 적어주세요.

3. 다음 워크숍 시 꼭 안내받고 싶은 내용이 있다면 적어주세요.

학부모님들이 좋은 의견 감사합니다.

2018. 06. 29

○○ 유치원

[그림 13-7] 학부모 대상 워크숍 평가설문지의 예

제14장

부모수업참관

부모는 자녀를 유아교육기관에 보내면서 자녀가 기관에 잘 적응하고 있는지, 또래 관계는 어떤지, 교사와의 관계는 어떠한지 등 여러 가지로 궁금한 것이 많다. 또한 자녀와 교사로부터 듣는 이야기를 직접 보고 알고 싶어한다. 이를 위해 제공할 수 있는 부모교육 프로그램 중 하나는 부모수업참관이다. 부모는 참관실이나 교실 안에서 또는 CCTV 등을 통해 직·간접적으로 영유아를 관찰하며 수업에 참여하게 된다.

1. 교실 수업참관

부모수업참관은 교육기관과 가정이 바람직한 협력관계를 유지할 수 있는 가장 기본적이고 효율적인 방법 중 하나이다. 이론적으로는 자녀가 다니는 기관을 언제든지 방문하여 살펴볼 수 있도록 개방하는 것이 바람직하지만 현실적으로는 다양한 이유 때문에 부모에게 기관의 문을 항상 개방하지 않는다. 만약 부모에게 기관의 문을 항상 개방할 수 없다면 개방할 수 있는 날짜, 시간, 관찰 시 유의할 점 등을 미리 부모에게 공지하고 필요한 경우에 참관할 수 있도록 한다.

부모수업참관의 많은 장점에도 불구하고 교실에서 직접 관찰하는 경우에는 유아가 평소와 다르게 행동한다든지, 수업에 다소 방해를 줄 수도 있다. 따라서 부모가 교실 안에서 관찰할 때에는 유아에게 누가, 왜 교실에 들어와 있는지 미리 설명해 주는 것이 좋고 부모에게는 수업에 방해되지 않도록 사전교육을 하거나 지침서를 미리 나누어 주고 설명해 줄 필요가 있다.

이에 효과적인 부모수업참관의 예를 제시하면 다음과 같다.

1) 참관 전 사전교육 실시

부모가 참관의 목적과 방법을 이해하고 협조를 할 수 있도록 참관 전·후에 세미나를 진행할 수 있다. 세미나의 내용은 각 기관의 상황에 따라 융통성 있게 구성하여 제시할 수 있다. 무엇보다 참관의 목적이 각 자녀의 성장과 발달을 지원하기 위한 것임을 주지시키고 기관과 부모가 함께 노력해야 하는 공동체임을 강조한다.

참관 시 부모가 활용 가능하도록 난이도를 조정한 자녀행동 관찰체크리스트를 제시하는 경우, 각 행동관찰체크리스트의 사용방법을 안내한다. 무엇보다도 관찰결과를 가정교육과 어떻게 연계해야 하는지에 대한 활용방안에 대해 서로 의견을 나누는 시간을 갖는다. 참관 전 사전교육 시 기관에서는 가정연계 교육방안을 강조하고 육아에 대한 대안을 제시하여 유아교육 전문가로서의 모델을 보여주어야 한다.

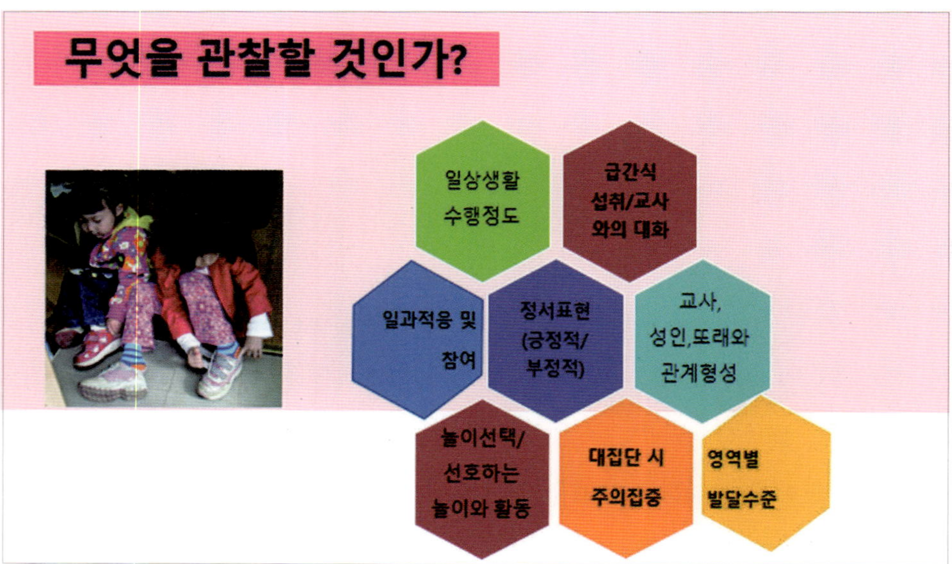

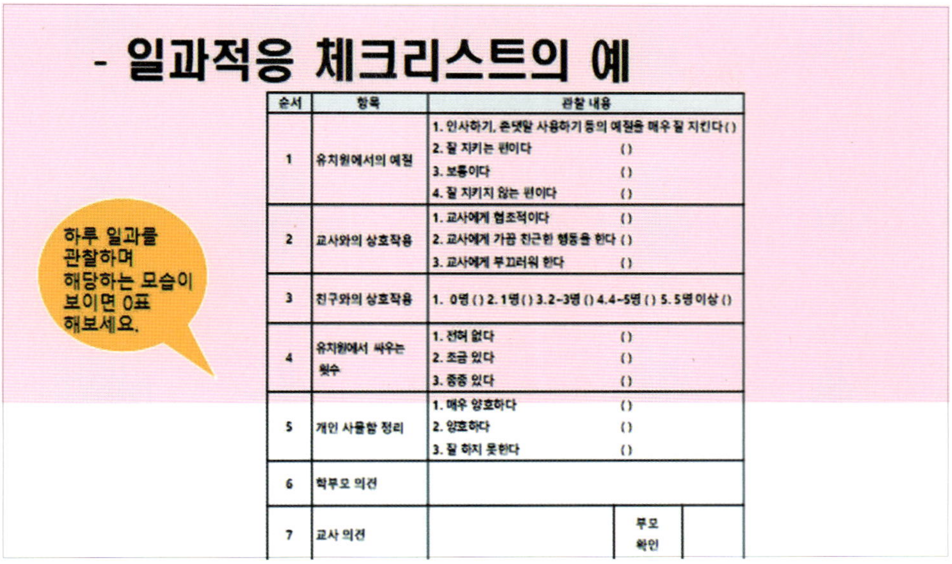

순서	항목	관찰 내용		
1	유치원에서의 예절	1. 인사하기, 존댓말 사용하기 등의 예절을 매우 잘 지킨다 ( ) 2. 잘 지키는 편이다 ( ) 3. 보통이다 ( ) 4. 잘 지키지 않는 편이다 ( )		
2	교사와의 상호작용	1. 교사에게 협조적이다 ( ) 2. 교사에게 가끔 친근한 행동을 한다 ( ) 3. 교사에게 부끄러워 한다 ( )		
3	친구와의 상호작용	1. 0명 ( ) 2. 1명 ( ) 3. 2-3명 ( ) 4. 4-5명 ( ) 5. 5명 이상 ( )		
4	유치원에서 싸우는 횟수	1. 전혀 없다 ( ) 2. 조금 있다 ( ) 3. 종종 있다 ( )		
5	개인 사물함 정리	1. 매우 양호하다 ( ) 2. 양호하다 ( ) 3. 잘 하지 못한다 ( )		
6	학부모 의견			
7	교사 의견		부모 확인	

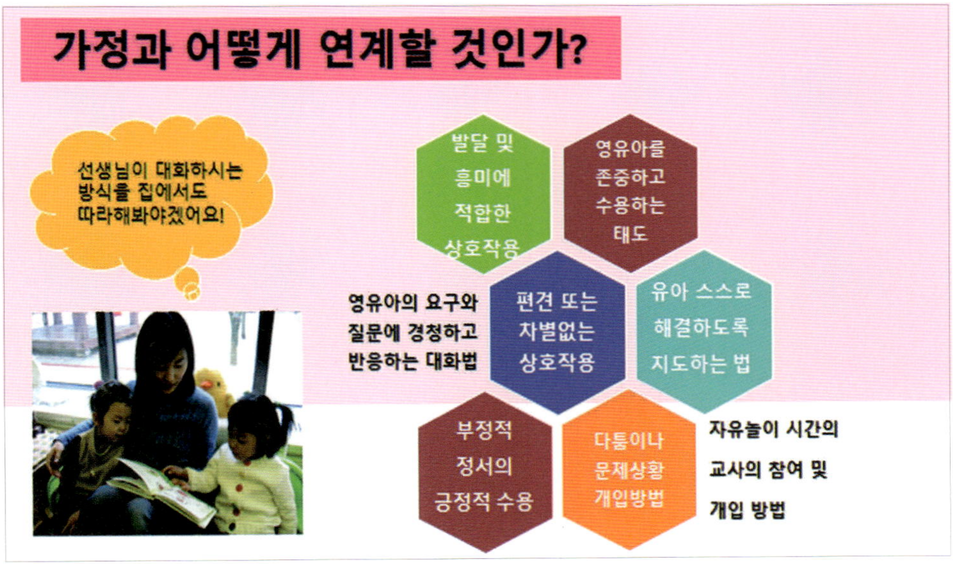

[그림 14-1] 학부모 참관 사전교육 자료의 예

2) 수업참관 실시

수업참관 일정은 연간계획안에 따라 지정된 기간에 신청하도록 안내하고 사전 신청한 일시에 참관장소를 마련하여 실시한다. 별도의 참관실이 마련되어 있지 않은 경우, 교실 내 별도 공간에서 참관하게 되므로 1일 참관인원을 소집단으로 조정하여 유아가 수업에 방해받지 않도록 유의한다.

아울러 수업 참관 시 해당 자녀만 관찰하도록 하고, 다른 유아에 대한 관찰 내용을 다른 학부모에게 전달하지 않도록 사전교육과 현장 교육을 함께 실시한다.

학부모에게 관찰 체크리스트를 제공하는 것은 자녀행동을 관찰하고 가정과 연계교육을 하는데 보다 효과적이므로 학부모가 쉽게 활용할 수 있는 체크리스트를 각 기관의 상황에 맞추어 재구성하여 제시할 수 있다. 사전 교육 시 체크리스트의 항목과 사용 방법을 이해하고 관찰할 수 있도록 적절한 안내 및 연습과정을 제공하여야 한다. 학부모가 참관 체크리스트를 작성한 후 질문이나 소감 등을 적도록 하고 담임교사가 부모의 관찰 사항을 점검하고 피드백을 제공하여 의사소통하는 것이 중요하다.

관찰지 1: 유치원 생활에의 적응

○로 발달정도를 표기함

관찰일시		년 월 일 오전(오후) : ~ :		
순서	항목	관찰 내용		
1	유치원에서의 예절	1. 인사하기, 존댓말 사용하기 등의 예절을 매우 잘 지킨다 ………… ( ) 2. 잘 지키는 편이다 ………… ( ) 3. 보통이다 ………… ( ) 4. 잘 지키지 않는 편이다 ………… ( )		
2	교사와의 상호작용	1. 교사에게 협조적이다 ………… ( ) 2. 교사에게 가끔 친근한 행동을 한다 ………… ( ) 3. 교사에게 부끄러워 한다 ………… ( )		
3	친구와의 상호작용	1. 0명 ( ) 2. 1명 ( ) 3. 2~3명 ( ) 4. 4~5명 ( ) 5. 5명 이상 ( )		
5	유치원에서 싸우는 횟수	1. 전혀 없다 ………… ( ) 2. 조금 있다 ………… ( ) 3. 종종 있다 ………… ( )		
6	개인 사물함 정리	1. 매우 양호하다 ………… ( ) 2. 양호하다 ………… ( ) 3. 잘 하지 못한다 ………… ( )		
7	10월의 변화된 부분			
8	학부모 의견			
9	교사 의견		부모 확인	

[그림 14-2] 학기 초 부모를 위한 참관 체크리스트의 예

[출처 : 이대균(2011). 「가정연계 유아발달 평가」를 참고하여 재구성]

관찰지 2 - 놀이영역 선호

〈관찰기록지 2〉는 유치원의 놀이시간 중 선호하는 놀이영역을 알아볼 수 있는 관찰지입니다. 놀이시간 중 10분 간격으로 자녀를 관찰하시고, 관찰시점에서 어떤 놀이영역에 있는지 해당 영역에 1회에 사선 한 개씩(/) 표시해 나가시면 됩니다. 그 외에 관찰하시면서 궁금하신 사항은 의견란에 자유롭게 적어주십시오.

회차 / 놀이영역	1회 월 일	소계1	2회 월 일	소계2	3회 월 일	소계3	합계
언어영역							
수·과학영역							
역할영역							
쌓기영역							
조형영역							
조작영역							
음률영역							
기타 (간식, 전이, 화장실 등)							
의견란							

관찰지 3 – 유아의 사회적 행동

〈관찰기록지 3〉은 자녀가 유치원 생활에서 또래 혹은 성인과 상호작용할 때 나타나는 바람직한 사회적 행동을 알아볼 수 있는 관찰지입니다. 아래 문항에 해당하는 행동이 관찰될 때 해당 문항에 체크하여 주십시오.

	관찰 문항	월 일	월 일	월 일
자유선택놀이시간	1. 처음 만날 때 얼굴을 보고 말을 건네며 인사한다.	예 /아니오	예 /아니오	예 /아니오
	2. 언어적인 지시를 듣고 따른다.	예 / 아니오	예 / 아니오	예 / 아니오
	3. 자신이 원하는 것을 적절한 언어 혹은 행동으로 표현한다.	예 / 아니오	예 / 아니오	예 / 아니오
	4. 다른 유아의 물건을 사용하기 위해 허락을 받고 빌린다.	예 / 아니오	예 / 아니오	예 / 아니오
	5. 어떤 것을 빌렸을 때 돌려주려고 노력한다.	예 /아니오	예 /아니오	예 /아니오
	6. 요청을 받으면 다른 유아와 도구나 놀잇감을 나누어 갖는다.	예 / 아니오	예 / 아니오	예 / 아니오
	7. 자신의 활동에 다른 유아가 참여하는 것을 기꺼이 허락한다.	예 / 아니오	예 / 아니오	예 / 아니오
	8. 다른 유아들이 활동에 같이 참여하자고 요청하면 참여하려고 한다.	예 / 아니오	예 / 아니오	예 / 아니오
〈 중 략 〉				
기타 의견을 적어주시기 바랍니다.				

3) 수업참관 결과에 대한 피드백

부모가 참관하면서 느꼈던 여러 가지 궁금증을 참관 후에 면담이나 전화와 같은 교사와의 의사소통을 통해 해소하도록 함으로써 영유아에 대한 이해를 높이고 교육과정 운영에 대한 신뢰를 쌓고 가정과의 연계를 도모할 수 있다. 예를 들면, 한 영역에서만 놀이하는 자녀의 모습을 관찰하고 염려하는 부모에게 한 가지 놀이 속에 다루고 있는 여러 가지 교육목표를 안내하면서 안심하도록 도와주거나 다양한 놀잇감을 소개하는 전략을 소개하고 가정에서 자녀와 함게 놀이하면서 전략을 실천해 보게 할 수 있다.

2. CCTV 활용한 참관

부모수업참관의 또 다른 방식인 CCTV는 최근 아동학대 문제가 불거지면서 관심을 받게 되었다. 유치원과 어린이집에 CCTV의 설치로 부모가 자녀의 일상을 원하는 때 언제나 살펴볼 수 있게 되었으나 자신의 자녀를 관찰할 때 다른 유아들이나 교사도 볼 수밖에 없는 상황으로 인해 유아와 교사의 기본권을 침해한다는 문제가 제기되고 있다. 게다가 대화의 내용이나 맥락에 대한 정확한 파악이 어려워 부모들이 수업 과정에 대한 오해를 할 수 있는 여지도 많아 이 점에 대한 개선 방안 마련이 필요한 실정이다.

이에 교사는 CCTV 이용매뉴얼의 주요 내용을 숙지하고 다음 예시와 같은 안내문을 배부하여 학부모가 열람신청 시 정해진 절차에 따라 열람을 하고 면담으로 연계하여 효율적인 의사소통 과정이 되도록 노력한다.

우리 어린이집 CCTV는 이렇게 관리해요.

어린이집에서는 영상정보의 안전한 처리를 위해 내부관리계획을 수립 · 시행조치해야 합니다.

CCTV 영상정보 **수집** 시에는…

- 카메라를 임의로 조작, 다른 곳을 비추거나 회전, 확대(ZOOM-IN) 기능을 사용해서는 안 됨
- 녹음기능 사용 안 됨
- 카메라는 고해상도(HD)이상의 화소수로 1초당 10장 이상 프레임 저장 하도록 설정

CCTV 영상정보 **저장** 시에는…

- 저장기간은 60일 이상
  ※ 미 준수 시 과태료 부과
  (1차-50만원, 2차-100만원, 3차-150만원)
- 저장장치는 접근이 제한된 장소에 잠금장치를 설치하여 보관
- 영상정보 관리대장을 통한 CCTV 설치 · 운영 관리
  - 관리자(원장 등)가 관리차원에서 열람 시에도 관리대장에 기록

CCTV 영상정보 **삭제** 시에는…

- 삭제 주기는 3개월 미만
  ※ 내부 관리계획에 따라 자동 삭제되는 경우 제외
- 삭제하지 말아야 하는 경우
  - 열람 요청이 있는 영상정보
  - 사고 관련 영상정보
  ※ 영상보존 사유 해소 즉시! 삭제

「비밀유지의무」 꼭! 지켜야 합니다.

- 영상정보 처리자는 직무상 알게 된 영상정보를 제3자에게 누설 또는 권한 없이 처리하는 등 부당한 목적을 위하여 사용하여서는 안 됩니다.
- 폐쇄회로텔레비전(CCTV)의 경우 영상정보처리기기관리자(원장)가 스마트폰 어플을 이용하여 어린이집 외부에서 영상자료를 열람해서는 안 됩니다.

※ 출처: 2017 보육사업안내 부록(「어린이집 영상정보처리기기 설치 · 운영 가이드라인」 참조)

제15장

부모참여수업

부모참여수업은 부모들이 유아교육기관의 수업 중 일부 혹은 일일수업에 참여하여 자녀와 함께 교육활동을 하는 것으로 유아교유기관의 교육철학과 교육과정의 이해를 돕는다.

이에 부모참여수업이 효과적인 가정연계 교육이 될 수 있도록 '계획-실행-평가'의 과정을 세심하게 준비하여 운영하도록 한다.

1) 부모참여수업 계획

부모참여수업 형태는 부모들의 상황이나 기관의 특성에 따라 어머니 참여수업, 아버지 참여수업, 조부모 참여수업 등 적절한 형태를 선택하여 계획하기도 하고 다양한 형태의 참여수업을 모두 계획하여 실시하기도 한다. 그러나 최근 가족구조의 변화로 아버지나 어머니가 없는 유아들에게 부모참여수업은 의도하지 않은 상처와 스트레스를 줄 수 있으므로 유아들의 가족상황을 미리 파악하여 가장 적절한 방식의 참여수업을 계획할 필요가 있다.

부모참여수업의 프로그램은 특별한 활동을 마련하기도 하지만 평소의 자연스러운 활동을 계획하여 기관의 교육을 이해시키는 방안으로 운영하는 것이 바람직하다. 프로그램 계획 시 교실에서 부모와 유아가 함께 활동할 것을 고려하여 유아의 수가 많을 경우에는 두 번 정도로 나누어서 실시할 수 있도록 장소와 인원을 계획한다. 소요 시간은 프로그램에 따라 다르겠으나 일반적으로 유아들의 집중시간을 고려할 때 2시간 정도로 계획하는 것이 적절하다. 다음의 예시와 같이 교직원 회의를 통해 대략의 부모참여수업 일정과 프로그램의 방향을 협의하고 교직원별 준비사항을 업무분장하여 계획한다.

<table>
<tr><th colspan="3">부모 참여수업 행사 준비 계획서</th></tr>
<tr><td>대상</td><td colspan="2">만 5세반 유아 25명, 학부모와 형제자매 75~100명 예상</td></tr>
<tr><td>일시</td><td colspan="2">2017년 9월 30일(토) 오전 10시~12시 예상</td></tr>
<tr><td>내용</td><td colspan="2">만 5세반 '흥부놀부' 프로젝트 전시 및 학부모 참여수업
영역 활동 : 가족과 함께 떠나는 과거여행
대집단 게임 : 흥부와 놀부 동화속으로</td></tr>
<tr><th colspan="3">사전 준비 사항</th></tr>
<tr><th>진행단계</th><th>업무 내용</th><th>담당 교사</th></tr>
<tr><td rowspan="9">사전 단계</td><td>학부모 참여 수업 계획 총괄</td><td>만 5세반 담임교사 1과 2</td></tr>
<tr><td>학부모 참여 수업 계획 수립 및 계획안 작성</td><td>만 5세반 담임교사 1과 2</td></tr>
<tr><td>가정통신문 제작 및 발송
(1차 안내 – 참가희망여부/
2차 안내 – 부모참여수업 활동 및 유의점 안내)</td><td>만 5세반 담임교사 1과 2</td></tr>
<tr><td>가정통신문 회수 및 확인</td><td>담임교사 1</td></tr>
<tr><td>활동물품 구입 및 자료 확인</td><td>담임교사 2</td></tr>
<tr><td>간식 구입 및 확인</td><td>조리사 및 원감</td></tr>
<tr><td>이름표 제작 및 준비</td><td>담임교사 1</td></tr>
<tr><td>교실 환경 정비</td><td>전 교사진</td></tr>
<tr><td>최종 자료 배치 확인</td><td>전 교사진</td></tr>
<tr><td rowspan="8">진행 단계</td><td>당일 부모님 맞이 (현관)</td><td>원장 및 원감</td></tr>
<tr><td>전체 활동 총괄 진행</td><td>담임교사 1</td></tr>
<tr><td>체험 코너별 진행 보조</td><td>만 5세반 담임교사 1과 2
(코너 1/ 코너 2)
보조교사 3과 4
(코너 3/ 코너 4)</td></tr>
<tr><td>간식 지도</td><td>– 만 5세반 담임교사 1과 2
– 보조교사 3과 4</td></tr>
<tr><td>사진 촬영</td><td>에듀케어 교사 (2명)</td></tr>
<tr><td>동선 안내 및 교무실 보조</td><td>원감</td></tr>
<tr><td>게임활동 진행 및 보조</td><td>– 만 5세반 담임교사 1과 2
– 보조교사 3과 4</td></tr>
<tr><td>마무리 인사</td><td>원장 및 담임교사 1과 2</td></tr>
</table>

마무리 단계	교실 및 강당 정리	전 교사진
	남은 물품, 자료 확인	담임교사 2
	홈페이지 활동 사진 업로드	담임교사 2
	부모 설문지 회수 및 확인	만 5세반 담임교사 1과 2

[그림 15-1] 부모참여수업 계획안의 예

무엇보다 참여수업 일정을 계획할 때 부모들이 시간을 비워둘 수 있도록 미리 날짜를 공지하는 것이 중요하다. 주로 평일 저녁이나 주말에 진행되지만 가족의 행사나 계획이 중복되지 않도록 3~4주 전에는 날짜를 미리 알리고 참석 여부를 파악한다. 또한 부모의 적극적인 참여를 유도하기 위하여 부모참여수업 당일 일정과 활동을 미리 공지하고 활동과정에서 자녀와 이야기 나눌 수 있는 상호작용의 예시 등을 안내할 수 있다.

OO반 학부모님께

OO반 학부모님, 안녕하세요?

5월 1일(금)은 즐거운 어린이날을 맞아 유치원과 학부모님께서 직접 준비하는 축하 행사가 있습니다. 부모님들과 함께 하는 시간은 오후 1:00 ~ 2:00까지이므로 축하 시간에 늦지 않게 오시기 바랍니다.

자세한 일정은 다음과 같습니다.

시간	내용
1:00~1:40	**〈교실에서 가족과 함께 할 수 있는 활동〉** 1. 앞치마 꾸미기 – 요리할 때 사용하는 앞치마를 유아와 함께 꾸민 후 가정에서 직접 사용해 보세요. – 활동 장소 : 조형 영역 – 활동 자료 : 앞치마, 직물용 염색펜, 직물용 염색 물감, 모양 도장 2. 같은 글자 찾기 – 유아들이 개사한 노래 '우리는 야채' 노래를 불러 보고, 같은 글자가 들어간 단어 카드를 모아 보세요.

시간	내용
	– 활동 장소 : 언어 영역 – 활동 자료 : 게임판, 단어 글자 카드, 주사위, 말 3. 산가지 놀이 – 전통놀이인 산가지를 유아와 함께 만든 후, 직접 놀이해 보세요. – 활동 장소 : 조작 놀이 영역 – 활동 자료 : 산가지용 나무 막대 〈바깥놀이터에서 가족과 함께 할 수 있는 활동〉 4. 음식 모양 손 · 발 짚기 게임 – 주사위를 던져서 나온 음식을 손과 발로 짚어 보세요. – 활동 장소 : 바깥 놀이터 동그란 잔디밭 – 3가지 종류의 음식이 그려진 큰 게임판과 주사위
1:40~1:50	놀잇감 정리 · 정돈
1:50~2:00	어린이날 축하 행사 : 엄마와 함께 노래와 춤을
2:00~	귀가 : 유치원 어린이가 된 것을 축하하며 어린이날 선물 나눠가진 후 귀가

- 어린이날 프로그램은 성인과 유아가 함께 참여하기 때문에 넓은 장소를 필요로 합니다. 그래서 교실의 조형 영역(7팀), 언어 영역(3팀), 조작놀이 영역(3팀) 바깥놀이터 동그란 잔디밭(6팀)에서 각 활동을 진행할 예정입니다.
  이때, 특정 놀이 영역에서 놀이하고 싶은 사람이 많으면 서로의 활동에 불편을 줄 수 있습니다. 되도록 각 놀이 영역의 정해진 인원수를 지켜 놀이하시기 바랍니다.
- 어린이날 프로그램은 정해진 시간 안에 활동을 해야 하기 때문에 혹시 모든 활동에 참여하지 못할 수도 있습니다. 안내문을 받으신 후, 유아들과 어떤 활동들이 준비되어 있는지 이야기를 나누며 어떤 활동을 해보고 싶은지 미리 계획해 보시기 바랍니다. 활동에 참여하실 때는 즐거운 시간이 될 수 있도록 유아의 생각을 존중하여 주시고 표현할 수 있도록 격려해 주시기 바랍니다.
- 어린이날 프로그램의 활동을 더욱 재미있게 할 수 있는 방법과 활동 중 유아들과 함께 나누실 수 있는 상호작용의 예를 첨부하오니 다음을 참고하시기 바랍니다. 각 활동의 자세한 활동 방법은 당일 각 놀이 영역에 비치 할 예정입니다.

- 다　음 -

〈교실에서 가족과 함께 할 수 있는 활동〉

1. 앞치마 꾸미기

- 요리용 앞치마를 유아와 함께 꾸민 후 가정에서 직접 사용하실 수 있습니다.

- 유아와 함께 어떻게 꾸미고 싶은지 의논하신 후, 영역에 제공된 여러 가지 모양 도장과 직물용 염색펜을 사용하여 앞치마를 꾸미실 수 있습니다. 가정에서 사용하시기 전에는 다리미로 뒷면을 다린 뒤 사용하시면 오랫동안 그림이 지워지지 않습니다.
- 앞치마 꾸미기는 행사에 참여하신 모든 가족이 참여해 보실 수 있도록 활동 시간을 20분 정도로 제한합니다.
- 앞치마 꾸미기 활동을 통해 유아들은 여러 가지 음식에 대해 다시 한 번 생각해 볼 수 있습니다. 그리고 유아와 함께 하는 요리 활동은 음식에 대한 거부감을 줄이고 음식을 즐겁게 먹을 수 있는 기회를 제공합니다. 유아의 수준을 고려하여 적절한 요리 활동을 제공하여 가정에서도 유아들과 즐거운 식사 시간을 가져보시기 바랍니다.
- 상호작용의 예
  - 어디를 꾸밀까?
  - 어떻게 꾸미고 싶니?
  - (색의 조화 고려하여 생각해 보기) 초록색 브로콜리 옆에는 어떤 색 도장을 찍어야 잘 어울릴까?
  - (패턴으로 꾸미는 경우) 브로콜리-토마토-브로콜리-토마토 다음엔 무엇을 찍으면 좋을까?
  - (음식 모양 도장을 찍은 후 염색펜을 사용하여) 브로콜리와 토마토는 어디에 담는 걸로 그려볼까?

… 중략 …

4. 음식 모양 손・발 짚기 게임

- 주사위를 던져서 나온 음식을 손과 발로 차례차례 짚어 보세요.
- 나름의 전략을 세워 활동에 참여하는 과정에서 유아들은 방향에 대한 감각을 익히고 대근육 기술을 조절하고 몸의 균형감을 기를 수 있습니다.
- 상호작용의 예
  - 바닥에 어떤 그림이 있니? 토마토는 피망 위에 있구나.
  - 주사위에 어떤 그림이 나왔니?
  - 어디에 있는 **에 오른손을 짚어야 넘어지지 않을까?

2017년 4월 29일

OO반 담임교사 OOO

[그림 15-2] 부모참여수업 안내문의 예

안내문 발송 후에도 1주일 전과 전날 등 다음과 같이 문자발송을 하여 참여율을 높이도록 할 수 있다.

*** 일주일 전 발송문자**

[Web 발신]
안녕하세요. ○○ 유치원입니다.
9월 30일 토요일 '△△△반 부모 참여 수업'이 있습니다. 원아수첩에 해당 행사에 대한 참여 여부 가정통신문을 보내드리니 작성하여 9월 22일 금요일까지 보내 주시기 바랍니다.

• 1일 전 발송문자

[Web 발신]
안녕하세요. ○○ 유치원입니다.
내일 9월 30일 토요일은 '△△△반 부모 참여 수업'이 있는 날입니다.
오전 10시까지 ○○ 유치원 △△△반(2층)으로 모여 주시기 바랍니다.

[그림 15-3] 부모참여수업 문자발송문의 예

이외에도 참여수업 시 많은 활동자료 준비가 필요하므로 교사는 준비물과 제작물품에 대한 준비계획을 꼼꼼이 작성하고 전체교직원들과 중간 점검을 하며 공유한다.

업무분장 후 학급 교사는 협의된 내용에 따라 다음 예시와 같이 일일교육계획안을 구체적으로 작성하면서 참여수업 당일에 일어날 수 있는 다양한 상황에 대해 사전 대비를 한다.

반	만 5세반	날짜	2017년 9월 30일(토)
생활 주제	우리나라	주제	우리나라 전래동화
목표	① 유아 목표 : 가족의 소중함을 경험하고, 즐겁게 활동에 참여한다. ② 부모 목표 : – 유아와 놀이하는 방법을 경험하고, 상호 작용하며 신뢰감을 형성한다. – 유아와 함께 활동하며 유아의 행동특성이나 성격 등 유아를 이해한다. ③ 교사 목표 : 가족과 유아가 적극적으로 활동에 참여할 수 있도록 돕는다.		

<table>
<tr><td rowspan="2">일과
시간표</td><td colspan="3">

시 간	활동내용
~ 10:00	등원 및 인사나누기
10:00 ~ 11:10	영역활동 [가족과 함께 떠나는 과거 여행!]
11:10 ~ 11:20	만 4세반 교실로 이동
11:20 ~ 12:00	간식 및 정리
12:00 ~ 12:10	강당으로 이동
12:10 ~ 13:10	게임 [흥부 놀부 동화 속으로!]
13:10 ~ 13:20	마무리 및 원장선생님과의 시간
13:20 ~	귀가

</td></tr>
<tr></tr>
<tr><th>시간/활동명</th><th>목표</th><th>활동내용</th><th>자료(◉) 및 유의점(☆)</th></tr>
<tr><td>~10:00
등원 및
인사 나누기</td><td>• 즐거운 마음으로 유치원에 등원한다.</td><td>[등원 및 인사 나누기]
• 유치원에 등원하여 선생님과 인사를 나눈다.
• 입고 온 외투를 옷걸이에 정리한다.
• 이름표(부모 이름표, 유아 이름표)를 받아 목에 건다.
• 부모님과 교실을 돌아다니며 교실을 소개한다.</td><td>◉ 부모 이름표
유아 이름표
☆ 유아와 부모님을 반갑게 맞이한다.
☆ 부모님이 볼 수 있도록 유아들의 작품을 전시해 놓는다.</td></tr>
<tr><td>10:00~11:10
가족과
함께 떠나는
과거 여행</td><td>• 부모님과 함께 협력하여 다양한 놀이를 한다.

• 자유롭게 코너별 놀이 활동을 진행한다.

• 즐거운 마음으로 놀이에 참여한다.</td><td>[가족과 함께 떠나는 과거 여행]
• 부모님과 함께 자유롭게 코너를 돌아다니며 활동을 진행한다.

[슬금슬금 톱질하세~]
– 활동목표 : 동화 속 주인공이 되어 톱질하는 장면을 도구를 사용하여 표현해본다.
– 활동방법 :
1. 박을 세운다.
2. 박에 있는 선 위에 톱을 놓는다.
3. 톱의 양 끝 손잡이를 한 사람씩 잡는다.
4. 박이 열릴 수 있도록 함께 힘을 합쳐 톱질한다.

[명장면 속 숨은 글자 찾기]
– 활동목표 : 명장면을 주의 깊게 관찰하여, 숨은 자·모음을 구분할 수 있다.</td><td>◉ 각 활동 안내판, 활동자료(박, 톱, 명장면 활동판, 보드마카, 지우개, 흥부얼굴판, 밥알 25개, 바구니, 제비 모양 종이, 꾸미기 재료 – 스팽글, 스티커, 색연필 등등, 제비꼬리, 납작나무살, 가위, 목공품, 실) 프로젝터, 흰색 큰 천, 포토존 배경그림 천, 주인공 입간판 3개, 휴식영역 매트 4개
☆ 활동 시, 질서를 지켜 활동할 수 있도록 지도한다.</td></tr>
</table>

		: 자·모음을 조합하여 단어를 만들 수 있다. - 활동방법 : 1. 흥부와 놀부 명장면 활동판과 보드마카를 챙긴다. 2. 동화 장면 속에 숨은 글자를 찾는다. 3. 글자를 먼저 찾은 사람은 판 위에 보드마카를 이용하여 동그라미를 친다. 4. 자음, 모음 글자를 다 찾은 후 아래 빈칸에 맞는 단얼을 적는다.	

[그림 15-4] 부모참여수업 일일교육계획안의 예

2) 부모참여수업 실시

참여수업 시 다른 행사와 마찬가지로 활동 공간과 자료 등을 미리 점검하고 계획한 대로 환경구성을 한다. 각 활동장소의 크기를 고려하여 인원수에 적절한 모둠별 활동자료를 배치하고 현관 입구에 이름표와 간단한 다과를 준비한다.

[가족과 함께 떠나는 과거 여행] 안내

① 교실영역 배치도

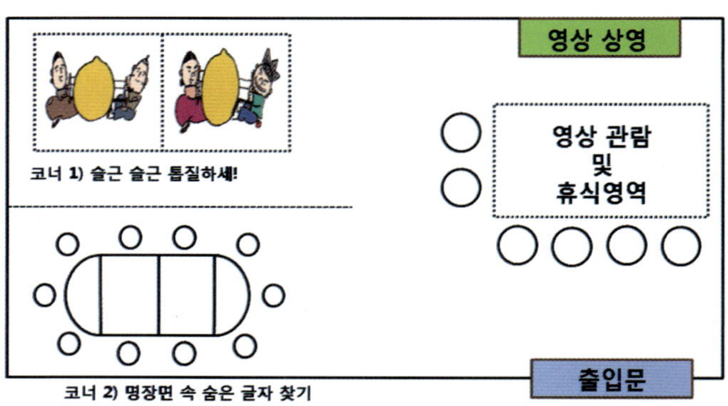

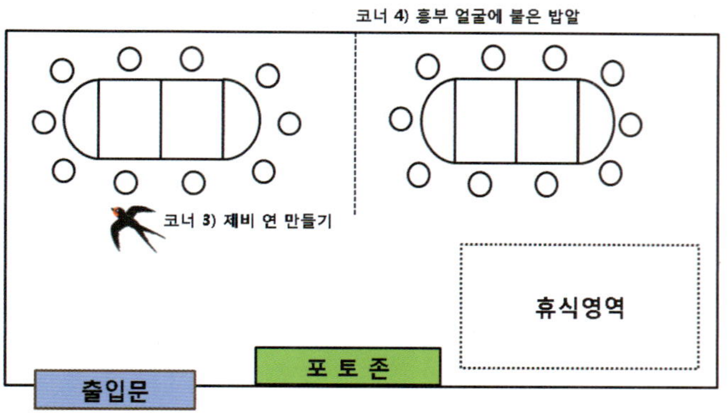

② 각 영역 활동의 안내

<명장면 속 숨은 글자 찾기>

내용)

두 번째 박에서 금은 보화와 비단이.
세 번째 박에서는 목수들이 나와
기와집을 지어주었어요.
"아니. 이게 웬 일인가!
아이고 경사 났네. 경사 났어!"

활동방법)

1. 흥부와 놀부 명장면 동화 장면 판과 보드마카를 가져가요.
2. 동화 장면 속 숨은 글자를 찾아주세요.
3. 글자를 먼저 찾은 사람은 판 위에 동그라미를 그려주세요.
4. 글자를 다 찾으면 완성!~

여기서 잠깐~!

동화 장면을 자세히 보면 글자를 찾을 수 있어요!
숨은 글자를 다 찾은 후 판과 보드마카를 제자리에 정리 해주세요.

〈 중 략 〉

③ 게임 활동 [흥부 놀부 동화 속으로!] 배치도

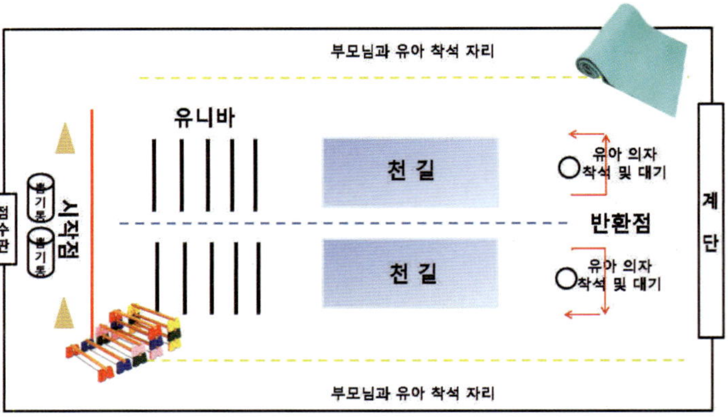

〈게임 방법〉

1. 각 팀에서 한 가족씩 나와 부모님(1명)은 출발선에 서고, 유아는 반환점에 준비된 의자에 앉는다.
2. 부모님은 출발선에 준비된 미션지를 한 개 뽑고, 내용을 확인한다.
   (ex- 반환점으로 가서, 유아를 업고 앉았다 일어섰다 5번!)
3. 신호음이 들리면 반환점으로 간다.
4. 반환점으로 가서 유아와 함께 미션을 수행한다.
5. 유아와 함께 장애물을 통과하며 출발선으로 돌아온다.
   (유니바 넘기 - 유아, 부모/ 천길 통과하기 - 유아는 통과하기, 부모님은 천 잡아주기)
6. 먼저 출발선으로 돌아오는 팀이 1점을 가져간다.
7. 모든 팀이 경기를 마친 후, 점수가 많은 팀이 승리한다.

[그림 15-5] 부모참여수업 당일 안내문의 예

참여수업 시 교사는 각 활동장소에서 활동을 안내하고 부모와 유아를 대상으로 한 수업을 진행한다.

[그림 15-6] 부모참여수업 활동의 예

3) 참여수업 만족도 조사 및 평가

참여수업이 끝난 후, 자료를 정리하고 학부모 대상으로 설문지를 준비하여 활동 전반에 대한 의견을 작성하여 제출하도록 안내한다. 설문지는 수렴형 질문과 개방형 질문을 함께 제시하여 자유롭게 의견을 제시할 수 있도록 한다.

이후 다른 행사와 마찬가지로 교사는 부모참여수업 후, 교사 자체 평가지와 동료교사 평가지를 이용하여 교직원을 대상으로 한 평가회를 한다. 다음 예시와 같은 교사 평가지를 준비하여 평가하고 학부모 설문지 내용을 수합하여 결과를 분석하여 다음 해 부모참여수업에 참고할 수 있도록 한다.

〈부모 참여수업 교원평가지〉

평가자 : 교사 ○○○

<table>
<tr><th>구분</th><th>평가자료</th><th colspan="2">평가문항</th><th>매우
우수</th><th>우수</th><th>보통</th><th>미흡</th><th>매우
미흡</th></tr>
<tr><td rowspan="2">1</td><td rowspan="2">교육과정의 이해 및 교수, 학습방법 개선 노력</td><td colspan="2">교육과정 분석을 통하여 교육 내용에 맞는 수업을 설계하였는가?</td><td></td><td></td><td></td><td></td><td></td></tr>
<tr><td colspan="2">교육과정에 적합한 교수학습모형 및 방법 적용을 위해 노력하였는가?</td><td></td><td></td><td></td><td></td><td></td></tr>
<tr><td rowspan="2">2</td><td rowspan="2">학습자 특성 및 교과 내용 분석</td><td>유아</td><td>유아 연령 및 발달 특성을 반영한 수업 계획을 수립하였는가?</td><td></td><td></td><td></td><td></td><td></td></tr>
<tr><td>부모</td><td>부모의 관심과 흥미와 관련된 수업 주제로 수업 계획을 수립하였는가?</td><td></td><td></td><td></td><td></td><td></td></tr>
<tr><td rowspan="3">3</td><td rowspan="3">교수, 학습 전략수립</td><td colspan="2">수업 목표가 교육과정 내용과 일치하고 구체적인가?</td><td></td><td></td><td></td><td></td><td></td></tr>
<tr><td colspan="2">학습주제에 적합한 수업 방법이 수립되어 있는가?</td><td></td><td></td><td></td><td></td><td></td></tr>
<tr><td colspan="2">학습주제에 적합한 자료 계획이 수립되어 있는가?</td><td></td><td></td><td></td><td></td><td></td></tr>
<tr><td rowspan="2">4</td><td rowspan="2">수업의 도입</td><td colspan="2">학습자(유아와 부모)의 학습 동기를 유발하였는가?</td><td></td><td></td><td></td><td></td><td></td></tr>
<tr><td colspan="2">학습목표를 명확하게 전달하였는가?</td><td></td><td></td><td></td><td></td><td></td></tr>
</table>

구분	평가자료	평가문항	매우 우수	우수	보통	미흡	매우 미흡
5	교사의 발음	수업 내용을 분명한 어조와 발음으로 전달하는가?					
		교사의 발음이 학습자(유아와 부모)의 다양한 사고를 유발하는가?					
6	교사의 태도	학습자의 질문에 허용적 태도를 보였는가?					
		학습자의 발언에 경청하였는가?					
7	교사 · 학습자 상호작용	학습자가 수업활동에 적극적으로 참여하도록 유도하였는가?					
		학습에 대해 교정적 피드백을 적절하게 제공하였는가?					
8	학습 자료의 활용	수업내용과 목표에 적합한 학습 자료를 준비하였는가?					
		학습 자료를 적절하게 배치하여 사용하였는가?					
9	수업의 진행	학습자의 이해수준을 정기적으로 확인하였는가?					
		학습 흥미를 지속시킬 수 있도록 수업내용을 제시하였는가?					
10	학습 정리	학습 내용에 대해 학습자의 이해 정도를 확인하였는가?					
		전체적인 학습내용에 대해 정리 · 요약 하였는가?					
11	평가내용 및 방법	유아 평가지의 내용이 유아와 발달에 적합한 방법으로 구성되었는가?					
		부모 평가지의 내용이 평가 항목에 대해 구체적으로 구성되었는가?					
		평가지 내에 자유롭게 생각을 기재할 수 있도록 구성되었는가?					
12	평가 결과의 활용	평가 결과를 정리 · 분류하여 기록하고 분석하였는가?					
		평가 결과를 바탕으로 다음 수업에 반영하는가?					

[그림 15-7] 교사 자체 평가지의 예

제16장

행사를 통한 부모교육

소풍, 운동회, 민속의 날, 작품 전시회 등 행사를 통한 부모교육의 목적은 가족이 함께 참여하여 유아와 함께 경험을 공유하는 것이다. 행사를 통한 부모교육은 가족 간의 즐거운 추억을 공유함으로써 화목하고 건강한 가족을 유지하는데 도움이 되지만 지나친 행사의 운영은 교사의 업무 부담을 가중시키고 유아들에게 스트레스를 줄 수 있다는 단점이 있다. 따라서 교육과정과의 연계, 교사의 업무 부담, 유아의 발달 정도 등을 고려하여 계획하는 것이 필요하다. 부모가 참여하는 기관의 행사는 기관의 교육철학을 이해시키고 가정과의 연계교육을 통한 영유아의 발달을 지원하기 위해 실시하므로 운동회와 전시회 외에도 가족 산행, 가족 기차여행 등 다양한 유형으로 실시할 수 있다.

1. 가족 참여 행사의 운영과정

1) 행사 계획 및 안내

행사를 통한 부모교육 프로그램은 유아교육 프로그램과의 연계를 위해서 교육주제를 행사 주제와 연결하여 다양하게 계획할 수 있다. 이때 월간·주간·일일 교육계획안에 유아들의 준비 사항을 반영하여 작성한다. 예를 들어, 작품 전시회의 경우, 생활 주제가 '가을'이라면 작품 전시회의 주제를 '가을을 담은 미술관'으로 정하고 유아들이 주제를 전개하면서 경험했던 미술 기법과 그에 따른 결과물을 전시할 수 있다. 그 밖에도 운동회에서 체조를 하기로 계획했다면 실외놀이 시간 전에 유아들과 체조를 미리 연습하거나 언어영역에서 행사 초대장을 꾸미기 등의 활동을 계획할 수 있다.

행사 운영 시간은 프로그램의 특징에 따라 달라질 수 있다. 행사를 통한 부모교육은 대부분 유아가 함께 참여하는 경우가 많으므로 유아의 발달을 고려하여 1~2시간 이내로 프로그램을 계획하는 것이 일반적이다. 그러나 운동회나 가족의 날은 식사 시간이 포함되는 경우가 많으므로 3~4시간 정도로 계획된다.

행사를 통한 부모교육은 기관의 상황에 따라 기관 내에서 진행하거나 외부 장소를 섭외하여 진행하기도 한다. 따라서 섭외하고자 하는 기관의 예약 일정을 미리 확인하여 장소 섭외를 한다. 행사 주제와 활동이 정해지면 활동을 위해 필요한 준비 사항과 그에 따른 교사들의 업무분장을 실시한다.

행사는 다른 부모교육 프로그램에 비하여 준비사항이 많고 운영 과정이 복잡한 특징이 있으므로 교사들은 준비사항을 반복하여 확인하고 리허설을 통해 철저히 준비해야 한다. 그리고 행사 운영계획, 행사 시의 역할 등을 숙지해야 하며 교사들 간의 의사소통을 위한 방법을 마련하는 것이 필요하다.

가을 운동회 계획서

• 목적 및 목표
- 다양한 전통놀이에 관심을 갖는다.
- 전통놀이를 활용한 신체활동에 참여하면서 대·소근육을 발달시킨다.
- 가족과 함께 전통놀이에 즐겁게 참여한다.

• 행사 개요
- 일시 : 2018년 9월 15일 토요일 오전 10:00 ~ 오후 2:00
- 장소 : ○○초등학교 운동장
- 예상 참석인원

연령	유 아	가 족
만 3세	16명	32명
만 4세	20명	40명
만 5세	25명	50명

• 행사 일정

순서	식순	준비물	
9:30 - 10:00	가족 입장	스티커이름표, 매직, 반명렬표, 각반 삼각대, 경쾌한 음악 CD	

순서	식순	준비물	
10:00 – 10:05	개회식 및 원장선생님 말씀	마이크	
10:05 – 10:10	체조	체조 음악	
10:10 – 12:00	놀이마당		
	페이스페인팅	페이스페인팅 물감, 붓, 도안 샘플, 본, 탁상형 거울, 물티슈, 정리 바구니	
	대형 윷놀이	대형 윷놀이용 윷가락, 대형 말판, 말	
	굴렁쇠	굴렁쇠, 아기용 굴렁쇠	
	널뛰기	널	
	제기차기	제기, 유아용 제기	
	비석치기	사각 단위블록	
	사방치기	사방치기판, 팥주머니	
12:00 – 13:00	점심식사	잔잔한 음악 CD, 조용한 놀잇감(대형 퍼즐), 보물찾기 종이	
13:00 – 13:50	다같이		
13:00 – 13:20	장애물경기	출발선, 스펀지 블록, 터널, 과자줄	만 3세→만 4세→만 5세→형제
13:20 – 13:35	할아버지, 할머니와 함께	출발선, 큰 공, 반환점, 조부모님 선물	
13:35 – 13:50	줄다리기	줄다리기용 줄, 장갑, 호루라기	
13:50 – 14:00	다같이 춤을	강강수월래 음악 CD	
14:00 –	폐회사 및 정리	마이크, 어린이용 선물	

• 행사장소 배치도

– 놀이마당

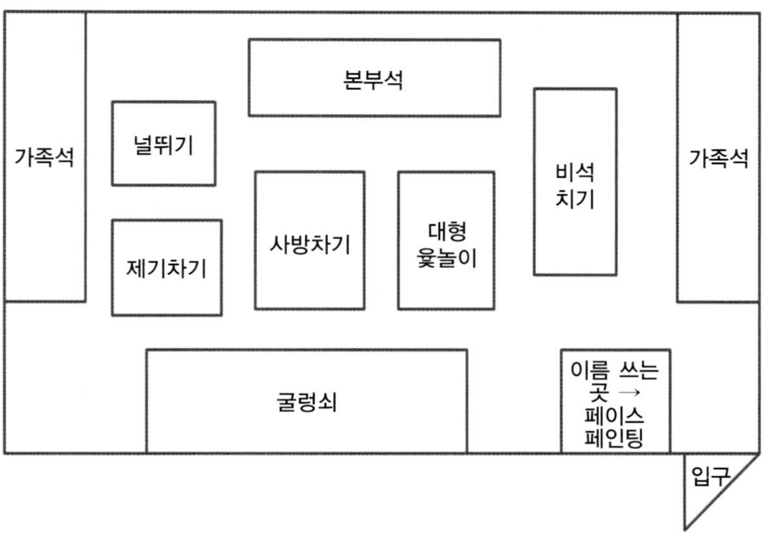

– 다같이

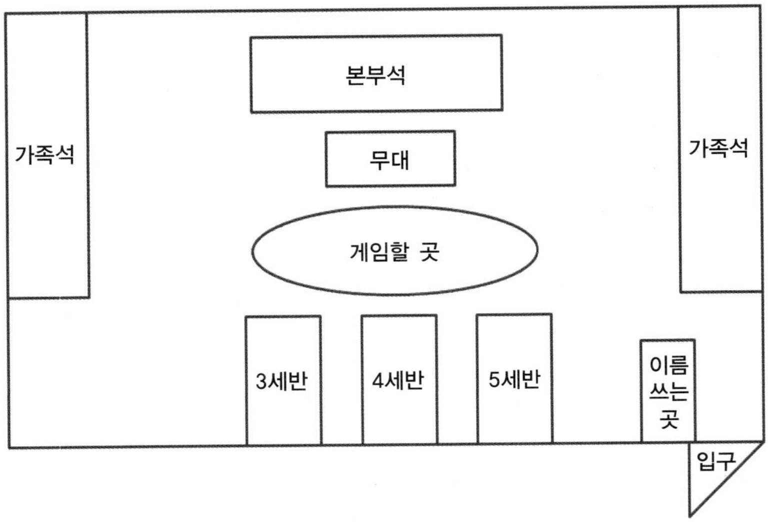

〈 이하 생략 〉

[그림 16-1] 가을 운동회 계획안의 예

아울러 가족이 참여하도록 하기 위한 행사는 주로 주말에 진행되기 때문에 최소 3~4주 전에 부모들에게 가정통신문과 홈페이지 등을 통해 공지해야 한다. 따라서 한 달 전에 행사의 주제와 활동 등을 계획하고 부모에게 행사 일정을 안내하여 참석 여부를 조사한다.

가을운동회 신청서

안녕하십니까?

하늘을 한가로이 날아다니는 잠자리, 빨간 단풍잎과 파아란 가을 하늘이 아름다운 조화를 이룬 멋진 계절, 가을이 왔습니다. 이 멋진 가을에 우리 친구들과 가족이 함께 모여 즐겁게 뛰고 웃을 수 있는 자리를 마련하기 위해 다음과 같이 가을운동회를 하려고 합니다.

본 행사는 사랑하는 자녀와 학부모님은 물론 조부모님까지 모두 함께 즐길 수 있도록 전통놀이를 활용한 활동으로 마련되어 있으니 많이 참석해주시기 바랍니다.

- 다 음 -

시간	오전 10시 ~ 오후 2시
장소	OO초등학교 운동장
대상	OO유치원 재원중인 모든 유아 및 가족, 친지들
준비물	도시락, 물, 개인돗자리, 비닐봉투, 휴지
복장	유아 : 원체육복, 운동화 성인 : 편한 상·하의, 운동화
프로그램	가을운동회 프로그램에 대한 자세한 안내는 추후에 알려드립니다.

※ 원활한 행사 진행 및 장소섭외를 위해 인원점검이 필요하오니 **8월 20일 (월)** 까지 신청서를 보내주시기 바라며 참여를 원하지 않을 경우에도 신청서에 ○표시를 하셔서 신청서 부분을 절취하여 보내 주시기 바랍니다.

※ 가을운동회 희망일에 대한 의견을 표시해 주시면 다수의 가족들이 희망하는 날자로 보다 많은 분들이 참여할 수 있도록 계획하여 안내해드리겠습니다.

-- 절 취 선 --

* 아래와 같이 가을운동회 참여를 희망합니다.

반명:	유아이름:	보호자명:
가을운동회 희망일 (참여를 선호하는 날짜에 O표해주세요.)	2018년 9월 15일 (토)	2018년 9월 16일 (일)

참가합니다.	참가하지 않습니다.

○○ 유 치 원

[그림 16-2] 가을 운동회 행사 참여 신청서의 예

2) 행사 당일 운영

가을운동회나 민속의 날, 가족의 날과 같이 가족이 참여하는 다양한 활동이 진행되는 경우에는 당일 안내문을 배부하여 부모들이 적극적으로 참여하도록 도울 수 있다.

행사장소에는 미리 준비한 활동 안내문을 게시하여 행사가 원활히 진행될 수 있도록 한다. 이 때 활동방법에 대한 시범사진 등을 미리 준비하여 함께 게시하면 효과적이다.

행사의 진행은 교사나 외부 진행자를 섭외하여 진행할 수 있다. 특히, 외부 진행자를 섭외하여 운영하는 경우에는 비교육적인 농담이나 유머, 지나치게 성인 중심의 상호작용을 하지 않도록 행사의 취지와 목적, 요구 사항, 프로그램 내용 등에 대해 사전 협의를 거치는 것이 바람직하다.

가족행사에 참여한 참석자의 안전을 위하여 행사 진행 시 운영본부를 두고 비상약품과 안전요원을 미리 지정하여 준비한다. 기관의 원장은 행사장소 전체를 살펴보며 프로그램의 진행상황과 안전 사항 등을 수시로 점검하고 피드백한다.

[그림 16-3] 가을 운동회 활동의 예

3) 행사의 마무리

행사를 진행하는 동안 전체 과정에 대한 사진 및 동영상 촬영을 통해 기록물을 남기고 행사 후 기관에서의 추억을 가정과 공유할 수 있다. 즉 행사 후에는 게시판이나 홈페이지를 통하여 행사 사진 등을 공유한다. 아울러 설문지, 이야기나누기, 회의 등 다양한 방법을 통해 유아, 교사, 부모를 대상으로 한 간단한 평가를 실시하여 평가 의견을 다음 행사 시 반영한다.

가을운동회 학부모 설문지

안녕하십니까?
바쁘신 와중에도 00 유치원 가을운동회에 참여해 주셔서 감사합니다.
저희 원에서는 앞으로도 좀 더 나은 운동회를 위해 좋았던 점과 개선해야 할 점에 대하여 학부모님의 의견을 듣고자 준비하였습니다. 아래의 항목에 의견을 기재해 주신다면, 다음 해의 운동회에 참고하여 더욱 발전된 모습을 선보이겠습니다.

00 유치원 가을운동회		
일시: 2018년 9월 15일 토요일 10:00-14:00 / 장소: 00 초등학교 운동장		
구분	평가 내용	우수 보통 미흡
1	'00유치원 가을운동회' 활동 날짜, 요일, 시간이 적절하였습니까?	5 4 3 2 1
2	장소가 활동에 적절했습니까?	5 4 3 2 1
3	운동회 준비 및 진행이 적절했습니까?	5 4 3 2 1
4	운동회 내용이 아이와 함께하는 참여 수업에 적절하였습니까?	5 4 3 2 1
5	참여한 아이의 반응은 어떠했습니까?	5 4 3 2 1
6	* 함께 하신 부모님께서 좋았던 점은 무엇인가요?	
7	* 보완하거나 추가하고 싶으신 내용이 있으시다면 적어주세요	

0 0 유 치 원

[그림 16-4] 학부모 대상 평가설문지의 예

<table>
<tr><td colspan="4">행사계획 및 평가</td><td>결재</td><td>담 당

</td><td>원 장

</td></tr>
<tr><td colspan="2">행 사 명</td><td>2018년 OO유치원
가을운동회</td><td>장 소</td><td colspan="3">OO초등학교 운동장</td></tr>
<tr><td colspan="2">일 시</td><td>2018년 9월 15일(토)</td><td>시 간</td><td colspan="3">10:00~14:00</td></tr>
<tr><td colspan="2">목 표</td><td colspan="5">• 운동회를 통해 규칙과 질서를 지키고 서로 협동하고 단결하는 올바른 운동정신을 기른다.
• 가족과 함께 즐거운 추억을 만든다.
• 운동회를 하며 몸을 움직이는 즐거움을 느낀다.</td></tr>
<tr><td colspan="2">행사내용</td><td>1. 전통놀이 부스
2. 운동회 개회식 및 준비운동
3. 연령별 공연
4. 장애물 건너기
5. 공굴리기
6. 점심시간
7. 같은 색을 찾아라!
8. 천 건너기
9. 박 터트리기
10. 운동회 폐회식</td><td colspan="4">활동사진</td></tr>
<tr><td rowspan="2">평가</td><td>사전준비</td><td colspan="5"></td></tr>
<tr><td>개선점</td><td colspan="5"></td></tr>
</table>

[그림 16-5] 교원 대상 평가회의록의 예

2. 가족행사의 유형별 운영방법

행사를 통한 부모교육의 프로그램을 계획할 때는 기존에 재원하는 부모들을 고려하여 프로그램의 다양한 변화를 주는 것이 좋다. 운동회의 경우 상황을 고려하여 월드컵과 올림픽이 개최되는 해에는 운동회의 주제를 월드컵, 올림픽, 민속의 날, 초등학교 운동회 등으로 변형을 하여 운영을 하면 부모들에게 행사에 대한 흥미를 유발할 수 있다. 행사의 프로그램을 구성할 때도 형제, 부모, 조부모 등 참석자들이 골고루 프로그램에 참여할 수 있도록 활동을 안배해야 한다.

전시회나 발표회의 경우, 영유아의 발달에 적합하고 교육과정과 연계된 활동들로 구성되어야 한다. 기관의 홍보를 위한 목적이나 부모의 지나친 요구에 맞추는 경우 영유아와 교사 모두에게 스트레스를 줄 수 있기 때문이다. 따라서 운영위원회 등을 통해 부모교육의 취지와 목적을 공유하고 활동을 조정하는 것이 바람직하다. 이에 따라 최근에는 각 학급 별로 주제 진행 후 부모들을 교실에 초대하여 유아들의 활동 결과를 공유하는 기회를 제공하는 기관이 증가하고 있다.

위에서 제시한 민족의 날이나 가을운동회 행사 외에 기관에서 적용가능한 가족참여 행사의 유형별 예를 제시하면 다음과 같다.

1) 가족 당일여행

유아에게 자신의 가족 및 다른 가족과 함께 하는 즐거움을 주기 위해 가족이 함께 하는 당일여행을 실시할 수 있다. 가족 당일 여행은 가까운 거리의 가족산행이나 근교 기차여행 등으로 진행할 수 있으며 이동거리가 있는 만큼 사전 답사가 필수적이며 소요시간을 고려하여 일정을 계획하여야 한다. 일정 계획 후에는 다른 행사와 마찬가지로 필요물품 준비 등 업무분장을 협의하고 최소 한 달 전에 학부모에게 행사를 공지한다.

가족기차여행의 운영절차를 제시하면 다음과 같다.

① 사전답사 후 이동거리와 시간을 고려하여 일정을 계획한다.

'가족과 함께 하는 기차여행' 세부 계획

1. 일시 : 2018년 5월 19일 토요일 09:00 ~ 15:30

2. 장소 : 춘천 (막국수 체험 박물관, 강원도립화목원)

3. 목표

① 유아목표
- 양육자와의 친밀감 및 유대감을 형성한다
- 건강한 신체와 정서를 얻는다
- 아빠와 함께하는 시간을 통해 서로의 사랑을 확인할 수 있는 기회를 가진다.

② 부모목표
- 유아들과 함께 활동을 하며 애착을 형성할 수 있다.
- 유아와 함께 놀이하며 신뢰감을 형성할 수 있다.

③ 교사목표
- 행사를 준비하고 실행하는 과정을 통해 보람을 느낀다.
- 평가를 통해 반성적 사고를 기르고, 부족한 점을 보완할 수 있다.

4. 참석 대상 : 만 5세반 유아와 유아의 아버지 중 신청자

〈 일정표 〉

시간	일정(프로그램)	
~ 09:00	○○○역으로 모이기	전체
09:00 ~ 09:20	인원확인 및 이름표 배부 화장실 다녀오기	각반 담임
09:20 ~ 09:35	기차 탑승 및 춘천역으로 출발	탑승확인: 원감
09:35 ~ 10:15	춘천역 도착 (활동지 활동)	활동소개: 각반 담임 진행: 각반 담임
10:15 ~ 10:40	막국수 체험 박물관으로 이동	관광버스 2대
10:40 ~ 11:00	춘천 막국수 체험 박물관 관람하기	박물관 안내원
11:00 ~ 12:30	막국수 만들기 체험 (체험 후 시식)	박물관 안내원
12:30 ~ 12:40	강원도립화목원으로 이동 (10분)	관광버스 2대
12:40 ~ 13:20	가족과 함께 게임하기 (신문지게임, 가족 달리기)	각반 담임
13:20 ~ 14:00	간식 및 자유시간 (비눗방울놀이 배부)	비눗방울 놀이 배부: 각반 담임, 보조교사
14:00 ~ 14:10	강원도립화목원 입구로 모이기	인원확인: 각반 담임
14:10 ~ 14:30	춘천역으로 이동	관광버스 2대
14:30 ~ 14:50	인원 확인 및 화장실 다녀오기	각반 담임
14:50 ~ 15:30	기차 탑승 및 000역으로 출발	탑승확인: 원감 부모평가지: 각반 담임
15:30 ~	집으로 돌아가기	

[그림 16-6] 가족여행 행사 계획안의 예

② 교직원 협의를 통해 준비사항에 대한 업무를 계획한다.

[표 16-1] 가족여행 행사 업무분장표의 예

<table>
<tr><th>시간</th><th colspan="2">업무내용</th><th>담당자</th></tr>
<tr><td rowspan="6">행사 전</td><td colspan="2">'가족과 함께 하는 기차여행' 계획 및 사전 답사</td><td>담임교사 1과 2</td></tr>
<tr><td colspan="2">가정통신문 안내 (1차, 2차)</td><td>담임교사 2</td></tr>
<tr><td colspan="2">예약
(기차, 강원도립화목원, 춘천막국수체험관)</td><td>담임교사 1</td></tr>
<tr><td colspan="2">반별 행사 참석자 명단 및 비상연락망 작성</td><td></td></tr>
<tr><td colspan="2">필요 물품 구입</td><td>담임교사 2</td></tr>
<tr><td colspan="2">활동지 준비</td><td>담임교사 1과 2</td></tr>
<tr><td rowspan="10">행사 당일</td><td colspan="2">출석확인</td><td>담임교사 1과 2</td></tr>
<tr><td colspan="2">이름표, 활동지 배부</td><td>담임교사 1과 2</td></tr>
<tr><td colspan="2">행사 안내</td><td>원감</td></tr>
<tr><td colspan="2">사진촬영</td><td>사진기사</td></tr>
<tr><td rowspan="4">프로그램 진행</td><td>활동지</td><td>담임교사 1과 2</td></tr>
<tr><td>막국수 체험관</td><td>체험 – 안내원
유아인솔 – 교사</td></tr>
<tr><td>신문지게임</td><td>담임교사 1과 2</td></tr>
<tr><td>아빠와 함께 달리기</td><td>담임교사 1과 2</td></tr>
<tr><td colspan="2">부모평가지</td><td>담임교사 1과 2</td></tr>
<tr><td colspan="2">마무리 인사</td><td>원감</td></tr>
<tr><td rowspan="4">행사 후</td><td colspan="2">교사 평가</td><td>담임교사 1과 2</td></tr>
<tr><td colspan="2">유아평가지 준비</td><td>담임교사 1과 2</td></tr>
<tr><td colspan="2">유치원 페이지 사진 올리기</td><td>담임교사 1</td></tr>
<tr><td colspan="2">남은 물품 확인</td><td>담임교사 2</td></tr>
</table>

③ 최소 한달 전부터 학부모에게 행사안내문을 보내고 참가여부를 신청받아 예산을 수립한다.

'가족과 함께 하는 기차여행' 안내문

따스한 햇살 꽃향기가 가득한 5월입니다.
돌아보면 자연은 언제나 같은 자리에서 거짓되지 않고 누구나 포근하게 반겨주는 참으로 고마운 존재임을 느낍니다. 넓고 푸른 자연이 있어 참 좋은 기회가 되시길 바라며 5월 19일(토)에는 아이들과 함께 동심으로 돌아가셔서 즐거운 하루를 보내시길 바랍니다.

안내문	♥ 어디서 : 춘천(○○역 출발) ♥ 언 제 : 2018년 5월 19일 토요일 ♥ 시 간 : 9시까지 ○○○역으로 ♥ 누구랑 : 만 5세반 유아와 학부모 ♥ 준비물 : 소량의 간식, 물, 돗자리, 그리기도구(색연필) ♥ 기 타 : ○○○역에서 춘천역으로 가는 기차는 9시 35분 출발 예정이나, 이름표 배부 및 인원 수 확인을 위해 9시까지 ○○○역에 도착해 주시길 바랍니다.
교통편	♥ 기차, 춘천 내부에서는 유치원 버스를 타고 이동합니다.
복장	♥ 유 아 : 흰 티, 바지, 운동화(편안한 복장) ♥ 부모님 : 흰 티, 청바지, 운동화(편안한 복장)
알리는 말씀	♥ 화목원에서 간식시간 및 자유시간을 가질 예정이오니 소량의 간식을 챙겨오세요. ♥ 즐거운 마음으로 활동해 주시길 바랍니다. ♥ 아이들과 함께 활동하실 때 아버님께서는 유아들이 흥미를 보이는 것에 관심을 가지시고 함께 공감해주시면서 적극적으로 참여해 주시면 우리 아이들에게도 잊지 못할 하루가 될 것입니다.

◈ 기차여행은 우리 친구들과 함께 외부에서 활동을 하는 뜻 깊은 시간입니다.
즐거운 마음으로 적극 참여해 주세요.

◈ 부모님과 함께 활동을 한다는 것은 아이들에게 매우 설레고 기대되는 일입니다.
때문에 들뜬 기분으로 인하여 평상시 가정에서의 행동과 다른 모습을 보이는 경우가 종종 있습니다.
당일 영유아의 행동이 유치원 생활 가정의 전반적인 모습이라고 평가하기 보다는 우리 아이의 장점을 찾아보고 아이를 이해하는 시간이 되시기를 바랍니다.

◈ 기차여행에 대하여 가정에서도 적극적인 관심을 가져서 우리 아이들이 즐겁게 여행에 참여할 수 있도록 부모님들의 관심과 협조 부탁드립니다.

사랑이 꽃피는 ~~♡ 즐겁고 행복한

○○ 유치원

[그림 16-7] 가족여행 행사 안내문의 예

④ 가족여행 당일 정해진 장소에서 신청한 가족을 맞이하고 출석여부를 확인하며 이름표와 일정표, 활동자료 등의 자료를 배부한다.

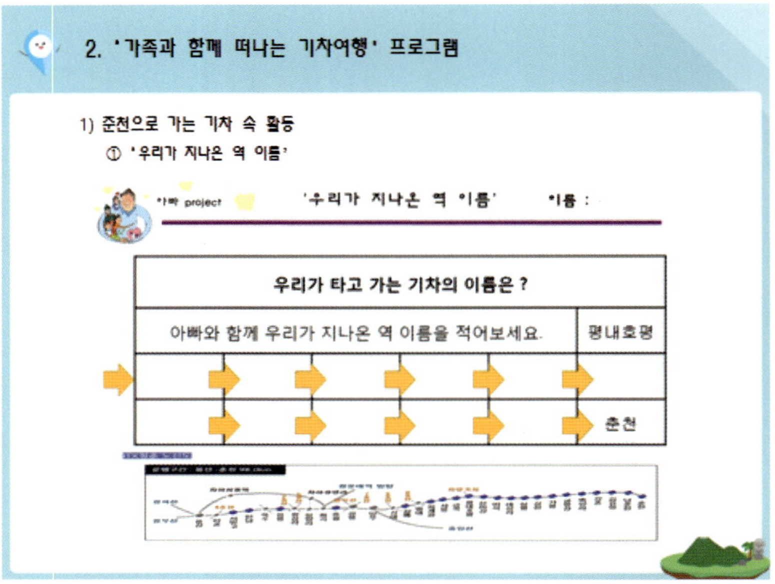

[그림 16-8] 가족여행 행사 시 활동자료의 예

⑤ 목적지에 도착 전·후 화장실을 다녀오도록 안내하고 지정장소에 모여 출석을 확인한다. 이후 계획한 여행장소를 둘러보며 가족과 함께 다양한 경험을 하도록 지원한다.

⑥ 여행 중간에 간식 시간과 점심 시간은 유아의 피로도와 상황에 따라 융통성 있게 운영한다. 교사는 학부모가 영유아와 적극적으로 상호작용하도록 지원하는 역할을 수행하게 되므로 이동 시, 간식과 점심 지도 등은 학부모가 더 많은 역할을 하도록 격려한다.

⑦ 여행 후 다시 지정장소에 모여 인원 수를 체크하고 귀가한다.

⑧ 도착지에서는 기차 내에 놓고 내리는 물건이 없는지 체크하고 역에 내려 각 가족과 모여 인사를 하며 행사를 마무리한다.

⑨ 행사 후 평가는 귀가 시 기차 안에서 혹은 행사 다음 날 유아와 학부모 대상 설문조사 등으로 실시할 수 있다.

'가족과 함께 하는 기차여행' 평가설문지

안녕하세요. ○○ 유치원 가족 여러분!
바쁘신 가운데도 가족과 함께하는 기차여행에 참석해주셔서 진심으로 감사드립니다.
오늘 하루 우리 아이들과 함께 즐겁고 행복한 시간을 보내셨나요?
설문지를 읽어보시고 오늘 활동에 대해 꼼꼼히 평가 해주세요.

본 설문지는 이번에 진행한 가족과 함께하는 기차여행에 대한 의견을 수렴하여, 다음 아빠와 함께하는 기차여행에 참고하기 위한 자료입니다. 작성하셔서 5월 25일 금요일까지 원으로 회신해주시길 부탁드립니다.

1. 해당란에 ○표 해주세요.

참여수업에 참석하신 분은?	아버지 (　　　　)	기타 (　　　　)
내용	만 족	미 흡 (이유기재)
체험활동 주제는 적절하였습니까?		
체험활동 방법은 적절하였습니까?		
체험활동 시간은 적절하였습니까?		
교사와 아이들의 상호작용이 잘 이루어졌나요?		

2. 오늘 참석한 '가족과 함께하는 기차여행' 활동 중 우리아이는 무엇을 재미있어 했나요?

3. 오늘 아이와 함께 한 '가족과 함께하는 기차여행'에서 느낀 점을 적어주세요.

4. 추후 계획되어지는 부모님과 함께 하는 행사의 주제 및 활동으로 제안하고 싶은 것이 있다면 알려주세요.

[그림 16-9] 가족여행 행사 평가설문지의 예

2) 바자회

바자회는 유아들에게 소비와 생산, 부족한 재화 등 경제 개념을 알아가는데 매우 효과적인 행사로서 학부모의 자원봉사가 필요한 행사이다. 특히 바자회는 '우리 동네' 와 같은 생활주제와 연계하여 유아들이 우리 동네에서 일하시는 분들에 대한 조사활동을 하며 흥미를 가질 때 혹은 '음식'에 대한 주제에 관심을 가지고 생산과 소비에 대한 탐색활동을 할 때 실시하면 더욱 효과적이다.

바자회는 유아들과 함께 하는 교육 전개 상황에 따라 학부모와 함께 일정을 의논하고 주간교육계획안에 반영하여 진행한다. 바자회의 운영과정의 예를 제시하면 다음과 같다.

① 유아가 관심 있어하는 주제에 대한 교육상황과 연계하여 연간 혹은 월간교육계획안에 바자회 일정을 계획한다.

② 교직원 협의를 통해 준비사항에 대한 업무를 계획하고 최소 한 달 전에 학부모에게 협조 안내문을 발송한다. 안내문 발송 시 학급 유아들에게도 바자회의 의미와 안내문의 내용을 소개하여 유아들이 주도적으로 바자회에 참여하도록 한다. 또한 바자회는 학부모의 적극적인 협조가 필요한 행사이므로 자원봉사 신청 및 물품 협조에 대해 다음 [그림 16-10]과 같은 안내문을 추가하여 발송한다.

③ 학부모 자원인사와 모임 시간을 마련하여 학부모가 지원 가능한 바자회 물품 혹은 바자회 당일 역할을 협의한다.

가 정 통 신 문

'OO 유치원 바자회'

아껴쓰고 나눠쓰고 바꿔쓰고 다시쓰는 아나바다

학부모님 안녕하십니까?
뜨겁던 여름이 지나고 아침저녁으로 서늘한 기운이 도는 가을이 왔습니다. 우리 아이들도 무더웠던 여름을 잘 보내고 한 해 뿌려놓은 땀과 노력을 거두는 결실의 가을을 맞이하였습니다.

현재 OO 유치원의 아이들은 '환경과 생활' 이라는 주제로 환경에 대해 알아보는 활동하고 있습니다. 이번 주에 '아나바다' 라는 이야기나누기 활동을 하며 아이들이 아나바다에 대해 많은 관심을 가지게 되었습니다. 그래서 가을의 풍경 속에서 아껴쓰고 나눠쓰고 바꿔쓰고 다시쓰는 'OO 유치원 바자회'를 준비하였습니다.

아래의 내용을 읽어보신 후 **학부모 도우미 신청서는 9월 15일 금요일까지** 아이를 통해 원으로 보내주시기 바랍니다. 바쁘시더라도 꼭 참석하시어 우리 아이들의 자랑스러운 모습을 지켜봐 주시고 함께하는 멋진 추억을 만드는 시간을 가져보시기 바랍니다. 항상 저희 원에 깊은 관심과 사랑을 주시는 학부모님들의 성원에 감사드립니다.

- 아 래 -

※ 가정에서 이렇게 준비해 주세요 ※

1) 재활용이 가능한 옷, 모자, 가방, 신발, 악세사리, 장난감, 책, 생활용품
- ▷ **장난감**- 유아가 싫증나서 가지고 놀지 않는 장난감 인형 (망가지지 않고 깨끗한 것)
- ▷ **도서**- 여러 종류의 책 (동화책, 소설책 등) 아동도서가 아니어도 됨.
- ▷ **잡화**- 가방, 목걸이, 귀걸이, 머리핀 또는 머리띠, 모자, 스카프, 지갑 등
- ▷ **의류**- 유아가 입을 수 있는 깨끗한 옷, 어른들이 입을 수 있는 깨끗한 옷
- ▷ **신발**- 유아용 샌들, 운동화, 장화나 단화 등, 어른들이 신을 수 있는 신발

2) 가방과 모자, 옷 등은 깨끗하게 세탁을 해서 보내주시고, 얼룩이 있거나 터진 부분이 있는 지 꼭 확인 후 보내주세요.
3) 원활한 활동이 될 수 있도록 개인당 물품 2개 이상씩 보내주세요.
4) 물건을 보내주시는 기간: 2017년 9월 11일 - 9월 22일까지
*** 물건에는 이름을 적지 않고 보내주시기 바랍니다.**

2018. 09. 08

------------------------------ 절 취 선 ------------------------------

원활한 바자회 활동을 위해 도움을 주실 의향이 있으신 학부모님께서는 밑에 신청서를 작성하여 유아를 통해 보내주시기 바랍니다.

학부모 도우미 신청서

유아 반:__________ **유아 이름:__________**

참여 가능	참여 불가능

2018년 월 일 **보호자 (인)**

OO 유치원

[그림 16-10] 바자회 행사 안내문의 예

④ 정해진 기간 동안 바자회 물품을 모은 후 유아들과 함께 모여 품목별로 분류하고 가격을 협의하여 표시한다.

⑤ 바자회에 필요한 간판과 현수막, 이름표, 안내문 등을 미리 제작한다. 교사는 유아들이 제작 가능한 자료를 보다 용이하게 제작할 수 있도록 필요한 재료를 제공하거나 제작틀을 제시하고 유아들이 협동하여 마무리할 수 있도록 격려한다.

[그림 16-11] 바자회 행사 시 안내판과 가격표의 예

⑥ 바자회 당일 준비한 물품을 품목별로 전시하고 가격표와 안내문 등을 배치하여 판매한다. 유아와 교사, 학부모 자원봉사자가 다함께 의논한 역할을 수행한다.

⑦ 바자회 물품을 판매한 후 모금액을 함께 모여 계산하고 결과 금액을 게시판에 공지한다. 남는 물품이 있는 경우 사전에 의논한대로 지역사회의 기부단체에 기증하거나 가격을 조정하여 추후 소규모 바자회를 계획한다.

⑧ 교직원들은 바자회 진행을 도와주신 학부모 자원인사에게 감사의 인사를 하고 행사 전반에 대한 설문조사를 하며 행사를 마무리한다.

OO 유치원 바자회 학부모 설문지

학부모님 안녕하십니까?
바쁘신 와중에 『 OO 유치원 바자회』에 참석해주셔서 감사합니다. 오늘 하루 우리 아이들과 함께 즐겁고 행복한 시간을 보내셨나요? 학부모님과 우리 별사랑 유치원 아이들 덕에 즐겁게 마무리 될 수 있었습니다. 저희 원에서는 바자회에서의 좋았던 점과 개선해야 할 점에 대하여 학부모님의 의견에 귀 기울이고자 합니다. 아래의 항목에 의견을 기재해 주신다면, 다음 해의 바자회에 참고하여 더욱 발전된 모습을 선보이겠습니다. 평가 설문지는 10월 13일 금요일까지 작성하여 학유아를 통해 원으로 보내주시기 바랍니다. 감사합니다.

2017. 10. 07.

- OO 유치원 올림 -

1. 올해 OO 유치원 바자회 행사에 대한 만족도는 어느 정도 입니까?
① 매우 높다. ② 조금 높다. ③ 보통이다. ④ 조금 낮다. ⑤ 매우 낮다.

2. 오늘 행사를 통해 자녀의 유치원 생활을 이해하는데 얼마나 도움이 되셨습니까?
① 많이 도움이 되었다. ② 보통이다. ③ 잘 모르겠다. ④ 도움이 안 되었다.

3. 오늘의 활동 중에 인상 깊은 것이 있다면?

4. 오늘의 활동 중에 보완해야 할 점이 있다면?

5. OO 유치원에 하고 싶은 말씀이 있다면?

설문에 참여해주셔서 진심으로 감사드리며
학부모님의 의견을 적극적으로 수렴하여 보다 좋은 유치원을 만들기에 노력하겠습니다.

OO 유치원

[그림 16-12] 바자회 행사 평가설문지의 예

3) 전시회 및 발표회

전시회 및 발표회는 유아가 교육과정 운영 과정에서 얻게 된 개념이나 지식을 그림, 글 혹은 음악과 동작 등으로 다양하게 표현한 결과물을 학부모에게 보여주는 행사이다. 그러나 종종 발표회는 유아와 교사가 함께 준비하는 행사가 아닌 학부모에게 보여주기 식의 재롱잔치로 진행되어 영아나 유아, 교사를 힘들게 하는 행사로 변질되고 있다(베이비뉴스. 2016. 1. 27자 참조).

이에 전시회 및 발표회는 유아들과 함께 하는 교육 전개상황에 따라 학부모와 함께 일정을 의논하고 주간교육계획안에 반영하여 진행한다. 유아들과 함께 준비하는 발표회 운영과정의 예(덕성여자대학교 부속유치원, 2014)를 제시하면 다음과 같다.

① 유아가 관심있어 하는 주제에 대한 교육상황과 연계하여 월간 혹은 주간교육계획안에 발표회 일정을 반영하여 재구성한다([그림 16-14] 참조).

② 유아들과 의논한 방법대로 발표회의 내용과 자료를 준비한다. 예를 들어 만 5세반 유아들이 숲의 이로움과 보존에 대한 주제에 대한 조사활동, 이야기 나누기 등을 통해 알아낸 지식과 개념을 언어영역에서 이야기를 꾸미고 이를 인형극으로 보여주는 싶어하는 경우, 대본으로 만들고, 발표회 안내문과 포스터를 만들고, 무대배경을 구성하는 일련의 과정을 함께 준비할 수 있다.

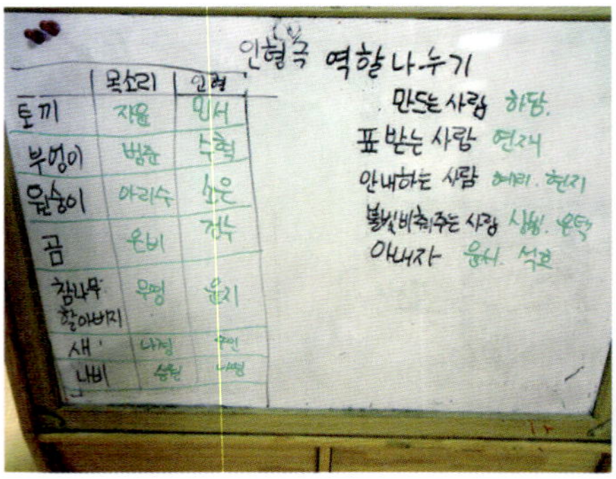

대집단으로 역할 의논하기

조형영역 – 줄 인형 만들기

언어영역 – 포스터 만들기

조형영역 – 입장권 만들기

쌓기놀이 영역/조형 영역 – 숲 속 배경 꾸미기

[그림 16-13] 전시회 준비과정의 예

③ 준비가 되면 리허설을 해보고 더 보완해야할 점 등을 의논하여 준비한다.

<table>
<tr><td colspan="2">반 이름</td><td colspan="2">○○반</td><td>시기</td><td colspan="2">20○○년 ○월 ○주</td></tr>
<tr><td colspan="2">생활주제</td><td colspan="2">동식물과 자연</td><td>주제</td><td colspan="2">숲과 함께 하는 우리</td></tr>
<tr><td colspan="2">목표</td><td colspan="5">• 숲이 주는 이로움을 안다.
• 숲에 대해 알아낸 점을 극놀이로 표현할 수 있다.
• 숲을 보호하고 아끼는 태도를 기른다.</td></tr>
<tr><td colspan="2">날짜 / 활동</td><td>1(월)</td><td>2(화)</td><td>3(수)</td><td>4(목)</td><td>5(금)</td></tr>
<tr><td colspan="2">소주제</td><td>숲에 사는 동물</td><td>숲의 오염</td><td>숲의 파괴</td><td>숲의 보호</td><td>숲에서 일하는 사람들</td></tr>
<tr><td rowspan="7">자유선택활동</td><td>쌓기놀이 영역</td><td colspan="2">숲 속 구성하기</td><td colspan="3">숲 속 인형극장에서 인형극 해보기</td></tr>
<tr><td>역할놀이 영역</td><td colspan="3">조경사가 되어봐요</td><td colspan="2">꽃가게 놀이</td></tr>
<tr><td>언어영역</td><td colspan="2">'숲 속 친구들' 인형극 대본 짓기</td><td colspan="3">각종 안내문 만들기
(스티커 글자 제공)</td></tr>
<tr><td>수·조작 놀이영역</td><td colspan="3">유치원 나무지도 만들기</td><td colspan="2">다람쥐 도토리 게임</td></tr>
<tr><td>과학영역</td><td colspan="2">숲이 주는 이로움 조사하기</td><td colspan="3">숲을 지키는 방법 조사하기</td></tr>
<tr><td>미술영역</td><td colspan="2">나뭇잎 판화</td><td colspan="3">나무열매 모빌 만들기</td></tr>
<tr><td>음률영역</td><td colspan="2">나무악기 탐색하기</td><td colspan="2">인형극장 배경음악 구성하기</td><td></td></tr>
<tr><td rowspan="7">대·소집단활동</td><td>이야기 나누기</td><td>숲속인형극장 놀이를 하려면?</td><td>숲이 사라지고 있어요</td><td>숲을 지키는 방법</td><td>숲속 인형극장 초대 리허설 하고 평가하기</td><td>숲에서 일하는 사람들</td></tr>
<tr><td>동화·동시·동극</td><td>그림동화 '숲속의 그림물감'</td><td></td><td>동시 '나무야 나무야'</td><td>숲속 인형극장 초대 리허설</td><td>자석동화 '우리 아빠는 연구원'</td></tr>
<tr><td>음악</td><td></td><td>새노래지도 '아기새의 눈물'</td><td></td><td></td><td></td></tr>
<tr><td>신체</td><td>나뭇잎 트위스트</td><td></td><td></td><td></td><td></td></tr>
<tr><td>게임</td><td></td><td>단풍잎 뒤집기 게임</td><td></td><td></td><td>징검다리 건너기</td></tr>
<tr><td>요리</td><td></td><td></td><td></td><td>팝콘 요리</td><td></td></tr>
<tr><td>미술</td><td>인형극장 배경 꾸미기 (3집단)</td><td colspan="3">월~화 활동입니다.</td><td></td></tr>
<tr><td colspan="2">바깥놀이 활동</td><td colspan="2">나무열매 모으기</td><td colspan="3">나의 나무 돌보기</td></tr>
</table>

[그림 16-14] 주제 관련 전시회를 위한 주간교육계획안의 예

④ 정해진 일정과 역할에 맞추어 가족이나 다른반 친구들을 초대하고 발표회를 진행한다.

⑤ 발표회가 끝난 후 유아와 함께 평가의 시간을 갖고, 이후 참여한 교사들과 자체 평가를 하며 마무리한다.

❤ **다음의 뉴스 기사를 읽고 영유아와 교사에게 부담을 최소화하면서도 영유아, 교사, 부모 모두에게 의미있는 프로그램으로 계획하기 위한 방법을 의논해 보세요.**

아동폭행으로 얼룩진 유치원 재롱잔치 : 재롱잔치가 뭐라고 … 연습 중 폭행, 폭언한 교사들

고사리손으로 악기를 연주하고 목청껏 노래 부르는 아이들과 그 모습을 흐뭇하게 지켜보는 부모들의 잔치. 유치원이나 어린이집에서 연말이면 늘 볼 수 있는 발표회의 풍경이다. 소위 재롱잔치로 불리는 이 발표회는 아이와 학부모 모두에게 특별한 의미를 갖는다. 아이에게는 많은 사람들 앞에서 뭔가를 뽐내보는 색다른 경험이자, 아주 오랫동안 잊혀지지 않는 어린 시절의 추억이 된다. 부모에게는 사랑스러운 아이의 성장을 확인하고 기뻐하는 자리가 된다. 서투르고 완벽하지 않아도 그 자체만으로 즐거운 진짜 잔치인 셈이다.

• 똑바로 못해!' 재롱잔치 연습 중 원생 폭행

그런데 최근 청주 청원군 오창읍의 한 유치원에서 음악제를 연습하는 도중 아이들에게 '똑바로 못하느냐'며 폭행 및 폭언을 한 교사의 행실이 알려져 안타까움을 사고 있다. 경찰이 공개한 CCTV에는 각을 잡고 줄을 맞춰 북을 치는 아이들 사이로 우두커니 선 아이와 그 아이에게 달려와 손으로 몸을 밀치는 교사의 모습이 적나라하게 담겼다. 피해 아동이 다른 아이들처럼 북을 치지 못하자 감정이 격앙된 교사가 아이에게 손찌검을 한 것이다.

잔뜩 주눅이 든 아이는 저항은커녕 교사의 손길에 가볍게 밀려나가며 대열에서 이탈됐고, 다른 아이들은 동작을 멈추면 혼이라도 나는 듯 다른 교사에게 집중하며 일사불란하게 북을 두드렸다. 지난해 11월 6일~19일 사이 있었던 연습 과정에서 이 아이뿐 아니라 무려 69명가량 아이들이 이와 같은 폭행 및 폭언을 당했다고 경찰은 전했다.

• 재롱잔치가 뭐라고….

왜 이런 일이 일어난 걸까? 고작 5~7세의, 그것도 전문적으로 음악을 전공하지 않은 어린 아이들에게 대체 어떤 모습을 기대했기에 교사는 흥분을 가라앉히지 못했던 걸까? 교육계 등은 이러한 발표회가 새해 원생 모집을 앞둔 시즌에 진행되며 교사와 아이들 양쪽에 스트레스를 주고 있다는 해석이다.

사건이 발생된 유치원은 청주에서 가장 비용이 높은 사립유치원 중 하나다. 다른 유치원과 마찬가지로 음악제 이후 방학과 원생 모집 등 기간을 거친다. 한 명이라도 원생을 더 모집하려면 음악제 등 연말 발표회에서 학부모에게 좋은 평가를 받아야 유리하다. 그게 이 유치원의 교사들이 아이들에게 무리한 연습을 요구하며 학대하게 된 주요한 이유 중 하나다.

• 눈물로 얼룩진 재롱잔치

사건 발생 후 2달여가 흐른 지난 25일 청주청원경찰서는 이 유치원의 교사 3명을 아동복지법 위반 혐의로 구속하고 원장을 포함한 교사 4명을 양벌 규정 등에 따라 불구속 입건했다. 지난 두 달 동안 이 유치원의 5, 6, 7세 학부모 62명이 "아이들이 상습적으로 학대당했는데 원이 미온적으로 대처했다. 가해 교사뿐 아니라 원장, 경영자를 수사하고 전원 엄벌해 달라"는 내용의 진정서를 경찰에 제출하는 등 행동을 취했다. 유치원 측은 "학부모들이 유별나게 사건을 키우고 있다"며 "피해 원생과 학부모들에게 2차적인 심리적 피해를 안겼다"고 대응했다. 결국 사건 두 달 여 만에 경찰의 구속 등 조치가 이뤄진 상황에서 향후 사건 진행이 어떻게 이뤄질지 이목이 집중되고 있다.

[출처 : 베이비뉴스(2016. 1. 27)]

제17장

가정 및 지역사회와의 연계

많은 부모들이 자녀의 학습에 관심을 가지고 자녀가 다니는 교육기관에 적극적으로 개입하고 있으며 한 걸음 더 나아가 유치원이나 어린이집의 교육과정에도 참여하고자 한다. 유치원과 어린이집에서는 부모를 대상으로 교육과정에 대한 상세한 정보를 제공하고 다양한 가정연계 부모교육을 통하여 자녀가 다니고 있는 유아교육기관의 교육과정에 직접 참여해 볼 수 있는 기회를 줄 필요가 있다. 부모들은 이러한 기회를 통하여 기관에서 진행되는 유아의 발달에 적합한 교육과정에 대하여 명확히 이해할 수 있게 된다.

유아교육기관에서 교육과정과 연계된 교육 자료를 집으로 보내서 부모들이 자녀의 교육과정에 직접 참여해 볼 수 있는 경험을 제공하는 것은 부모 스스로가 발달에 적합한 좋은 교육활동의 가치와 중요성을 알도록 하는데 도움이 된다. 그러나 가정과 연계된 이러한 활동이 숙제의 의미로 변질되어 유아에게 부담이 되거나 여러 가지로 바쁜 부모에게 스트레스를 주는 상황이 되지 않도록 주의해야 한다.

- 활동명 : 가족 달력 만들기
- 대상연령 : 만 4~5세
- 교육적 효과
  - 달력의 필요성을 안다.
  - 1년의 흐름을 이해하고 행사들의 종류를 안다.
  - 국가 경축일과 가족의 경축일이 다름을 안다.
  - 수에 관심을 갖는다.
- 활동자료 : 달력, 색연필, 사인펜, 스티커

• 활동방법
1. 새해가 되면 새 달력을 꺼낸 다음 그 해에 있는 행사들을 살펴본다.
   – 이제 새해가 되었구나. 새해에는 어떤 행사들이 있는지 살펴보자.
   – 이 날은 무슨 날이니? OO날인지 어떻게 알았니?
   – 빨간색으로 숫자가 표시되어 있구나. OO날이라고 글씨가 써있어서 알 수 있었구나.
2. 달력에 표시되지 않았지만 우리 가족들끼리 하는 행사들은 무엇이 있는지 알아본 후, 다양한 방법으로 표시를 한다(예: 동그라미 치기, 스티커 붙이기, 글씨 쓰기 등).
   – 이 달력에 우리 가족의 행사를 표시해 보자.
   – OO의 생일은 언제지? 8월 16일을 찾아보자.
   – OO의 생일은 8월 16일 수요일이구나. 그럼 OO의 생일이라는 것을 알 수 있게 어떻게 표시하면 좋을까?
3. 다 마들고 난 후 어느 달의 행사가 가장 많은지 비교해 본다.
   – 행사가 가장 많은 달은 언제인지 찾아보자.

[그림 17-1] 가정과의 연계 활동의 예

[출처 : 김영옥(2012). 「부모교육」. 고양: 공동체. p. 398.]

부모뿐만 아니라 지역사회는 부모의 양육에 영향을 미치는 중요한 역할을 한다. 지역사회는 여러 가지 물적 자원(예: 주변환경, 각종 기관, 시설 등)과 인적 자원(예: 자원봉사, 전문 인력 등)을 제공할 수 있다. 유아교육기관은 지역사회와의 연계를 통해 부모에게 더욱 풍부한 경험을 제공할 수 있고 지역사회의 자원을 활용함으로써 한정된 예산으로 다양한 교육 기회를 제공할 수 있기 때문에 지역사회와의 연계는 중요하다.

최근 불거진 저출산 및 아동학대의 사회적 문제로 지역사회마다 다양한 부모교육 프로그램을 개발하여 운영하고 있다. 부모교육을 지원하기 위한 대표적인 기관으로는 건강가정지원센터, 육아종합지원센터가 있으며 그 밖의 지역사회에 있는 심리상담센터 등 사설 기관 등의 전문가를 통하여 부모교육을 지원받거나 운영할 수 있다. 따라서 교사는 수시로 지역사회에 있는 기관에서 부모들이 이용 가능한 서비스를 확인하는 것이 필요하다.

• 건강가정지원센터: 2005년 시행된 건강가정기본법에 따라 가정문제를 예방하고 건강한 가정을 유지하도록 지원하기 위해 부모교육, 상담 및 치료프로그램 등을 개발하고 운영하고 있다.
• 육아종합지원센터: 영유아보육법과 지방자치단체의 조례에 근거하여 지역사회

내에 육아를 지원하기위한 거점 기관으로 부모 상담 및 교육, 도서 및 장난감 대여 등 가정양육을 지원하기 위한 기관이다.

유아교육기관에서는 지역사회에서 활용 가능한 자원과 프로그램을 게시판, 홈페이지 등을 통해 부모들에게 소개하여 필요한 서비스를 이용하도록 하는 간접적인 방법과 직접 유아교육기관으로 초청하여 부모교육을 실시하는 직접적인 방법을 통해 지역사회와의 연계를 통한 부모교육을 실시할 수 있다.

현재 기관과 지역사회와의 연계는 보건소의 건강검진 지원, 지역사회에서 제공하는 부모교육 프로그램을 게시판이나 홈페이지 등을 통해 소개하기, 강연회나 워크숍 등의 강사 섭외 등 제한적인 범위 내에서 이루어지고 있어서 가정연계와 비교해서 활성화되었다고 보기 어렵다(권미경, 윤재석, 조혜주, 2015). 따라서 유아교육기관에서는 지역사회의 물적·인적 자원을 파악하고 교육과정과 지역사회 특성에 맞는 지역사회연계 프로그램을 창의적으로 개발하기 위하여 노력해야 한다.

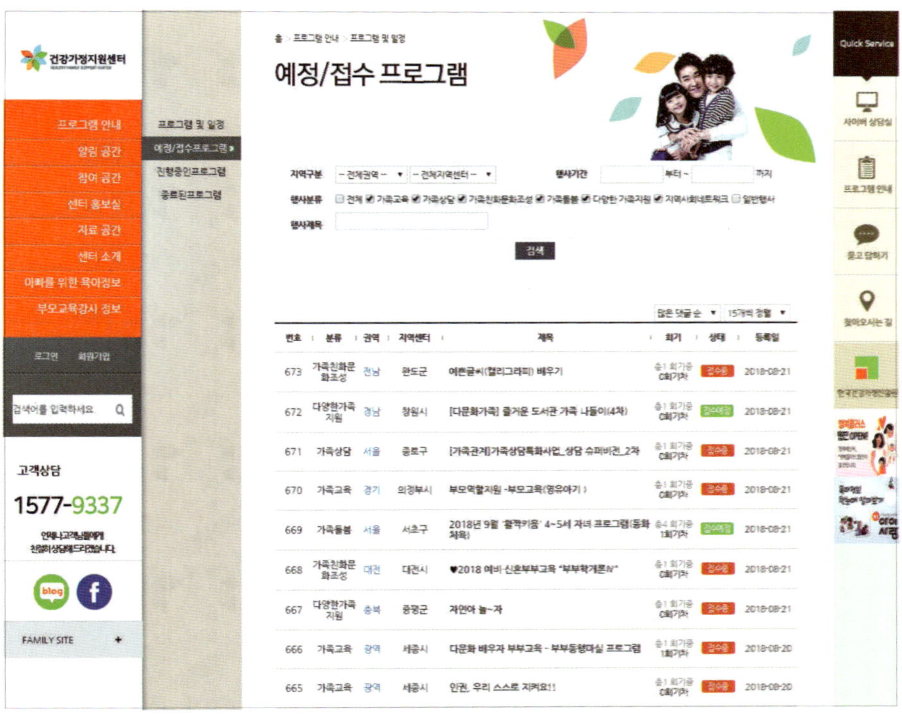

[그림 17-2] 부모교육 프로그램을 제공하는 지역사회프로그램의 예

[출처 : 건강가정지원센터 홈페이지 http://www.familynet.or.kr/program/receiptprogram/list.do]

❤ 조사해 보세요!

우리 지역사회에서 활용할 수 있는 물적·인적 자원을 조사하고 지역사회와 기관 간의 연계 방법을 의논해 보세요.

제18장

부모자원봉사

부모는 교재・교구를 제작하거나 학급 보조교사와 같은 부모자원봉사 프로그램에 참여하면서 자녀들이 다니는 유아교육기관의 프로그램에 협조할 수 있다. 부모 자원봉사는 기관의 운영관리에 직접 참여하여 협조하기 때문에 기관의 교육, 자녀, 그리고 부모 자신에 대해 더 깊은 이해를 할 수 있다.

대부분의 부모 자원봉사는 수업의 보조나 행사의 도우미, 부모의 전문 지식을 활용한 봉사와 같은 방법으로 운영되고 있다. 자녀교육에 대한 열정을 가진 부모들이 유아교육기관의 자원이 된다면 교육의 질적 수준의 향상에 도움이 될 뿐만 아니라 교사의 교실 운영에 대한 부담을 줄이는데 도움이 될 수 있다. 그리고 부모는 자신의 능력과 역할을 새롭게 확인하고 기관의 프로그램에 기여했다는 자신감과 만족감을 느낄 수 있을 뿐만 아니라 자원봉사를 하면서 체득한 기술과 정보를 가정에서 자녀지도에 적극 활용할 수 있다는 장점이 있다. 따라서 부모 자원봉사를 보다 적극적으로 장려할 필요가 있다.

학기 초 부모자원봉사 프로그램을 계획 시 부모가 참여하는 활동의 성격에 따라 준비 모임의 유무, 당일 소요 시간, 부모가 수행해야 하는 역할, 부모에게 요구되는 능력 등을 고려하여야 한다. 각 활동에 적합한 역할을 수행할 수 있는 부모가 신청해야 효율적인 참여가 이루어지므로 제반 사항에 대한 자세한 안내를 하고 협조를 요청한다. 학기 초에 부모들에게 자원봉사가 필요한 영역을 안내하고 참여할 수 있는지, 어느 영역에서 도움을 줄 수 있는지 조사하여 자원봉사목록을 정리하면 교육과정을 계획할 때 효율적으로 활용할 수 있다.

OO반 부모님께

안녕하십니까?

'겨울'이라는 주제를 진행하면서 겨울철 날씨의 특징에 대해 알아보고 있는 OO반 어린이들은 날씨의 변화에 따라 사람들과 동식물이 어떻게 겨울을 맞이할 준비를 하는지에 대해 궁금해 하고 있습니다. 따라서 사람들의 겨울맞이 활동의 일환으로 김치 담그기를 직접 체험하고자 합니다. 김치 담그기 활동은 유아들에게 겨울철 날씨 변화에 따른 사람들의 생활 변화를 이해하고 요리 활동을 통해 물질의 변화에 대해 경험하는 유익한 시간을 제공할 것입니다.

이에 아래와 같이 김치 담그기를 진행할 부모님의 신청을 받고자 하오니 내용을 참고하시어 **11월 17일 금요일**까지 담임교사에게 전화로 신청해 주시기 바랍니다.

\- 아 래 -

1. 일시 : 2017년 11월 24일 금요일 9:30 ~ 12:00
2. 인원 : 선착순 2명
3. 신청방법 : 담임교사에게 전화로 신청
4. 준비 일정

일시	내용
2017년 11월 20일 월요일 오후 5시	김치 담그기 활동 방법 및 재료 의논
2017년 11월 22일 수요일 오후 4시	김치 담그기를 위한 활동방법 및 상호작용 안내

5. 준비물: 개인 앞치마
6. 기타

- 자녀가 참여를 원하더라도 김치를 담그실 수 있는 분만 지원해 주시기 바랍니다.
- 11월 22일 준비 모임은 교실에서 활동에 사용되는 재료를 가지고 오리엔테이션 형식으로 진행될 예정이므로 반드시 참석하셔야 합니다.
- 모집 인원보다 많은 분이 지원하시는 경우에는 선착순으로 선정되오니 이 점 참고바랍니다.

항상 OO반에 관심과 협조를 보내주시는 부모님들께 감사드립니다.

2017년 11월 10일

OO반 담임 OOO

[그림 18-1] 부모자원봉사 신청 안내문의 예시

부모자원봉사 프로그램의 유형을 세 가지로 나누어 살펴보면 다음과 같다.

1. 수업 보조교사

부모가 기관에서 유아들과 상호작용하는 방법이나 교수학습 자료를 활용하는 방법 등에 관하여 일정한 시간동안 교육을 받은 후 보조교사로서 담임교사를 도와 직접 수업에 참여할 수 있다. 예를 들면, 자유선택활동시간에 언어영역에서 동화책을 읽어주거나 김치 담그기와 같이 한 활동을 담당할 수도 있고 견학 시에 유아들을 지도·감독할 수도 있다.

교사는 먼저 수업 과정에 대한 전체 안내문을 통해 보조교사의 역할에 대한 이해를 돕고 희망하는 부모의 신청을 받는다. 부모가 수업을 보조하는 경우에는 교사들이 구체적인 도움을 주어야 한다. 즉 활동방법과 구체적인 상호작용의 예는 무엇이 있는지, 어느 정도 개입할 것인지, 유아 간에 갈등이 일어났을 때는 어떻게 지도할지에 대해 충분히 이해하도록 상호작용에 대한 안내문 혹은 협의회 등을 통해 사전 교육을 실시하고 참여할 수 있도록 한다.

[그림 18-2] 지역사회의 나눔 텃밭 가꾸기 시 부모 자원봉사의 예

2. 전문지식을 활용한 자원봉사

특정 전문 지식이나 기능을 가진 부모들은 유아교육기관을 방문하여 자신이 가진 재능을 활용하여 유아들을 지도할 수 있다. 혹은 유아들이 부모의 직장을 방문하여 전문적인 지식을 가진 부모로부터 유아교육과정과 관련된 교육활동을 진행하는데 도움을 받을 수 있다. 예를 들어, 악기를 연주할 수 있는 부모들은 악기와 연주방법을 소개하고 연주회를 열어줄 수 있으며, 수의사인 부모는 동물을 돌보는 방법에 대해서 설명해 줄 수 있다.

전문가로서 자원봉사를 하는 부모도 보조교사로 참여하는 부모와 마찬가지로 효과적으로 상호작용을 할 수 있는 방법에 대해 교육을 받을 필요가 있다. 유아에게 궁금한 것을 미리 조사하여 부모가 적절한 답변을 미리 생각할 수 있도록 시간을 제공하고 유아의 수준에 맞게 적절한 수준으로 상호작용을 조정할 수 있도록 교사가 도움을 제공해야 한다. 전문지식을 활용한 자원봉사 프로그램을 운영할 때는 부모의 일에 지장을 주지 않도록 배려한다.

[그림 18-3] 수의사인 부모 자원봉사를 활용한 토끼 기르는 방법 이야기나누기

3. 교육자료 제작

부모들은 유아교육기관에 필요한 여러 가지 자료의 제작을 도와주면서 자원봉사를 할 수 있다. 학기 초에 교육자료 제작 프로그램의 필요성을 안내하고 부모의 재능이나 희망에 따라 자발적인 지원을 받은 후, 기관에서 장소와 재료를 제공하는 형태로 진행하는 것이 바람직하다. 부모 자원봉사자들과 사전 모임을 하면서 활용방법에 따른 자료제작방법, 크기, 제작 장소와 시간 등을 협의하여 진행한다.

부모들이 제작 가능한 자료의 예시는 다음과 같다.

- 그림 동화, 테이블 동화, 부직포 동화 등의 자료 제작
- 흥미영역에서 사용할 교구 : 드레스 치마, 요리사 앞치마 등의 역할놀이 의상, 언어활동이나 조형활동 시 필요한 모양종이, 보드게임판 등

특히, 자료를 제작한 부모들이 학급의 수업에 보조교사로 참여한다면 자신의 도움이 직접적으로 어떻게 쓰이는지를 알게 되어 더 많은 보람을 느낄 수 있다.

[그림 18-4] 보드게임판 자료제작 워크샵의 예

제19장

부모 면담

부모 면담은 교사와 부모의 가장 적극적인 의사소통이라고 할 수 있다. 대화를 통해 교사는 유아의 가정환경을 알 수 있고 부모는 기관에서의 유아 모습을 이해할 수 있다. 유아교육기관에서의 부모면담은 유아가 문제행동을 보일 때뿐만 아니라 유아를 좀 더 잘 이해하고 보다 나은 교육을 하기 위해 모든 학부모를 대상으로 계획된다.

부모 면담은 정기적으로 일 년에 2회에서 3회 정도 실시되며 학기 초는 주로 유아의 가정환경과 성장 과정을 이해하고 부모와의 긍정적인 관계를 형성하며 유아의 교육에 대한 공동의 목표를 수립하기 위한 목적으로 실시된다. 학기 말에 실시되는 부모 면담은 유아의 발달과 진보 과정을 알리기 위해 실시된다. 그 이외에 교사나 부모의 필요에 의해 수시로 면담이 이루어질 수 있다.

교사는 부모와 함께 유아의 여러 가지 문제에 대해서 함께 고민하지만 교사의 전문성을 넘는 문제에 무리하게 개입해서는 안 된다. 자신의 영역을 넘는 문제에 대해서는 지역사회의 여러 상담기관이나 치료센터 등을 소개하고 개별 분야의 전문가들에게 도움을 받을 수 있도록 연계해 주는 것이 좋다(Keyser, 2006).

1. 면담의 유형

유아교육기관에서 실시되는 면담은 상담 상황의 구조화 정도, 면담 시기, 면담 인원 등에 따라 여러 가지로 구분되며 유아와 부모의 상황, 문제의 유형에 따라 적절하게 선택하여 실시할 수 있다(김정원, 전선옥, 2016).

〈표 19-1〉 면담 유형의 분류

분류 기준	유형	내용
상담의 구조화 정도	구조화된 상담	사전에 계획한 질문 위주로 구성된 면담
	비구조화된 상담	관찰을 기초로 자연스러운 면담
상담 시기	정기 상담	정해진 시기에 면담
	수시 상담	필요한 상황에서 수시로 면담
상담 인원	개별 상담	교사와 부모가 일대일로 면담
	집단 상담	교사와 여러명의 부모가 관심사에 대해 면담

[출처 : 김정원, 전선옥(2016). 영유아교육기관의 부모교육. 창지사. p. 297.]

1) 집단면담

집단면담이란 교사와 다수의 부모가 함께 모여 자녀에 관한 의견을 나누는 활동을 의미하며, 일반적으로 학부모 간담회의 형태로 이루어진다. 집단 면담의 목적은 부모로부터 유아에 관한 정보를 얻는 목적, 부모로부터 유아교육기관에 대한 기대를 듣는 목적, 부모 간의 관심사를 공유하는 목적, 유아가 속한 학급의 일반적인 정보와 교사의 교육철학을 부모에게 알리는 목적으로 실시한다(김희진, 2012).

일반적으로 집단면담은 학기 초 1~2주 이내에 실시된다. 한 학급의 부모 전체가 참여하기도 하지만, 유아의 인원에 따라 2집단으로 나눠 실시하기도 한다. 집단면담을 운영할 때 주의할 점은 어느 한 부모에 의해 이야기가 독점되거나 면담 취지에 어긋나는 이야기로 흘러가지 않도록 교사가 조정해주어야 한다는 것이다. 서로 원만한 대화를 이루기 위해서는 집단의 크기가 너무 커서도 안 되며 4명에서 10명 이하가 바람직하다. 면담 시간도 1시간에서 1시간 30분 정도로 계획하여 너무 지루하지 않도록 배려하며 소요시간을 미리 알려주어 부모들이 스스로 시간을 조절할 수 있도록 하는 것이 좋다(김진영 외, 2013).

〈표 19-2〉 집단면담 진행의 예

순서	상호작용의 예
부모님 맞이	• 면담 시작 시간에 맞춰 부모님 대기 장소로 가서 마중 – 간단한 인사 및 안부 묻기 • 면담 장소로 입장 및 인사나누기 – 교사와 부모 소개
집단면담의 목적 소개	• 집단면담의 취지 및 목적 소개
진행방식 안내	• 면담 주제에 맞추어 이야기 나누기 • 발언 기회를 얻기 위한 방법 및 발언 시간 안내 • 다른 사람의 이야기 중간에 끼어들지 않기 등의 규칙 소개
집단면담 실시	• 시간을 체크하며 이야기가 길어질 것 같은 경우 미리 남은 시간을 안내하여 시간 내에 이야기를 마무리할 수 있도록 하기 • 이야기가 너무 짧게 끝나는 경우 교사가 질문을 좀 더 구체적으로 하기 • 진행 규칙을 지키지 않는 경우, 규칙 환기 시키기 • 중요사항을 메모하며 진행 • 필요한 경우, 부모님들의 의견 교환 격려하기
집단면담 마무리	• 면담 내용 요약 • 면담 내용이 교육과정에 반영될 것이라는 메시지 전달

2) 개별면담

개별면담은 교사와 부모가 일대일로 만나 자녀에 관한 의견을 깊이 있게 나누는 활동을 의미한다. 개별면담의 목적은 교사가 부모에게 유아에 관한 정보를 제공하거나 부모가 자녀와 기관에 대한 생각을 나누기 위하여 그리고 교사와 부모가 유아의 성장과 발전을 위한 장·단기 계획을 수립하기 위함이다(김희진, 2012). 일반적으로는 교사가 유아들을 일정기간 관찰한 것을 정리하여 15~20분 간 실시하며, 부모나 교사의 요구에 의해 수시로 진행될 수 있다.

〈표 19-3〉 집단면담과 개별면담의 비교

	집단면담	개별면담
장점	• 시간을 절약 • 부모들 간의 교류를 통해 자녀의 문제를 폭넓게 볼 수 있음 • 교사와 부모의 긴장된 관계 해소	• 깊이 있는 면담 가능 • 개별 아이들의 문제에 대한 소통 가능
단점	• 깊이있는 면담이 어려움	• 수업 이외의 과중한 업무 부담

2. 면담 진행의 실제

1) 면담 자료 준비

부모와 깊이 있는 의견을 나누기 위해서는 여러 가지 자료를 준비하는 것이 중요하다. 원아조사서, 설문조사, 전화상담일지, 이전 담임교사와의 면담 자료 등을 통해 다양한 정보를 얻고 유아의 행동을 관찰하고 자료를 수집하여 분석·정리하여야 한다.

초임교사는 면담을 진행하는 과정에서 부모가 예상하지 못한 질문을 할 경우 당황할 수 있다. 따라서 교사는 면담을 실시하기 전, 안내문을 통해서 면담일정 공지와 함께 부모가 면담을 통해서 알고자 하는 내용에 대해 작성하여 보내도록 하거나 면담에 대한 경험이 풍부한 동료 교사 또는 전문 서적 등을 통해 준비한다.

〈표 19-4〉 부모들이 궁금해 하는 내용

연령	궁금해 하는 사항
만 3세	• 교육기관 생활 적응 • 식사시간의 태도 및 지도법 • 교사와의 친밀도(의사소통) • 놀이선호도 등
만 4세	• 놀이에서의 자녀 역할(주도성) • 또래 간의 관계 형성 • 문제상황에 대한 태도와 대처법
만 5세	• 선호하는 놀이유형과 학습태도 • 초등학교 적응을 위한 생활습관 • 읽기, 쓰기 지도 • 교우관계

[출처 : 이현옥, 김향자, 허선자, 박희숙, 김연진(2016). 초임교사를 위한 부모교육. 공동체. p. 185.]

2) 면담 계획 안내

연간부모교육계획을 작성할 때 기관의 방침 (횟수, 시기, 면담 유형 등)에 따라 면담 일정을 계획한다. 첫 번째 면담은 1~2달 정도 유아들이 기관에 적응을 한 후 실시하는 것이 바람직하다. 면담 날짜는 부모들이 일정을 조정할 수 있도록 3~4주 전에는 알리는 것이 좋다. 면담 계획은 가정통신문을 통해 안내하고 계획한 날짜에 면담이 불가능한 경우에는 개별적으로 통화를 하여 조절하도록 한다. 면담일정이 확정된 후에도 부모가 면담일을 잊지 않도록 면담일 전에 휴대폰 문자 메시지를 통하여 안내한다. 면담계획 안내를 위한 통신문에는 면담 시간, 장소, 내용 등에 대하여 간단하게 알린다.

토끼반 면담 일정

안녕하십니까?

한껏 부풀어있는 꽃봉오리가 희망을 느끼게 하는 계절입니다.

본 원에서는 유아의 생활과 발달 상황에 대한 이해를 도모하기 위하여 제 1차 학부모 면담을 다음과 같이 실시하고자 합니다. 면담 시간을 변경하고 싶으신 학부모님들께서는 원하시는 시간의 학부모님과 의논하여 변경하신 후, **변경 사항을 담임교사에게** 꼭 알려주시기 바랍니다.

	3월 26일(목)	3월 27일(금)	3월 28일(토)
9 : 45 ~ 10 : 00	수업시간	수업시간	이 ○ ○
10 : 00 ~ 10 : 15			유 ○ ○
10 : 15 ~ 10 : 30			휴식시간
10 : 30 ~ 10 : 45			이 ○ ○
10 : 45 ~ 11 : 00			장 ○ ○
11 : 00 ~ 11 : 15			홍 ○ ○
11 : 15 ~ 11 : 30			휴식시간
11 : 30 ~ 11 : 45			최 ○ ○
11 : 45 ~ 12 : 00			황 ○ ○
12 : 00 ~ 13 : 30	면담준비		
13 : 30 ~ 14 : 00		면담준비	
14 : 00 ~ 14 : 15	강 ○ ○	유 ○ ○	
14 : 15 ~ 14 : 30	김 ○ ○	윤 ○ ○	
14 : 30 ~ 14 : 45	남 ○ ○	윤 ○ ○	
14 : 45 ~ 15 : 00	남 ○ ○	이 ○ ○	
15 : 00 ~ 15 : 15	휴식시간		
15 : 15 ~ 15 : 30	안 ○ ○	이 ○ ○	
15 : 30 ~ 15 : 45	오 ○ ○	이 ○ ○	
15 : 45 ~ 16 : 00	유 ○ ○	이 ○ ○	
16 : 00 ~ 16 : 15	이 ○ ○	이 ○ ○	
16 : 15 ~ 16 : 30	조 ○ ○		

[그림 19-1] 면담 일정표의 예시

3) 환경 구성

교사와 부모가 깊이 있게 의견을 나누기 위해서는 비밀이 보장되고 의사소통이 촉진되는 환경을 구성해야 한다. 면담을 위한 공간이 별도로 없다면 수업이 끝난 후 교실의 한편에 자리를 마련한다. 아늑한 분위기 조성을 위해 블라인드나 커튼을 내리고 의자와 책상은 성인용으로 준비하고 교실의 중앙보다는 벽면 쪽에 배치한다. 부모님이 함께 오시는 경우가 있으므로 의자 여분을 준비한다.

주어진 면담 시간을 지키기 위해서는 부모의 시선이 시계를 볼 수 있도록 자리를 배치하고 교실 입구에 면담일정을 붙여놓는다. 한 번에 3~4명의 부모와 면담이 이루어질 경우에는 대기하는 장소를 마련하고 간단한 다과, 책, 신문, 유아들의 활동사진 등을 준비하는 것이 좋다. 유아를 동반하여 오는 부모들을 고려하여 유아용 놀잇감을 한 쪽에 마련하여 부모와의 면담동안 기다릴 수 있도록 한다.

교사는 면담을 위해 수집한 다양한 결과를 종합적으로 정리한 자료와 사진, 실제 작품 등의 증거자료, 면담 일지와 필기도구 등을 준비한다.

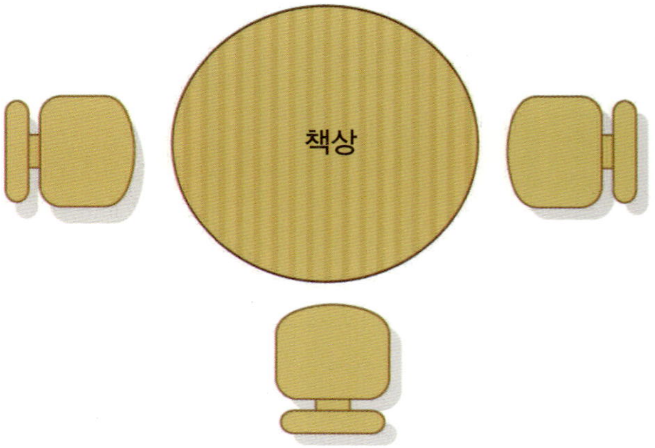

[그림 19-2] 개별면담을 위한 자리 배치의 예

4) 면담 실시

교사와 부모 간에 면담을 진행할 때는 특별한 진행 순서가 있기 보다는 그때의 상황에 따라 이루어지는 경향이 있다. 일반적으로는 인사를 나누며 자리를 안내하고 면담 취지를 설명하면서 시작된다. 그 후 유아를 관찰하여 정리한 결과를 부모에게 이야기하면 부모가 질문하고 함께 의논하는 순서로 진행된다(김희진, 2012; 유연화, 서정연, 2016). 면담을 진행하는 동안 부모가 이야기하는 중요한 내용은 기록을 하며, 부모와의 면담 내용이 추후 교육에 반영될 것이라는 것을 안내한다.

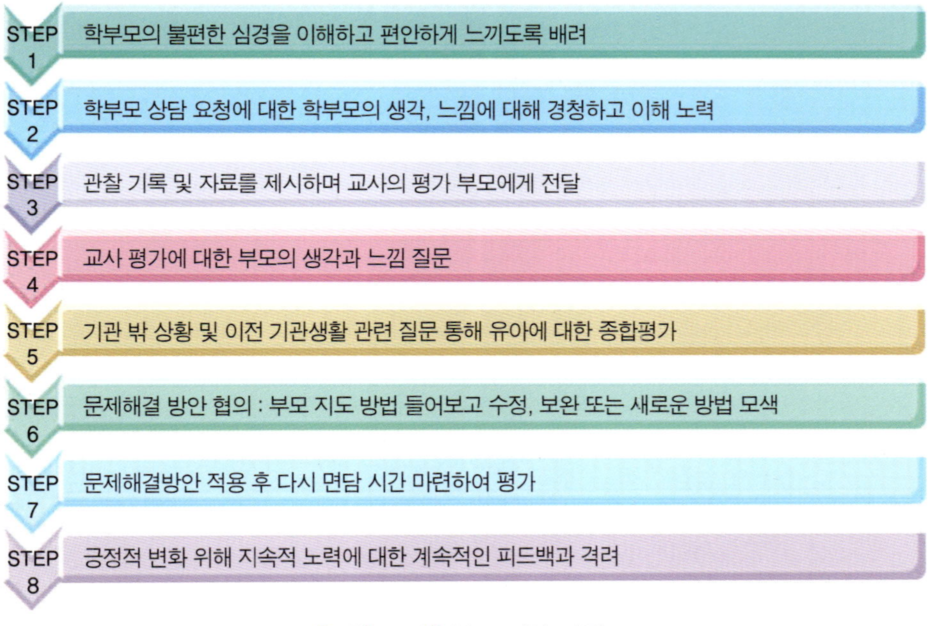

[그림 19-3] 부모 면담 과정

[출처 : 김혜숙, 최동옥(2013). 교사를 위한 학부모상담 길잡이. 학지사.]

○○반 정기 상담 일지

면담 일시	20 년 월 일 요일	면담교사	
영유아명	(남, 여)	생년월일	년 월 일(만 세)
면담 참여자		면담 종류	방문( ) 전화( )

구분	교사의견	부모의견
생활습관		
대인관계 (어른, 형제, 또래)		
발달정도 (언어, 신체 등)		
행동특성		
기타		
상담하기 원하는 내용		
종합의견		
건의사항		
비고		

[그림 19-4] 정기면담일지의 예시

[출처 : 중앙보육정보센터(2009). 2009 평가인증 조력프로그램: 영역 7. 가족 및 지역사회와의 협력(40인 이상). p. 89.]

5) 면담 마무리

면담 후 부모와 이야기 나눈 결과를 정리하여 보고서를 작성하고 이후 교육에 반영하도록 한다. 교육에 반영한 후에 결과를 차후 부모와 이야기할 수 있다. 또한 면담 내용뿐만 아니라 면담을 준비하는 과정에서 자료준비, 환경구성 등이 적절하게 이루어졌는지, 면담이 진행되는 과정에서 교사의 상호작용은 적절하였는지 등을 종합적으로 평가한다.

〈표 19-5〉 부모면담 평가 체크리스트

번호	내용	점검	
		예	아니오
1	면담 장소를 적절하게 준비하였는가?		
2	면담 일정을 부모의 일정을 고려하여 결정하였는가?		
3	부모에게 신뢰감을 줄 수 있는 용모, 태도, 자세를 점검하였는가?		
4	생활기록부를 통해 영유아와 부모의 양육태도에 대한 배경을 미리 확인하였는가?		
5	영유아 신체 관련 자료를 미리 확인하였는가?		
6	부모 설문지를 통해 부모가 면담하고 싶어 하는 내용을 파악하고 이를 면담 시에 반영하였는가?		
7	객관적인 영유아 관찰기록을 작성하였는가?		
8	부모를 따뜻하게 맞이하였는가?		
9	부모의 이야기에 주의를 기울였는가?		
10	부모의 비언어적 표현에 주의를 기울였는가?		
11	부모의 감정을 반영해 주었는가?		
12	면담 내용을 요약하였는가?		
13	면담 분위기는 편안하였는가?		
14	면담 시간을 잘 지켜 끝냈는가?		
15	면담 후 내용을 자세히 기록하였는가?		
16	면담 후 평가를 진행하였는가?		
기타			

[출처 : 이미화, 황혜정, 양미선 외 2인(2013). 누리과정 가정연계 어린이집 부모교육 프로그램 개발. 서울: 보건복지부, 육아정책연구소, p. 277.]

3. 효율적인 면담을 위한 전략

부모는 면담을 하는 동안 교사가 자신의 자녀를 정확히 파악하고 가정에서의 교육 방향에 대하여 안내해주기를 바라는 등 많은 것을 기대한다. 따라서 효율적인 면담을 위한 전략을 활용하여 진행되도록 해야 한다(김진영 외, 2013; 김혜숙, 최동옥, 2013; 김희진, 2012).

1) 부모를 자녀에 대한 전문가로서 존중한다.

부모는 영유아에게 가장 오랫동안 관심을 가져왔고 교육해 온, 개별 영유아의 특수성과 역사에 가장 밝은 전문가이다. 또한 부모는 자녀의 과거뿐만 아니라 현재와 미래에 지대한 영향을 미치는 중요한 인물이다. 교육에 대한 학문적 훈련과 다양한 유아교육의 경험으로부터 만들어진 교사의 폭넓은 전문성이 부모의 이런 특수적 · 집중적인 전문성과 만날 때 훌륭한 파트너가 될 수 있다. 부모가 처한 상황 · 배경 등에 의해 자녀를 양육하는 나름의 방식을 형성해 왔기 때문에 교사가 섣불리 판단하거나 무시하는 태도를 가져서는 안 된다. 오히려 교사의 면담능력을 활용해 부모들을 보다 더 깊이 이해하여 자녀교육을 위한 부모의 제자리를 찾도록 도와주어야 한다.

2) 부모면담의 목적을 분명히 알려준다.

부모면담을 요청할 때 영유아의 문제에 대해 부모를 질책하기 위한 것이 아니라 자녀의 성장과 발달을 위해서 교사와 부모가 의논하고 협조하여 최선의 방안을 마련하고자 하는 것이 목적임을 분명히 전달할 필요가 있다. 따라서 부모에게 면담의 목적을 설명하고 부모가 자신의 의견과 감정을 표현하는 것이 중요함을 알린다.

3) 긍정적이고 따뜻한 말로 시작한다.

부모가 유아교육기관에 왔을 때 최대한 편안하게 맞이해 준다. 특히, 자녀의 문제로 인하여 부모면담이 이루어지는 경우, 부모의 입장에서 불편한 마음을 가지고 올 수 있다. 따라서 교사는 편안하고 따뜻한 시선과 표정으로 부모를 맞이함으로써 부모의 불편감을 덜어줄 필요가 있다.

영유아의 문제로 인하여 부모면담을 시작하게 되었더라도 부정적인 측면을 먼저 단도직입적으로 이야기하기보다는 영유아에 대한 긍정적인 측면을 언급하며 면담을 시작하는 것이 부모를 좀 더 편안하게 하고 상담이 효율적으로 이루어지게 한다. 영유아에 대한 긍정적이고 따뜻한 말로 면담을 시작하면, 부모는 자녀에 대한 교사의 시각이 긍정적이고 객관적임을 알 수 있을 뿐 아니라 긍정적인 변화의 가능성에 대해 희망을 갖게 된다. 또한 교사가 영유아를 칭찬한 말을 한 다음에는 부모에게도 그간 자녀에게서 발견한 긍정적 변화로는 어떤 것이 있는지 질문하는 것도 좋다.

4) 부모의 상황과 기대 및 느낌을 알아본다.

부모면담은 상황과 문제 등에 따라 다양한 방식으로 이루어질 수 있기 때문에 교사에게는 선택의 폭이 넓어 다행스러운 점이기도 하지만 다른 한편으로는 너무 많은 접근법 중에서 어떤 방법을 택해야 할지 몰라 혼란스럽게 느껴질 수 있다. 이러한 혼란스러움을 해결하고 그때그때 가장 적절한 접근방법을 고안해 내는 것은 물론 교사의 몫이다. 따라서 교사는 부모에 대해 알고자 하는 시도를 먼저 해야 한다. 우선, 부모가 면담을 하게 된 상황 및 그에 대한 부모의 생각이나 기대, 느낌 등을 알아보아야 한다. 교사가 먼저 면담을 요청한 경우에는 전화나 편지 등을 통해서 부모면담의 필요성을 알리고, 교사가 전달한 것에 대해 부모의 생각과 느낌이 어떤지 들어보는 것부터 시작하면 좋다. 부모가 언어적·비언어적 표현으로 명시적·암시적으로 전달하는 생각, 느낌, 기대 등을 잘 듣는 것은 면담 성공을 위한 필수과정이다.

5) 부모가 이야기 한다.

개인면담을 위해 설정된 시간이 15~20분 정도로 짧기 때문에 많은 교사들은 자신이 종합 정리한 내용을 부모에게 일방적으로 전달하는 경향이 있다. 그러나 부모의 고민과 감정을 이해하기 위해서 교사는 자신의 생각을 비우고 부모의 이야기에 집중하는 것이 필요하다. 그러나 개인면담의 목적이 영유아의 발달 과정을 돌아보고 미래의 계획을 세우는 시간이므로 교사의 관점에 대해 부모가 동의하는지,

부모의 관점이 다르다면 그 이유는 무엇인지, 앞으로의 계획은 무엇인지에 대해 논의하는 시간이 반드시 포함되어야 한다. 특히, 부모가 자녀와의 관계나 행동에 대한 문제를 면담하는 경우에는 어려움을 겪는 부모가 많은 이야기를 할 수 있도록 배려한다. 부모는 이야기하는 것만으로도 갈등과 고민으로부터 편안한 느낌을 가질 수 있으며 이야기하는 가운데 자신의 문제를 정리하고 스스로를 되돌아보는 기회를 가질 수 있다.

6) 느낌을 반영해 준다.

부모의 이야기를 들으면서 교사는 듣고 있는 내용을 다시 다른 말로 표현해 준다. 이를 통해 부모로 하여금 이해받고 있다는 느낌을 갖게 하고 다시 자신의 생각을 명료화할 수 있게 해준다.

7) 부모의 이야기를 요약해준다.

이야기가 산만하게 흐르지 않도록 중간중간에 부모가 하는 이야기를 요약하여 반문한다. 이는 부모가 의식하지 못하고 있는 부분을 느끼게 해줄 수도 있고 서로 의사소통을 확인하고 바른 의사소통을 하고 있는지 확인할 수 있는 계기가 된다.

8) 다양한 시청각 자료를 활용하여 구체적인 예를 제시한다.

유아교육에 대한 전문적인 지식이 없는 부모를 이해시키는 효과적인 방법은 사진, 유아 작품, 관찰기록 등 시청각 자료를 이용하여 구체적인 예를 제시하는 것이다. 이때 개별적인 사실이나 사례의 나열보다는 유아에 대한 전반적인 시각을 갖게 하는 방식으로 자료를 정리하고 부모에게 전달한다.

9) 현재 상태에 대한 강조보다는 발전된 과정을 중심으로 설명한다.

영유아의 성장과 발달은 지속적으로 이루어지는 것이고, 그 과정에서 최대의 효과를 이루기 위해 지원을 제공하는 것이 교육이다. 따라서 현재의 상태를 강조하기 보다는 어떤 과정을 거쳐 발전하였는지에 대한 과정을 강조하는 것이 교육적으로 더 바람직하다. 또한 결과보다는 과정을 강조하면 현재 상태가 그리 만족스럽지 않더라도 미래를 전망할 수 있기 때문에 바람직한 면담이 될 수 있다.

10) 부모가 문제를 다양한 측면에서 바라보게 해준다.

갈등 상황에 있는 사람들은 대부분 문제를 한 면으로만 보는 경향이 있다. 사람들은 일단 한 시각으로 문제를 보기 시작하면 그대로 시각을 고정화하는 경향이 있다. 따라서 작은 문제도 크게 생각하거나 반대로 큰 문제도 사소하게 생각할 수 있다. 교사는 다양한 관점을 제시하면서 부모가 좁은 시각에서 벗어나 넓은 시야를 가질 수 있도록 도와준다. '매사에 느리다'라고 보면 답답하지만 '매사에 신중하다'라고 보면 좋은 특성으로 볼 수 있다.

11) 문화적인 차이를 존중한다.

연령에 따른 세대차이, 종교적인 차이, 인종적인 차이 등 각 가정이 가지고 있는 문화를 이해하고 수용하는 것이 필요하다. 교사의 관점에서는 이상하고 엉뚱한 논리를 가지고 있다 할지라도 부모가 있는 그 자리에서 대화가 시작되어야 함을 명심해야 한다.

12) 다른 부모나 자녀에 대한 이야기는 하지 않는다.

기관에 자녀를 보내는 부모들은 대부분 같은 지역에 거주하고 서로 친밀하게 지내는 경우가 많다. 면담과정에서 부모와 나눈 대화가 다른 부모들에게 흘러가지 않도록 주의한다. 특히, 다른 유아에 대한 부정적인 이야기는 삼가는 것이 좋다. 부모가 다른 부모나 유아에 대해 이야기하는 경우에는 면담의 목적을 상기시키거나 화제를 전환시킨다.

13) 유아와 부모의 강점에 기반을 두고 조언한다.

조언을 통해서 부모의 자녀양육에 유용할 수 있는 교사의 전문적 지식과 경험을 나누어 주는 것은 부모에게 큰 도움이 될 수 있다. 조언을 잘 하기 위해서는 해당 부모가 이전에 시도해 보았던 노력이 무엇인지, 그 중 효과가 있었던 방법에는 무엇이 있는지, 효과가 없었던 방법은 무엇이며 왜 효과가 없었는지 등에 대해서 부모에게 잘 알아보도록 하는 것이 선행되어야 한다. 그 과정을 통해 부모의 강점과 자원에 대해 파악하여 부모의 기존 노력과 강점 및 자원을 확대 적용하거나 정교화하거나 일부를 수정하여 새로운 방안을 고안하면 부모가 그 방안을 받아들이기도 쉽고 활용할 가능성도 훨씬 높아진다.

이때, 교사는 부모가 꼭 알아야 한다고 생각하는 중요한 사안이나 부모가 가정에서 쉽게 실천해 볼 수 있는 사안 1~2가지를 중심으로 부모와 개선 방안을 논의하여 가정에서도 기관과의 협력을 통한 자녀 교육과 양육이 이루어지도록 한다.

14) 중요한 결단은 대신 내려주지 않는다.

교사가 부모의 삶을 대신 살아줄 수는 없으며 교실을 벗어나서 영유아의 삶에 관여하는 것에는 한계가 있다. 따라서 교사의 역할은 부모가 문제를 정확하게 이해하고 그것을 해결해나갈 수 있도록 도와주고 용기를 주는데 있다는 것을 기억해야 한다.

직접해 보세요!

다음의 사례를 읽고 교사와 부모의 역할을 정하고 모의 부모면담을 해보세요.

- 연령: 만 2세
- 상담 목적: 또래와 어울리고 싶어하지만 어울리지 못하고, 화가나면 친구를 때리거나 자학하는 유아
- 참고자료: SBS "우리 아이가 달라졌어요" 308화

병아리반 면담일지

상담 일시	2000년 0 월 0일 0요일	상담교사	000
영유아명	김민석 (V남, 여)	생년월일	년 월 일(만 2 세)
상담 참여자	어머니, 아버지	상담 종류	방문(V) 전화( )

구분	교사의견	부모의견
생활습관	1. 잠시동안 앉아서 스스로 음식을 먹을 수 있으나 씹던 음식을 종종 뱉어냄 – 0월 0일: 점심식사 중 씹고 있던 음식물을 옆 친구의 국에 넣음 – 0월 0일:식탁을 숟가락으로 두드리며 '아~'하고 소리를 냄. 친구들이 시끄럽다고 해도 계속 함 *평소 식습관과 태도는 어떠하며 부모님은 어떻게 지도하시는가?	

구분	교사의견	부모의견
대인관계 (어른, 형제, 또래)	1. 친구에게 관심을 갖고 있으나 옆에 가만히 서서 지켜보는 전략을 사용하여 친구에게 관심을 표현함 2. 친구에게 때리는 친구로 낙인이 찍혀서 이러한 행동이 종종 오해를 사서 갈등을 일으킴 – O월 O일: 친구들을 따라서 영역을 이동함 – O월 O일: 친구 옆에 종이벽돌 블록을 들고 서서 지켜보았음. 그 친구가 깜짝 놀라며 소리를 지르고 뺨을 침. 그러자 들고 있던 종이벽돌블록으로 친구 뺨을 침 *평소 자신의 생각을 어떻게 표현하는지? 다른 또래와 어울릴 기회가 있는지? 그럴 때는 어떻게 친구에게 다가가는지?	
발달정도 (언어, 신체 등)	1. 발음이 부정확하며 이어문으로 짧은 문장을 말할 수 있으나 제한적임. 제한적인 언어 능력으로 인하여 타인과 상호작용에서 제한을 받음에 따라 거친 신체적 행동이 나타나는 것으로 생각됨. – O월 O일: 자기를 소개하는 이야기나누기 시간에 앞에 나와 소개를 하였으나 부정확한 발음으로 알아들을 수 없었고, 나중에는 작은 소리로 웅얼거림 *평소 민석이가 사용하는 어휘는? *민석이의 언어발달을 위해 가정에서 어떤 노력을 하시는지?(상호작용, 언어적 표현 기회 제공, 책읽기 등)/가정에서는 주로 무엇을 하며 보내는지?/상호작용 패턴 확인 필요	
행동특성	1. 평소 자신의 뜻대로 되지 않는 경우 신체를 사용하여 표현하는 경향이 있음. 화가 난 경우 머리를 박거나 눈의 흰자위를 드러내며 부릅뜨는 행동을 보임. 초반에는 교사가 보고있을 때는 때리지 않았으나 요즘 교사가 보고 있어도 때릴 때가 있음	

구분	교사의견	부모의견
행동특성	– O월 O일: 집단 시간에 혼자 앉아 있어서 교사가 집단활동에 참여하기를 권유하자 도망감. 교사가 달래서 집단활동 공간에 앉히자 앞에 앉은 친구의 등을 때림. 교사가 때리지 않도록 이야기하였으나 더 때림. 그 후 친구의 무릎에 기대서 눕고 얼굴을 꼬집음 – O월 O일: 친구의 장난감을 밟아서 친구가 하지 말라고 민석이를 밀침. 문을 머리로 두드리고 장난감을 던진 후 친구의 어깨를 깨물고 장난감을 부수고 친구의 등에 매달림. 교사가 민석이를 잡고 때리면 안된다고 이야기를 하자 손을 깨물었음. *집에서 훈육은 어떻게 하시는지? 그때 민석이의 반응은 어떠한지?	
기타		
상담하기 원하는 내용	〈가정에의 협조 요청〉 1. 민석이의 요구를 최대한 수용하고 자신의 생각을 언어적으로 표현할 수 있는 기회를 제공 2. 민석이가 평소에 좋아하는 OO에 대한 책을 읽고 단어 카드나 모형 등을 사용하여 언어 발달을 촉진 → 언어치료센터를 통해 언어발달을 도모 가능, 부모님이 원하시는 경우 센터 소개 3. 친구에게 '같이 놀자'와 같은 표현을 안내하고 생활 속에 바로 적용할 수 있도록 지도 4. 식습관 지도를 위해 교사가 함께 옆에 앉아 식사하고 꼭 꼭 씹어서 먹도록 지도하며 적절한 행동을 나타낼 때 칭찬을 통해 강화	
종합의견		
건의사항		
비고		

제20장

운영위원회

운영위원회는 부모교육 프로그램 중 가장 적극적인 형태 중 하나로, 의사결정 과정에의 부모참여를 통한 협력을 목적으로 한다. 운영위원회는 유아교육기관 운영의 자율성과 투명성을 높이고 지역의 실정과 특성에 맞는 다양한 교육을 창의적으로 실시하기 위한 목적으로 설치된다.

유아교육법과 영유아보육법에서 따르면 국·공립 유치원과 정원이 20인 이상의 사립유치원 그리고 부모협동어린이집을 제외한 모든 어린이집에서는 의무적으로 설치하도록 하고 있다.

유아교육법

제19조의3(유치원운영위원회의 설치) ① 유치원 운영의 자율성을 높이고 지역의 실정과 특성에 맞는 다양한 교육을 창의적으로 실시할 수 있도록 하기 위하여 유치원에 유치원운영위원회를 둘 수 있다. 다만, 「교육공무원법」 제29조의3에 따라 공모절차를 통하여 원장을 선발하는 유치원과 대통령령으로 정하는 규모 이상의 유치원은 유치원운영위원회를 두어야 한다.

② 유치원에 두는 유치원운영위원회는 해당 유치원의 교원 대표 및 학부모 대표로 구성한다.

③ 유치원에 두는 유치원운영위원회의 위원 정수는 5명 이상 11명 이내의 범위에서 유치원의 규모 등을 고려하여 대통령령으로 정한다.

④ 제9조에 따라 병설된 유치원의 경우에는 필요하면 유치원운영위원회를 해당 유치원을 병설한 학교의 학교운영위원회와 통합하여 운영할 수 있다. 이 경우 학교운영위원회에는 유치원 교원 대표 및 학부모 대표가 각각 1명 이상 포함되어야 한다.
[본조신설 2012.3.21.]
[시행일:2013.3.1.] 제19조의3의 개정규정 중 「교육공무원법」 제29조의3에 관한 부분

영유아보육법

제25조(어린이집운영위원회) ① 어린이집의 원장은 어린이집 운영의 자율성과 투명성을 높이고 지역사회와의 연계를 강화하여 지역 실정과 특성에 맞는 보육을 실시하기 위하여 어린이집에 어린이집운영위원회를 설치・운영할 수 있다. 다만, 제26조에 따른 취약보육(脆弱保育)을 우선적으로 실시하여야 하는 어린이집과 대통령령으로 정하는 어린이집은 어린이집운영위원회를 설치・운영하여야 한다. 〈개정 2011.6.7.〉
② 어린이집운영위원회는 그 어린이집의 원장, 보육교사 대표, 학부모 대표 및 지역사회 인사(직장어린이집의 경우에는 그 직장의 어린이집 업무 담당자로 한다)로 구성한다. 이 경우 학부모 대표가 2분의 1 이상이 되도록 구성하여야 한다. 〈개정 2011.6.7., 2015.5.18.〉
③ 어린이집의 원장은 어린이집운영위원회의 위원 정수를 5명 이상 10명 이내의 범위에서 어린이집의 규모 등을 고려하여 정할 수 있다. 〈개정 2011.6.7.〉
④ 어린이집운영위원회는 다음 각 호의 사항을 심의한다. 〈개정 2011.6.7., 2011.8.4., 2013.8.13., 2015.5.18.〉
1. 어린이집 운영 규정의 제정이나 개정에 관한 사항
2. 어린이집 예산 및 결산의 보고에 관한 사항
3. 영유아의 건강・영양 및 안전에 관한 사항
3의2. 아동학대 예방에 관한 사항
4. 보육 시간, 보육과정의 운영 방법 등 어린이집의 운영에 관한 사항
5. 보육교직원의 근무환경 개선에 관한 사항
6. 영유아의 보육환경 개선에 관한 사항
7. 어린이집과 지역사회의 협력에 관한 사항
8. 보육료 외의 필요경비를 받는 경우 제38조에 따른 범위에서 그 수납액 결정에 관한 사항

9. 그 밖에 어린이집 운영에 대한 제안 및 건의사항

⑤ 어린이집운영위원회는 연간 4회 이상 개최하여야 한다. 〈신설 2015.5.18.〉

⑥ 그 밖에 어린이집운영위원회의 설치·운영에 필요한 사항은 보건복지부령으로 정한다. 〈개정 2008.2.29., 2010.1.18., 2011.6.7., 2015.5.18.〉

[전문개정 2007.10.17.]

[제목개정 2011.6.7.]

1) 운영위원회의 기능

운영위원회는 법령에 규정된 사항과 유치원장의 고유권한과 관련된 사항을 제외한 유아교육기관의 발전과 내실화를 위해 제안·건의된 사항에 대해 심의(국·공립유치원) 또는 자문(사립유치원)을 할 수 있다. 운영위원회의 기능은 다음과 같다.

- 기관 규칙 개정에 관한 사항
- 기관의 예산 및 결산에 관한 사항(소위원회 구성)
- 기관의 교육과정 운영 방법에 관한 사항
- 영유아의 건강, 영양 및 안전에 관한 사항(아동학대 예방에 관한 사항 포함)
- 교사의 근무환경 개선에 관한 사항
- 학부모가 부담하는 경비(졸업앨범 등)에 관한 사항
- 급식에 관한 사항(소위원회 구성)
- 방과 후 과정 운영에 관한 사항
- 기관 운영에 대한 제안 및 건의에 관한 사항
- 공모 원장의 공모 방법, 임용, 평가 등에 관한 사항(공립 유치원만 해당)
- 초빙교사의 추천에 관한 사항(공립 유치원만 해당)
- 기관과 지역사회의 협력에 관한 사항

2) 운영위원회의 조직 및 구성

운영위원회는 전년도 운영위원회 임기 만료일 10일 전인 매년 3월 21일까지 구성되어야 한다. 운영위원회는 교원 위원과 학부모 위원으로 구성되고 어린이집은 교원 대표와 학부모 대표 이외에 지역사회 인사를 포함하여 구성된다. 운영위원회 위원의 정수는 기관의 규모를 고려하여 5명 이상 11명 이내의 범위에서 정할 수 있다. 운영위원의 자격 요건은 교원위원의 경우, 해당 기관에 재직하고 있어야 하고, 학부모위원은 해당 유치원에 재원하고 있는 자녀를 두어야 한다. 지역사회 위원은 당해 어린이집 지역을 생활근거지로 하는 보육전문가, 기타 지역 및 어린이집 운영에 이바지하고자 하는 자, 직장어린이집 업무 담당자, 해당어린이집과 관련있는 지역 주민, 지역대표, 졸업생 부모 등이다(보건복지부, 2012; 서울특별시교육청, 2014). 운영위원의 선출 방법은 다음과 같다.

〈표 20-1〉 운영위원회 위원의 선출

운영위원회 위원	선출 방법
교원위원	• 원장-당연직 교원위원 • 교원 위원-교직원 전체회의에서 무기명 투표로 선출
학부모 위원	• 학부모 전체 회의에서 직접 선출 • 학부모 전체회의에서 선출하기 곤란한 경우, 해당 운영위원회규정에서 정하는 바에 따라 학급별 대표로 구성된 학부모 대표회의에서 선출할 수 있음
지역사회 위원	• 부모, 교직원의 추천을 받은 지역사회 위원 후보에게 활동의사 확인 • 부모위원, 교원위원의 투표로 선출하거나 원장이 지명하여 위촉

운영위원은 운영위원회를 통하여 기관의 전반적인 운영과 교육과정 운영에 대하여 참여권, 중요사항심의 · 자문권, 보고 요구권 등 법령과 조례에 의한 권한을 갖게 되며, 회의참여 의무와 지위남용금지의 의무를 갖는다.

3) 운영위원회 회의 운영 절차

운영위원회의 회의는 규정으로 정한 기일에 하는 정기회와 일정 비율 이상의 위원의 요구가 있을 때 수시로 소집하는 임시회로 나뉘는데, 연 4회 이상, 15일 이내로 개최되어야 한다. 일반적인 회의 진행 순서는 다음과 같다.

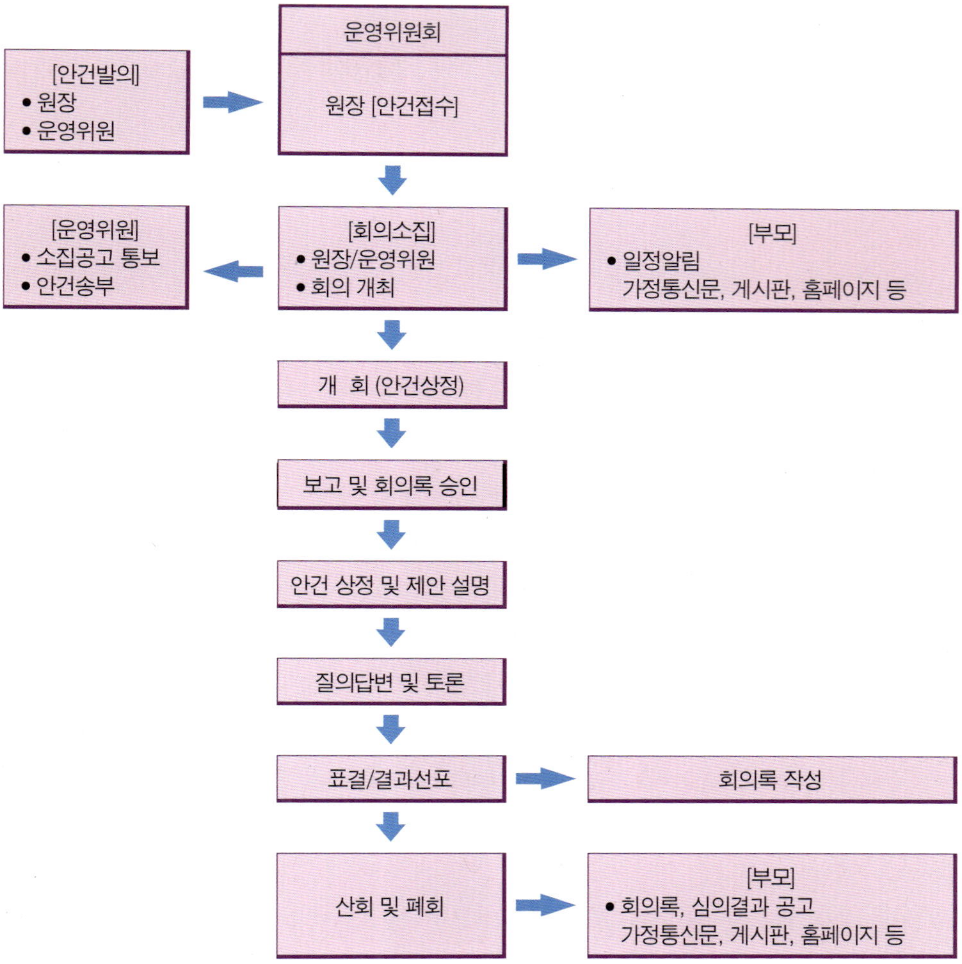

[그림 20-1] 운영위원회 회의 진행 절차

[출처 : 보건복지부(2012. 11). 어린이집운영위원회 매뉴얼. p. 21.]

회의 진행 시에는 다음과 같은 원칙이 준수되어야 한다.

- 발언자유의 원칙 : 발언자는 발언 도중에 타 위원에 의하여 정지되거나 방해받지 않고 그 발언을 완료할 것을 보장받음
- 일사부재의 원칙 : 한 번 부결된 안건에 대해서는 동일한 회기에 다시 심의하지 않음
- 회의공개의 원칙(사전 안내, 참관기회 제공) : 민주적인 회의는 공개로 진행되어야 함이 원칙(특별한 경우 제외)

* 홈페이지에 회의개최 7일전까지 공개해야 함

- 회기 계속의 원칙 : 회기란 집회에서부터 폐회까지의 기간을 말함. 한 회기 내 처리못한 안건은 다음 회기로 넘김
- 1일 1차 회의원칙 : 회의는 1일 1차 회의만 개최 가능

회의 결과에 대해 회의록을 작성해야 하며 회의 명칭, 개최기관, 회의 일시, 장소, 참석자, 회의 진행 순서, 안건, 발언 요지, 결정사항 및 표결 내용 등이 포함되어야 한다. 회의록 작성 시, 발언의 중요한 내용을 빠뜨리거나 왜곡하지 말아야 하는데 정확성을 위하여 발언내용을 녹음하여 추후 회의록을 보충할 수 있다. 작성된 회의록은 위원장과 원장이 서명 날인을 한다. 회의록은 유아교육법 시행령 제22조의 7 제 1항에의 회의공개 원칙에 따라 특별한 사항(개인정보보호, 유아교육 및 교권 보호 등을 위하여 위원회의 의결로 비공개하기로 한 부분)이 아닌 경우 가정통신문 또는 유치원 홈페이지를 통해 부모, 교사가 열람할 수 있도록 한다.

이와 같이 운영위원회를 효율적으로 운영하기 위해서 교사와 기관은 부모를 동반자로서 인식하고 부모의 의사결정 참여에 대해 긍정적인 태도를 가져야 한다. 그리고 부모의 다양한 특성과 배경을 대표할 수 있는 학부모 대표를 선출하고 부모들 간에 서로 소통할 수 있는 네트워크를 구축해야 한다. 또한, 부모가 기관의 정책에 대해 자문할 수 있는 기회를 제공하고 참여하도록 격려하고 지속적으로 훈련과 지원을 제공해야 한다. 끝으로 부모와 지역사회의 요구를 유아교육기관 운영에 적극적으로 반영해야 한다.

○○○ 유치원

수신자 ○○○ 유치원 운영위원회 위원장
(경유)
제목 ○○○ 유치원 운영위원회 심의 안건 제출

1. 관련: ○○○ 유치원 운영위원회 규정 제 ○조
2. 유치원 운영위원회 심의 안건(○○ 외 1건)을 붙임과 같이 제출하오니 심의하여 주시기 바랍니다.

▪ 심의 안건

번호	심의안건명	담당부서

붙임 유치원운영위원회 제출 의안. 끝.

○○○ 유치원장

수신자

담당자 ○○○ ○○○○ ○○○ 원장 ○○○

〈 붙임 〉 유치원운영위원회 제출 의안

○○○ 안

안건 번호	

제안년월일: 2017. ○. ○
제 안 자 : 유치원장
제안설명자: 교사 ○○○

1. 제안 이유
 가.
 나.

2. 근거
 가.
 나.

3. 주요 내용
 가.
 나.

4. 참고자료: 붙임
 가.
 나.

[그림 20-2] 운영위원회 소집 공문의 예

[출처 : 서울특별시교육청(2014). 2014 유치원운영위원회 매뉴얼. pp. 69-70.]

○○○ 유치원

수신자 내부결제

(경유)

제목 ○○○ 유치원 운영위원회 임시회 개최

---

1. 관련: ○○○ 유치원 운영위원회 규정 제 ○조
2. 제 ○회 ○○○ 유치원운영위원회 임시회를 아래와 같이 개최하고자 합니다.
3. 아울러, 회의 개최에 대한 사항은 학부모에게 가정통신문으로 안내하고 유치원 홈페이지에 탑재하고자 합니다.

   가. 일시: 2017. ○. ○. ( ) 00:00

   나. 장소: 유치원 내 운영위원회 회의실

   다. 안건: ○○○ 건 외 ○ 건

   라. 회의 안내 및 홍보: 홈페이지 탑재

붙임 1. 제 ○회 ○○유치원 운영위원회 임시회 소집 공고(안)

2. 심의 안건. 끝.

○○○ 유치원 운영위원회 위원장

수신자

담당자 ○○○ ○○○○ ○○○ 위원장 ○○○

협조자

시행 ○○운영위 - (2017. ○. ○) 접수

우 ○○○○○ 서울시 ○○구 ○○○ ○○○/http://○○○.○○.

전화 02- ○○○-○○○ 전송 02-○○○-○○○/○○@○○.○○.○○ / 공개

〈 붙임 〉 유치원 운영위원회 임시회 소집 공고

○○○ 유치원 운영위원회 공고 제 ○호

제 ○회 유치원운영위원회 임시회 소집 공고

○○○ 유치원운영위원회 규정 제 ○조에 따라 다음과 같이 제 ○회 ○○○유치원 운영위원회 임시회 소집(개최)를 공고합니다.

1. 일 시: 2017년 ○. ○. ( )
2. 장 소: 유치원 내 운영위원회 회의실
3. 안 건: 안건은 유치원 홈페이지 유치원운영위원회 자료실에 탑재합니다.
   가. ○○○(안)
   나. ○○○ 실시의 건
   다. ○○○(안)

4. 안건에 대한 의견 제출 방법
   동 안건에 의견이 있는 분은 붙임 유치원운영위원회 위원 메일로 의견을 주시기 바랍니다.

5. 참관안내: 학부모, 교직원 방청 가능

붙임 유치원 운영위원회 위원 메일 주소. 끝.

2017. ○. ○.

○○○ 유치원 운영위원회 위원장

[그림 20-3] 유치원운영위원회 임시회 소집공고 공문의 예시

[출처 : 서울특별시교육청(2014). 2014 유치원운영위원회 매뉴얼. pp. 72-73.]

○○○년도 ○차 운영위원회 회의록

<table>
<tr><td>일 시</td><td colspan="3">년 월 일 요일</td><td>위원장</td><td>원장</td></tr>
<tr><td>장 소</td><td colspan="3"></td><td>(인)</td><td>(인)</td></tr>
<tr><td rowspan="2">참석현황</td><td>총 원</td><td>참 석</td><td>불 참</td><td colspan="2">비고</td></tr>
<tr><td></td><td></td><td></td><td colspan="2"></td></tr>
<tr><td>회의순서</td><td colspan="4">(생략가능)</td><td></td></tr>
<tr><td></td><td colspan="4">회 의 내 용</td><td>비고</td></tr>
<tr><td>토의
안건</td><td colspan="4"></td><td></td></tr>
<tr><td>토의 및
의결사항</td><td colspan="4"></td><td></td></tr>
<tr><td>특기사항
및 사진</td><td colspan="4"></td><td></td></tr>
<tr><td>개회시간</td><td colspan="4"></td><td></td></tr>
<tr><td>폐회시간</td><td colspan="4"></td><td></td></tr>
</table>

○○어린이집

[그림 20-4] 회의록 서식의 예

[출처 : 보건복지부(2012. 11). 어린이집운영위원회 매뉴얼. p. 33.]

| 참고문헌 |

관계부처 합동(2016. 3. 29). 아동학대 예방 및 가족관계 증진을 위한 부모교육 활성화 방안.

교육과학기술부(2008). 학생미혼모 실태조사 연구(교육과학기술부 하반기 정책연구 2008-2).

김경란(2006). 다문화 가정 자녀의 자아정체성에 영향을 주는 요인에 관한 연구. 이화여자대학교 석사학위논문.

김경미(1986). 부모교육 프로그램을 통한 유아의 행동수정에 관한 연구. 이화여자대학교 대학원 석사학위논문.

김경화(2003). 상호교류분석이론에 기초한 부모교육이 어머니의 심리적 자세·자아개념 및 유아의 자아개념에 미치는 영향. 중앙대학교 대학원 박사학위논문.

김기화(2015). 부자가족의 적응과정에 관한 연구: 부자가족복지시설에서의 경험을 중심으로. 인하대학교 대학원 박사학위논문.

김나현, 이은주, 곽수영, 박미라(2013). 어린 아동을 둔 취업모의 양육부담감 경험에 대한 현상학적 연구. **여성건강간호학회지, 19**(3), 188-200.

김낙흥(2011). 바람직한 아버지의 역할과 역할수행의 어려움, 사회적 지원에 대한 고찰. **미래유아교육학회지, 18**(2), 79-98.

김명희(1986). 「현대사회의 부모교육」. 서울: 학문사.

김미란(1999). 유아교육 예비교사와 현직교사의 교육신념에 관한 연구. 경기대학교 교육대학원 석사학위청구논문.

김안자(2009). 가족레질리언스가 가족 건강성에 미치는 영향. **한국가족복지학**, 27, 73-102.

김영옥(2012). 「부모교육」. 고양: 공동체.

김윤희(2012). 산후조리원 경험과 산후조리원 동창생 모임을 통해 본 어머니 되기 의미 고찰: 서민층 여성들을 중심으로. 전남대학교 대학원 석사학위논문.

김원주(2010). STEP 부모훈련이 부모의 양육태도 및 자녀들에게 미치는 영향: 학부모오 유아자녀를 대상으로. 중앙대학교 행정대학원 석사학위논문.

김인순(2003). 한부모(편부모) 가족의 자녀양육에 대한 부모역할에 관한 연구. 단국대학교 정책경영대학원 석사학위논문.

김정원, 전선옥(2016). 「영유아교육기관의 부모교육」. 서울: 창지사.

김지혜, 이대균(2013). 어머니가 어린이집을 선택하고 신뢰를 형성해 가는 과정. **어린이미디어연구, 12**(1), 169-202.

김진영, 김정원, 전선옥(2013). 「영유아를 위한 부모교육(개정판)」. 서울: 창지사.

김춘경(2001). 개인심리학적 관점에서 본 부적응 문제행동의 가상적 목적과 놀이치료 전략에 관한 연구. **놀이치료연구**, 5(1), 1-20.

김향(2015). 하버마스의 '상호주관성'에 기반한 부모교육에 대한 고찰. 한국상담대학원대학교 석사학위논문.

김향은(2007). 교육고전을 통해 본 전통사회의 부모역할과 자녀교육의 원리. 한국학논집, 34, 383-425.

김현주, 손은경, 신혜영(2001).「현장중심 부모교육-이론과 실제-」. 서울: 양서원.

김현주, 손은경, 신혜영(2013).「부모교육」. 고양시: 공동체.

김혜숙, 최동옥(2013).「교사를 위한 학부모상담 길잡이」. 서울: 학지사.

김희진(2012).「유아교육기관에서의 부모교육과 지원」. 서울: 파란마음.

뉴시스(2017. 1. 17). [신년인터뷰]강은희 여성장관 "올해는 '부모교육의 원년'… 저출산 극복에도 한몫할 것. http://www.newsis.com에서 2017년 1월 18일 인출.

덕성여자대학교 부속유치원(2014). 덕성여자대학교 부속유치원 어린이들의 봄・여름・가을・겨울 이야기. 서울: 형설출판사.

도민재(2000). 한국의 전통 가정교육과 유교. **종교교육학연구**, 10, 29-48.

류경애(2010). 부모효율성 훈련이 아버지의 언어통제유형에 미치는 영향. 고려대학교 교육대학원 석사학위논문.

문은영(2011). 서울시 한부모가족 실태조사를 통해 본 부자(父子)가족의 현황과 문제점. **공공사회연구**, 1(2), 135-174.

문혁준, 김경은, 서소정, 성미영, 안선희, 임정하, 하지영, 황혜정(2016).「영유아발달」. 서울: 창지사.

배지희, 김신영, 이수영(2016). 유아교육기관에서의 아버지 참여에 대한 아버지들의 경험과 기대. 유아교육연구, 36(2), 271-294.

백현옥, 김경희(2011). 교루분석(TA) 이론의 관점에서 본 자아상태와 인생태도와의 관계에서 긍정적 스트로크의 조절효과. **아동과 권리**, 15(4), 641-664.

베이비뉴스(2016. 1. 27). 아동 폭행으로 얼룩진 유치원 재롱잔치. http://ibabynews.com에서 2017년 1월 18일 인출.

변호순, 최정균(2016). 빈곤 미혼모의 경제적 어려움과 우울증상, 양육스트레스, 아동학대와 방임이 아동의 사회행동발달에 미치는 영향. **한국아동복지학**, 53, 1-23.

보건복지부(2012. 11). 어린이집운영위원회 매뉴얼.

서상아(2017). 민주적 부모교육을 병행한 아동의 개인미술치료가 분노감정 및 공격적 행동에 미치는 효과. 동의대학교 산업문화대학원 석사학위논문.

서석원, 이대균(2014). 영아기 자녀를 둔 아버지의 양육참여, 어머니의 사회적 지원 및 심리적 특성이 어머니의 양육행동에 미치는 영향. **유아교육학논집, 18**(2), 135-158.

서울특별시교육청(2014). 2014 유치원운영위원회 매뉴얼.

성영혜, 윤석희, 이경화(1996). 「부모교육」. 서울: 문음사.

성영화, 김근희, 김민화(2014). 어린이집 가정통신문의 내용과 편집 구성에 대한 부모와 교사의 인식 및 요구. **미래유아교육학회지**, 21(2), 69-91.

송욱(2012). 여성의 이혼 후 적응과정에 관한 근거 이론적 접근. 서울여자대학교 대학원 박사학위논문.

숙명여자대학교 아동연구센터(1996). 「현대사회와 부모」. 숙명여자대학교 출판부.

신혜정(2007), 다문화 가정 자녀의 자아 정체성에 영향을 주는 요인에 관한 연구. 이화여자대학교 대학원 석사학위논문.

안지혜(2012). 교사-부모 의사소통에서 교사가 경험한 어려움과 극복에 관한 연구. 한국보육학회지, 12(2), 21-46.

연합뉴스(2017. 1. 4). 아동학대 가해자 88%는 부모… '날마다 학대'도 20%. http://www.yonhapnews.co.kr에서 2017년 1월 20일 인출.

오영희, 엄정애(1999). 「부모교육」. 서울: 동현출판사.

유안진, 김연진(2003). 「부모교육의 이론과 실제」. 서울: 동문사.

유연화, 서정연(2016). 「영유아 교사를 위한 부모상담의 실제」. 고양: 공동체.

육아정책연구소(2013). 「영유아 행복을 위한 부모역량 제고 방안 연구」. 서울: 육아정책연구소.

윤미경(2015). STEP 부모교육 프로그램 이수자의 양육효능감 연구. 연세대학교 정경대학원 석사학위논문.

이강숙(1984). Dreikurs이론에 따른 부모 및 지역간의 양육태도 차이에 관한 연구. 이화여자대학교 교육대학원 석사학위논문.

이경화, 성영혜, 윤석희, 이신동(1999). 「부모교육」. 학문사.

이기숙, 장영희, 정미라, 엄정애(2002). 「유아교육개론」. 서울: 양서원.

이대균(2011). 「가정연계 유아발달 평가」. 파주: 양서원.

이미화, 황혜정, 양미선, 장혜진, 엄지원(2013). 누리과정 가정연계 어린이집 부모교육 프로그램 개발. 서울: 보건복지부, 육아정책연구소.

이병호(2014). 모바일 메신저 기반의 교사-부모 의사소통에 대한 교사의 인식 연구. **육아지원연구**, 9(3), 119-142.

이선남, 이경옥(2015). 유아의 초기 발달수준과 또래상호작용 간의 관계에서 어머니의 사회적 양육행동의 매개효과. **유아교육연구, 35**(4), 381-396.

이영자, 김재숙, 김금주, 박미라, 정주원, 권세경(2009). 「영유아 언어교육」. 서울: 창지사.

이은화(1997). 부모교육의 목적. 한국부모교육학회편, 「부모교육학」. 서울: 교육과학사.

이재연, 김경희(1989). 「부모교육」. 서울: 양서원.

이현옥, 김향자, 허선자, 박희숙, 김연진(2016). 초임교사를 위한 부모교육. 고양: 공동체.

이현정(2004). 이혼 가정의 자녀를 위한 부모교육 프로그램 개발. 창원대학교 대학원 박사학위논문.

정계숙, 견주연(2015). 가정-유아교육기관 간 파트너십 실태와 형성에 대한 부모와 교사의 인식과 바람: 따뜻한 교육공동체의 토대. **한국보육지원학회지**, 11(3), 103-127.

정계숙, 견주연, 박희경(2015). 유아교육공동체 인식 척도 개발: 부모와 교사를 대상으로. **유아교육연구**, 35(6), 95-116.

정계숙, 문혁준, 김명애, 김혜금, 심희옥, 안효진, 양성은, 이정희, 이희선, 정태회, 제경숙, 한세영(2014). 「부모교육(개정판)」. 서울: 창지사.

정계숙, 윤갑정, 견주연, 차지량, 박희경(2016). 유아교육의 건강성 회복을 위한 따뜻한 유아교육공동체의 모습과 실천과제. **유아교육연구**, 36(1), 153-182.

정계숙, 윤갑정, 견주연, 차지량, 박희경(2016). 유아교육의 건강성 회복을 위한 따뜻한 유아교육공동체의 모습과 실천과제. **유아교육연구**, 36(1), 153-182.

정계숙, 윤갑정, 박희경(2016). 따뜻한 유아교육공동체 형성을 위한 구성원의 공통 핵심 역량요소 탐색. **교사교육연구**, 55(2), 253-270.

정문자, 정혜정, 이선혜, 전영주(2013). 「가족치료의 이해」. 서울: (주)학지사.

정선미(2013). 여가활동과 함께한 STEP 부모교육 프로그램이 어머니의 양육태도에 미치는 영향. 한국교원대학교 교육대학원 석사학위논문.

정연옥(2007). 이혼가정자녀의 부모자녀관계가 심리적 적응에 미치는 영향: 유기공포, 상실지각, 자존감의 매개효과. 아주대학교 대학원 박사학위논문.

정용순(2003). 미혼양육모에 대한 사회적응 서비스 활성화 방안 연구. 서강대학교 공공정책대학원 석사학위논문.

조옥라(1996). 「그 또 다른 시작」. 한국가정법률상담소 창립 40주년 자료집.

조윤진(2017). 영유아기 자녀를 둔 부부의 부모역할신념과 어머니 문지기역할, 부부 공동양육의 관계. 이화여자대학교 대학원 박사학위 논문.

조혜경, 고영미, 조부경(2011). 유치원 홈페이지를 활용한 교사 - 어머니 상호작용이 어머니의 부모 효능감 및 교사신뢰에 미치는 영향. **어린이미디어연구**, 10(3), 225-248.

주소희(1991). 이혼가정 자녀의 정신건강에 관한 연구. 이화여자대학교 대학원 석사학위논문.

주은선, 이혜경, 주은지(2007). 한국적 인본주의 상담 모형 모색 - 인본주의 상담자들의 자기-보고 중심으로-. **한국심리학회지: 상담 및 심리치료**, 19(3), 569-586.

중앙보육정보센터(2009). 2009 평가인증 조력프로그램: 영역 7. 가족 및 지역사회와의 협력(40인 이상).

진민주(2004). 이혼가정 유아에 대한 지도방안: 유아교육기관을 중심으로. 가야대학교 교육대학원 석사학위논문.

최은정(1999). 이혼시 부모의 자녀양육 여부에 영향을 미치는 요인들에 관한 연구. 이화여자대학교 사회복지대학원 석사학위논문.

통계청(2015a). 2015년 인구동태 통계표(혼인).

______(2015b). 전국다문화가족 실태조사.

______(2016). 2015 인구주택총조사 보도자료.

표영희(1997). 기혼여성의 가족생활주기와 여가활동과 여가제약과의 관계. 이화여자대학교 교육대학원 석사학위논문.

하경희(2003). 상호교류분석 이론에 기초한 부모교육이 유치원 자녀를 둔 어머니의 양육태도 및 승자적 삶의 태도 변화에 미친 효과. 중앙대학교 교육대학원 석사학위논문.

한국교류분석상담학회(2018). 교류분석 소개. http://taca.kr/new_2017_html/sub0101.php에서 2018년 2월 10일 인출.

한국유아교육학회 편(1999). 「유아교육사전」. 서울: 한국사전연구사.

한국일보(2018. 1. 20). 학대인 줄도 모른 채 때린…나는 나쁜 부모입니다. http://www.hankookilbo.com/v/0452ccfb5ca5459086cbd08dd83ec21c에서 2018. 1. 23. 인출.

한용진, 최정희(2011). 신문기사에 나타난 자녀교육 인식 변천 -1920년대~1990년대 조선일보와 동아일보를 중심으로-. **한국교육학연구**, 17(3), 175-204.

한진원(2011). 상호교류분석 이론에 기초한 유아교사의 자아존중감 증진 프로그램의 구성 및 적용 효과. 중앙대학교 대학원 박사학위논문.

홍길회, 이혜란, 왕영희, 정미자(2016). 「사회 · 가족 변화에 따른 부모교육」. 서울: 창지사.

황정숙, 김옥분(2016). 「영유아발달」. 서울: 창지사.

황지애(2015). 영아기 첫 자녀를 둔 세 어머니의 육아경험과 어머니됨의 의미. 원광대학교 대학원 박사학위논문.

Allison, P. D. & Furstenberg, F. F. (1989). How marital dissolution affects children: Variations by age and sex. *Developmental Psychology, 25,* 540-549.

Berger, E. G. (1983). *Parents as partners in education: Families and schools working together.* Upper Saddle River, N.J.: Pearson Prentice Hall.

Brooks, J. B. (2006). *The process of parenting,* Palo Alto, C.A.: Mayfield.

Cataldo, C. Z. (1987). *Parent education for early childhood.* Teachers College Press.

California State PTA(2008). *PTA national standards for family-school partnerships assessment guide.* http://capta.org/about/에서 2016년 1월 19일 인출.

Cochran, M. (1988). Parental empowerment in family matters: Lesson learned from a research program. In I. E. Sigel(Series Ed.) & D. F. Powell(Vol. Ed.), Advances in applied developmental psychology: Vol. 3. *Parent education as early childhood intervention*(pp. 1-22). Norwood. NJ: ABLEX.

Crnic, K. A., & Greenberg, M. T.(1990). Minor parenting stresses with young children. *Child Development, 61,* 1628-1637.

Crossman, M & Adams, R. (1980). Divorce, single parenting, and child development. *The Journal of Psychology, 106,* 205-217.

Defrain, J. & Asay, S. M. (2007). Strong families around the world: An introduction to the family strengths perspective. *Marriage & Family Review.* doi:10.1300/J002v41n01.

Duvall, E. (1977). *Marriage and family development*(5th ed.). Philadelphia: J. B. ippincott.

Epstein, J. L. (2011). *School, family, community partnerships: Preparing educators and improving schools.* Boulder: Westview Press.

Galinsky, E. (1987). *The six stages of parenthood.* Reading, MA: Perseus Books.

Ginott, H. G., Ginott, A., & Goddard, H. W. (2003). Between parent and child. 신홍민 역(2013). 「부모와 아이사이」. 서울: (주)양철북.

Goodnow, J. J. & Collins, W. A. (1990). *Development according to parents.* Lawrence Erlbaum Associates Ltd.

Kagan, S. (1995). *The changing face of parenting education.* ERIC Digest(EDO-PS-95-7).

Mclanahan, S., & Booth, K. (1991). Mother-only families: Problems, prospects, and politics. In A. Booth(ed.), *Contemporary families: Looking forward, looking back,* pp. 405-428. Minneapolis: National Council on Family Relations.

Mindick, B. (1988). Lessons still to be learend in parent empowerment programs: A response to Cochran. In I. E. Sigel(Series Ed.) & D. F. Powell(Vol. Ed.), Advances in applied developmental psychology: Vol. 3. *Parent education as early childhood intervention*(pp. 53-66). Norwood. NJ: ABLEX.

Morrison(1976). Early childhood education today. In V. S. Bell & Howell Company pp. 121-148.

OECD (2016). Time spent in unpaid, paid and total work, by sex. www.oecd.org에서 2017년 7월 6일 인출.

Peterson, G. W. & Cleminshaw, H. (1980). The strength of single parent families during the divorce crisis: An integrative review with clinical implications. In N. Stinnet, B. Chesser, J. DeFrain, & P. Knaub(eds.) *Family strength, positive models for family life.* Lincoln, Nebraska: University of Nebraska Press.

Schaefer, E. S. (1959). A circumplex model for maternal behavior. *Journal of Abnormal and Social Psychology, 59*(2), 226-235.

건강가정기본법(2016. 12. 20). 법률 제14440호.

경기도 가정교육을 위한 부모학습 지원 조례(2016. 1. 4). 경기도조례 제5129호.

경기도 미혼모·부 지원 조례(2010. 7. 14). 경기도조례 제4072호.

한부모가족지원법(2016. 12. 20). 법률 제14448호.

부록 1 부모동의 및 조사서

○○어린이집에서는 영유아보육법 및 시행규칙, 사업지침 등에 따라 아래의 내용을 대하여 보호자의 동의를 받아 진행여부를 결정하고자 합니다. 구체적인 내용을 확인하시고 해당내용에 동의여부를 빠짐없이 체크해주시기 바랍니다.

〈영유아 기본 정보〉

<table>
<tr><td>성명</td><td colspan="2">(남/여)</td><td>반이름</td><td colspan="2"></td></tr>
<tr><td>주소</td><td colspan="2"></td><td>생년월일</td><td colspan="2"></td></tr>
<tr><td rowspan="3">보호자</td><td>성명</td><td colspan="2">영유아와의 관계</td><td colspan="2">연락처</td></tr>
<tr><td></td><td colspan="2"></td><td colspan="2"></td></tr>
<tr><td></td><td colspan="2"></td><td colspan="2"></td></tr>
</table>

1. 응급처치 및 귀가동의

구분	처리내용
응급처치	- 응급상황 발생 시 위의 보호자에게 연락하여 주십시오. - 필요시 119구조대에 연락하여 □ 기관지정 의료기관(　　　)이나 □ 보호자지정 의료기관(　　　)으로 수송해주십시오.
귀가동의	- 위 영유아의 귀가 시 위의 보호자에게 인도하여 주십시오 - 정해진 보호자 외 다른 사람에게 인계할 경우 사전에 반드시 연락을 취하겠습니다. ※ 우리 어린이집에서는 영유아를 성인 보호자 없이 혼자 귀가시키지 않습니다. 특히, 영유아가 13세 미만(초등학생) 형제·자매와만 등·하원하지 않도록 유념해주시기 바랍니다. - 등・하원방법 : □ 보호자 동행　□ 차량(어린이집) - 차량이용시 등하원 시간 : 등원(시 분), 하원(시 분) (필요 시 기재) - 부모외 인계보호자 : (필요시 기재)

2. 특별활동프로그램 참여

* 특별활동프로그램 참여여부 : 참여하지 않음 □　　참여함(해당경우에만 아래 서식 작성) □

<table>
<tr><td colspan="6">특별활동프로그램</td><td rowspan="2">참여 여부</td></tr>
<tr><td>명칭</td><td>내용</td><td>실시 횟수
(주・월)</td><td>요일</td><td>운영시간</td><td>비용(원)</td></tr>
<tr><td></td><td></td><td>회</td><td></td><td>~</td><td></td><td></td></tr>
<tr><td></td><td></td><td>회</td><td></td><td>~</td><td></td><td></td></tr>
<tr><td></td><td></td><td>회</td><td></td><td>~</td><td></td><td></td></tr>
</table>

※ 특별활동에 참여하지 않은 영유아에 대해서는 대체 프로그램을 마련하여 진행하고 있음

3. 식품 알레르기 조사

어린이집 급・간식 제공 시 식품알레르기가 있을 경우, 영유아의 건강에 심각한 문제가 발생할 수 있습니다. 식품에 대한 알레르기 반응이 있을 경우, 해당식품과 대체가능 식품을 알려주시기 바랍니다.

식품 알레르기 여부	알레르기 유발 식품	알레르기 증상	대체가능 식품

※ 알레르기를 유발하는 대표적인 식품(예): 난류, 우유, 메밀, 땅콩, 대두, 밀, 고등어, 게, 새우, 돼지고기, 복숭아, 토마토, 아황산염 등

※ 현재 식품알레르기 증상이 없으나 이후 증상이 발생 할 경우, 반드시 어린이집으로 관련내용을 알려주시기 바랍니다.

4. 개인정보활용
개인정보 보호법에 의거 귀하의 개인정보를 아래와 같이 "수집·이용·제 3자 제공"에 동의를 얻고자 합니다. 다음의 사항을 충분히 읽어 보신 후, 동의 여부를 체크, 서명하여 주시기 바랍니다.

1) 개인정보의 수집 및 이용

수집·이용하려는 개인정보의 항목	개인정보의 수집·이용 목적
영유아 및 부모의 이름, 생년월일, 주소, 전화번호, 건강검진정보, 사진 등	영유아보육활동, 건강관리, 가정과의 연계 긴급한 상황 시 대처

동의함 ☐ 동의하지 않음 ☐

2) 개인정보의 제3자 제공

개인정보를 제공받는 자	제공하는 개인정보의 항목	개인정보를 제공받는 자의 개인정보 이용목적	개인정보를 제공받는 자의 개인정보 이용기간 및 보유기간
CCTV 영상 확인 요청자	CCTV 영상	아동의 사고 시 발생 상황 파악	영상을 확인하는 기간 (보조매체로 인해 영상을 보관할 경우 영상 저장 시, 보유기간을 정함)

동의함 ☐ 동의하지 않음 ☐

5. 어린이집 운영내용 확인 및 협조사항

– 신입 및 재원아 학부모 오리엔테이션(운영안내서)을 통해 안내해드린 어린이집 운영과 관련된 부모님들의 협조사항에 대해 충분히 이해하고 공감해 주시리라 생각합니다.
아래의 내용은 우리 자녀들의 건강하고 안전하게 어린이집 생활을 하는데 기본이 되는 사항으로 00어린이집 모든 부모님들의 적극적인 협조와 이해 부탁드립니다. 어린이집에서도 우리 아이들이 건강하게 성장해 나갈 수 있도록 최선을 다해 보살피도록 노력 하겠습니다.

1. 신입원아 적응프로그램
2. 어린이집의 개방원칙 및 인계규정
3. 감염병 질환의 예방과 관리대책
4. 아프거나 다친 영유아에 대한 처리 절차(환아처리지침, 상해유형에 따른 응급처치 등)
5. 부모동의 및 조사서 작성 안내(귀가동의, 응급처지동의, 식품알레르기 관련, 개인정보활용 등)
6. 상해, 화재, 배상보험 가입 안내
7. 안전사고 발생 시 어린이집이 갖는 책임한계에 관한 규정
8. 맞춤형프로그램 운영(맞춤형 운영기준 포함)
9. 보육교직원 윤리강령(아동학대 예방지침 포함)

※ 위 사항의 자세한 내용은 오리엔테이션에서 배부해드린 자료를 참고해 주시기 바라며, 문의사항이 있을 경우에는 00어린이집(00-000-0000)으로 연락주시기 바랍니다.

○○○○년 ○○월 ○○일

영유아명 : 보호자(서명):

[출처 : 보건복지부(2018). 2018년 보육사업안내. pp. 296-297.]

담임교사	원장

영유아 관찰 및 부모면담

1. 영유아 관찰 및 평가 ※ 영유아별로 마련

ㅇㅇ 반		이름 :	생년월일 :
구분	표준보육과정 (누리과정) 관련영역	관찰내용 및 평가	
3월	기본생활영역 신체운동영역		
4월	의사소통영역 사회관계영역		
5월	예술경험영역 자연탐구영역		

※ 표준보육과정(6개영역), 누리과정(5개영역)의 내용을 골고루 포함하여 작성하고 지속적으로 관리

2. 부모 개별 면담

일시	2017. 04. 02.(상반기)	대상	○○○ 어머니	면담자	○○○ 교사
부모 의견					
교사 의견					
총평					

※ 부모면담 기록은 어린이집의 상황에 따라 연간 횟수, 시기(예: 상, 하반기)를 정하여 지속적으로 관리

[출처 : 경기도(2017. 4). 2017년도 경기도형 보육컨설팅 어린이집 관리 문서. p. 85.]

부록 3 부모만족도 조사서

• 부모만족도조사 설문 문항은 어린이집의 상황을 반영하여 구성할 수 있다.
• 어린이집 부모만족도조사 결과는 어린이집 질 개선, 부모교육 등 어린이집 운영에 자체적으로 활용할 수 있다.
예) 어린이집 부모만족도조사 설문 문항

범주	문항
어린이집 환경	1. 우리 아이가 다니는 어린이집 시설은 깨끗하고 안전하다
	2. 어린이집에는 다양하고 충분한 양의 놀잇감(동화책, 교구 등)이 있다
건강 · 안전	3. 우리 아이에게 제공되는 급 · 간식에 만족한다
	4. 아이가 아프거나 다쳤을 때 어린이집에서는 적절한 조치(부모연락 및 응급처치 등)를 취한다.
	5. 어린이집에서의 등 · 하원(차량운행)이 안전하게 이루어진다
보육 과정	6. 어린이집 보육프로그램 및 행사계획을 잘 안내받고 있다
	7. 어린이집에서 아이들에게 제공하는 활동에 대해 만족한다
	8. 우리 아이는 어린이집에서 편안하게 생활한다
상호 작용	9. 어린이집 선생님들은 아이를 존중하고, 적절한 언어를 사용하며 따뜻하게 대한다
	10. 우리 아이는 담임교사를 좋아하고 따른다
	11. 어린이집에서 우리 아이는 갈등문제가 없다
운영의 개방성 및 가정 연계	12. 어린이집은 부모가 언제든 방문할 수 있도록 개방되어 있으며, 필요 시 의견을 제안할 수 있다
	13. 어린이집에서는 우리 아이의 생활 및 발달에 대한 정보를 충분히 알려준다
	14. 어린이집에서는 부모가 어린이집 활동에 참여할 수 있도록 다양한 기회를 제공한다
	15. 어린이집에 아이를 보내는 것이 나의 직장생활이나 가정생활에 도움이 된다

[출처 : 보건복지부, 한국보육진흥원(2015). 2015 어린이집 부모만족도조사 시범사업.]

저자약력

유연화

덕성여자대학교 유아교육과(학사)
덕성여자대학교 대학원 유아교육과(석사)
덕성여자대학교 유아교육과(박사)
전, 덕성여자대학교 부속유치원 교사
현, 경복대학교 유아교육과 교수

이금구

덕성여자대학교 유아교육과(학사)
덕성여자대학교 대학원 유아교육과(석사)
덕성여자대학교 유아교육과(박사)
전, 덕성여자대학교 부속유치원 원감
현, 경복대학교 유아교육과 교수

엄소명

덕성여자대학교 유아교육과(학사)
덕성여자대학교 대학원 유아교육과(석사)
덕성여자대학교 유아교육과 박사과정 수료
전, 덕성여자대학교 부속유치원 교사
현, 경복대학교 유아교육과 교수

[개정판]

부모교육 이론과 실제

1판 1쇄 발행 — 2018년 9월 10일
2판 1쇄 발행 — 2023년 8월 18일

저　　자 - 유연화 · 이금구 · 엄소명
발 행 인 - 강철원
발 행 처 - 양성원
주　　소 - 경기도 파주시 검산로 173번길 29-12
전　　화 - 031-946-3861(代)
팩　　스 - 031-946-3864
이 메 일 - tnwpub@naver.com
홈페이지 - tnwpub.co.kr
출판등록 - 2015년 8월 31일 제2015-000211 호

ISBN 979-11-6126-548-3

정가 21,000원